現代経済政策シリーズ
8

地域経済発展と労働市場

転換期の地域と北海道

奥田 仁

日本経済評論社

はしがき

　私が20数年迷い歩いてきた地域研究をとおして痛感するのは，地域または地域経済は，当然の結論ではあるが，結局は「人」の問題に帰着するということである．「人口」という言葉は広辞苑では「1国または一定地域に居住する人の総数」とされている．しかしこの言葉はややもすれば誤解されるが，けっして単なる「数字」を意味するものではない．むしろ "population" には住民そのものという意味とともに，地域に人々の住みついているありさまが含意されているのである．

　そしてこの地域「人口」は地域労働市場と表裏の関係にある．なぜならば，地域労働市場は直接的には労働力の売買つまり雇用関係が取り結ばれる場を意味するが，しかしこの資本賃労働の直接的な取引関係だけを見ていたのでは地域労働市場は理解できない．これを理解するためにはその地域における労働力の顕在的または潜在的な給源の全体を把握する必要があり，それはいってみればその地域住民のすべての生活と労働を意味するのであって，これは地域経済全体のあり方を規定し，またこれに規定される．このように，地域経済と人口・労働市場は不可分の一体をなしているということが本書の第1のモチーフである．かつて北海道立総合経済研究所の共同研究で「なりわいとしがらみ」という言葉で表していたのはこのことだと思う．地域おこし，新産業創造，グローバルな競争優位の確立，等々といったことが語られるが，その多くが企業や経営者レベルの話にとどまってしまい，働く人々を能動的な存在として位置づけることができないために，結局は上滑りな時論に終わってしまう．北海道経済の自立とか再生とかいった言葉が，表現だけを変えて10年1日のごとくに語られるのはここに原因があると思われるのである．

他方，現代の地域を考える上で欠かすことのできないもう1つの論点は，21世紀への転換点をどう見るかということであろう．20世紀の，特に高度成長期に激しく進展した事態は，いわゆる「規模の経済」が主導的な役割を果たし，資本による労働の包摂，その結果としての労働の dilution が徹底して進められたということであろう．こうした中で，地域は中心（core）と周辺（peripheral）の階層的関係の中に位置づけられ，労働市場の階層性と地域経済の階層性が対応関係を持って形成された．そうした状況の中で地方地域は，産業予備軍のプールと spending policy の場という二重の役割を同時に担わされたのである．

　しかし重要なことは，今こうした状況が急速に変化しつつあるということである．この変化は大量生産システムの行き詰まりによって，またはケインズ的国家政策の有効性が失われたことによって，さらには全般的なグローバル化によってもたらされていると説明されることが多い．私はしかし，こうした変化の基底を流れる最も重要な要因は，民主主義の発展――住民の成長――にあると考えるのである．これが現代にあって地域が注目されるゆえんであるとともに，地域がその閉塞状況をうち破って発展する鍵となると考える．

　本書は，このような問題意識を北海道の地域経済をとおして論ずることを企図したが，私の非力からその意図が十全に果たされたとはとても言い難く，理論的にも実証的にもさらなる研究の深化の必要を痛感している．

　なお本書は3部に分かれ，第I部においては第1章で地域概念を国民国家との対比の中に求め，かつ国民国家と地域をめぐって現在進行しつつある変化を論じ，第2章ではそうした変化がもっとも集中的に現れている EU における地域政策を紹介した．第II部は，第3章で北海道経済の概況を整理し，第4章では北海道経済において立ち後れが指摘される工業について筆者のこれまでの実態調査によって紹介し，第5章ではスペンディングポリシーの場とされた北海道において特に重要な産業である建設業について論じている．

そして第III部は，第6章において北海道経済の原型といわれる工業の二極構造が，労働市場構造の特質と深く関わって形成されたことを論じ，第7章ではそうした労働市場の北海道における特質を整理するとともに，第8章でこれを人口動向を通じて論じて，特に高度成長期以降の人口の地域間移動の波動的な変化の意味を探る．そして最後の第9章はこれらをとりまとめつつ，地域住民の「定住権」の確立という論点を中心に将来への課題を論じている．

　なお本書は以下の論稿を基礎に大幅に縮小・加筆して構成されている．

第1章：「時代転換と地域発展の理論」北海学園大学経済論集，第48巻第3，4号，2001年
第2章：「EUの地域政策」北海学園大学経済論集，第46巻第4号，1999年
第4章：「北海道家具工業の経営と労働」北海道経済調査，第11，12号，1991，2年；「北海道印刷業の経営と労働」北海道経済調査，第10号，1990年；「北海道のソフトウェア業・システムハウス業について」日本中小企業学会年報『中小企業の経営戦略』1989年
第5章：「地域経済と建設産業」北海学園大学開発論集，第65号，2000年
第6章：「北海道における工業資本展開の背景」北海道経済調査，第12号，1992年
第7章：「北海道における労働市場の特質」岩崎徹編『農業雇用と地域労働市場』1997年
第8章：「戦後北海道人口動向の推移」北海学園大学経済論集，第41巻第3号，1993年
第9章：「北海道経済の到達点と課題」北海学園大学開発研究所『北海道開発の視点・論点』1998年

　本書は北海学園大学経済学部の現代経済政策研究会のメンバーによる「現代経済政策シリーズ」の1冊として刊行する．この研究会の諸先輩はもちろん，筆者がかつて所属していた北海道立総合経済研究所以来の諸先輩のご指導のおかげで，怠惰でできの悪い私もこれまでなんとかまがりなりにも研究

を進めてくることができた．また，特に日本経済評論社の清達二氏が大幅に執筆期限を遅れた私を我慢強く叱咤激励してくれなければ本書は完成に至らなかったであろう．ここに深く感謝する次第である．

目 次

はしがき

第 I 部　転換期の地域経済

第 1 章　「地域」概念と国民国家 … 3

1. 「地域」とは何か　3
2. グローバル化と地域　8
3. 地域産業集積とイノベーション　18
4. 地域発展理論の視角　28

第 2 章　EU 統合と地域 … 31

1. EU の発展と地域政策の必然性　31
2. EU 内部格差の状況　33
3. EU 地域政策の現状　43
4. EU 地域政策と北海道の将来展望　51

第 II 部　経済構造と地域産業

第 3 章　北海道経済の産業・経済構造 … 59

1. 北海道経済の規模と水準　59
2. 北海道の産業構成　61
3. 北海道の域際収支　72
4. 北海道の工業構造　81

第4章　北海道工業の現況と課題 ……………………………… *93*

   1.　北海道の家具工業　　　　　　　　　　　　　*94*

   2.　北海道の印刷業　　　　　　　　　　　　　　*108*

   3.　北海道の情報関連産業　　　　　　　　　　　*116*

第5章　北海道の建設業……………………………………… *127*

   1.　産業としての建設業　　　　　　　　　　　　*127*

   2.　高度成長期以降の推移　　　　　　　　　　　*130*

   3.　北海道建設業の特質　　　　　　　　　　　　*135*

   4.　建設産業の展望　　　　　　　　　　　　　　*140*

第 III 部　労働市場と人口動向

第6章　北海道における工業資本展開の背景 ……………… *147*

   1.　いわゆる「二極構造」論について　　　　　　*148*

   2.　北海道における労働市場構造の特質について　*158*

第7章　北海道の労働市場 …………………………………… *172*

   1.　雇用・就業の現状　　　　　　　　　　　　　*174*

   2.　労働市場の歴史的展開　　　　　　　　　　　*184*

   3.　北海道の労働市場構造　　　　　　　　　　　*186*

第8章　北海道における人口動向の推移 …………………… *191*

   1.　北海道における人口の長期推移　　　　　　　*193*

   2.　日本における戦後人口動向の5局面　　　　　*194*

   3.　北海道における戦後人口動向の5局面　　　　*198*

   4.　人口移動の局面変化　　　　　　　　　　　　*208*

第9章　北海道経済の到達点と課題 ……………………………… 213

   1. 集積する地域問題　*214*
   2. 人口移動から見た時代推移　*216*
   3. 農山村の過疎化と住民形成　*218*
   4. 産業展開の推移と特徴　*223*
   5. 高度成長とスペンディングポリシー　*226*
   6. スペンディングポリシーの曲がり角　*228*
   7. 北海道経済の地平　*231*

文　献 ……………………………………………………………‥236
索　引 ……………………………………………………………‥243

第Ⅰ部　転換期の地域経済

第1章
「地域」概念と国民国家

1. 「地域」とは何か

(1) 「地域」イメージの多様性

　「地域」という言葉が時代のはやり言葉となったのは，1970年代の半ばごろであった．それは多くの意味で20世紀の終わりの始まりの時代だったといってよいであろう．一方では，フォーディズムの終わり，いわゆる戦後の「黄金の30年」の転換点であり，他方では20世紀の産物としての（ソ連型）社会主義の行き詰まりの見えはじめた時期でもあった．この時期に日本では高度成長のもたらした諸問題が地域で激発し，太平洋ベルト地帯が革新自治体で席巻された．それは「地方の時代」とも呼ばれ，全国的なレベルで問題に対応するだけでは不充分となり，地域レベルで諸問題を捉え変革の方向を探らなければならないという認識が国民の中に共通して生まれてきた時代であった．これ以降，時代の推移につれて地域に対する意識の干満はあったものの，「地域」という用語が市民権を持ち，社会科学の分野でも地域論や地域経済学などが定着してきた．

　では，ここでいう「地域」とは何であろうか．「地域」という言葉は抽象的な学術用語ではない．むしろ極めて日常的に耳にし，使われている言葉であるといってよいであろう．しかし，このような日常的な用語はかえってその意味内容をあらたまって問い直すと捕らえどころが難しいことが多い．現に，「地域」という用語が使われている場面を想定してみると，それが極め

て多様なイメージで使われていることがわかるであろう.

　例えば,住宅地の真ん中にビルの建設が予定されているとして,「地域住民が反対運動をしている」とか,「建設会社が地域住民の理解を得るための説明会を行った」などといった場合,ここで意味する「地域」はせいぜい町内会などの限られた範囲,場合によってはビルによって日陰になる数軒の住民のことを意味することもありうる.

　またもう少し広く,例えば「町おこし」,「地域おこし」などといった場合は,多くの場合は市町村,時によってはその中の地区（いわゆる旧大字）などがイメージされるのが一般的であろう.さらに,例えば「十勝地域」などのように,北海道の行政単位である支庁がイメージされたり,多くの旧産炭都市をかかえた「中空知」などのような場面で利用されることもある.そして,より端的には,都道府県を地域の単位と見ることもあるし,また東北,北陸などのようなより広域的な地域概念もありうる.

　ところが,このような国内の地域という用いられ方だけではなく,国家の範囲を超えて「極東地域」や「中東地域」という言い方も一般的によく使われている.国際組織,たとえば国連などの文書の中にでてくる地域（region）という用語は,国を超えた地球規模の範囲をさす場合が多い.

　このように見てくると「地域」という用語は,向う三軒両隣の町内会などから国際的な地球規模の地域まで,極めて広い意味で用いられていることがわかる.その意味では,これほど捕らえどころのない用語も珍しいであろう.

　これは英語の場合には少しだけ事情が違っている.例えば,あるイギリスの地域経済学の教科書には図1-1が示されているが,この図は2つの点が注目される.ひとつはNational（国）とInternational（国際）の間にEuropeanが含まれていることであり,もうひとつは地域がRegionalとLocalに分けられていることである.これは,後に見るようにヨーロッパ統合が地域にとって重要な意味を持つことを示唆するとともに,日本では「地域」として一括されているもののうちに区別を持ちこんでいる.確かに,Regionを地域,Localを地方と訳し分けることも可能であるが,ここでは妥当しな

い．なぜなら日本語で「地方」といった場合「中央」に対する地方という意味合いが含まれてくるのであって，必ずしもより狭い圏域範囲を示すものにはならない．英語の場合でも'Local'が中央に対する地方という意味で用いられることもあるが，しかし図1-1ではそうではなく，範囲の広さによって2つの階層に分けている．特に後に述べるように，EUの統合に伴ってRegionが注目されるようになるとともに，Regionといった場合ある程度の広がりを持った地域を指して用い，より身近な範囲をLocalまたはCommunityと呼び分けることが一般的になっている．

出所：Temple（1994）．

図1-1　空間範囲の階層

(2) 国民経済と地域

上に述べたように，「地域」は日常的に非常に多様な意味範囲で用いられているが，経済地理学，または地域経済学の中ではこれをどう取り扱っているかを見てみよう．

まず，経済地理学の矢田俊文（1990）はウォーラーステイン（Wallerstein, I.）の議論および「自治体経済論者」を批判し，「国民経済間の関係がより緊密になり，相互依存関係は深まっているものの，依然として，国民経済が基礎的・自立的な社会単位であるとともに，国民経済の内部は，ひとつの空間システムを構成しており，その中の一部分として地域経済があるのであって，「自治体経済」なるものが自立的に発展するというのは現実を正確

に反映する理論だとは（矢田ら地域構造論者は：引用者）見ていない」としている．なお，ここでいう「自治体経済論者」とは誰を指すかは必ずしも明確ではないが，前後の関係から見て宮本憲一らを含めた矢田の言う「不均等発展論者」を指していると見て間違いないであろう．

そのうえで，矢田は「世界経済については……国民経済を基礎単位とし，その結合という把握の立場をとるとともに，……国民経済を1つの空間システム＝地域構造としてとらえ，その一切片として地域経済を位置付ける」と述べている．矢田は，ここで2つの基準によって地域経済を位置づけている．ひとつは，国民経済と世界システムの関係であって，矢田はあくまでも国民経済こそが単一のシステムであるとしている．

また，地域経済論の立場から，宮本憲一は「国民国家は近代の産物であって，……地域は，体制を越えて歴史を貫く概念であり，……したがって，地域という場合，必ずしも資本主義の国民経済内部の地域経済に限定する必要はない」と述べている．

このように，矢田と宮本は国民国家または国民経済をめぐる評価において意見が異なっている．一言でいえば，矢田は国民経済を基本的単位とし，その内部構造として地域経済を見るのに対して，宮本は地域を国民国家よりもより普遍的なものと見ている．しかしこの両者に共通していることは，ともに「国家」との対比で地域を見ていることである．「地域」という日本語は，小は町内会から大は国家を超えた国際的地域まで，きわめて多様な意味で用いられるが，「国家」そのものを指して「地域」と呼ぶことはない．つまり「地域」をどう捉えるかということは，「国家」との対比の中で地域をどう理解するかということにかかっているといえるであろう．

ここで国家と地域の関係をわかりやすく図1-2に示してみた．ここに示される国民国家を超えた国際的総括機能の問題については次の節に譲ることとしよう．グローバル化は国民国家を相対化させ，ある意味でその地位の低下をもたらすが，資本主義社会における国家の総括機能それ自体の意義を低下させるものではない．したがって国家と地域の関係は，ひとまず国民国家内

部の問題として取り扱うことができる.

国家による統治の究極的対象は個人であり，この個人は国家の領域内の一定の場所に居住するという意味で住民である．この住民は労働と生活（この両者をあわせて広義の生活と見ることができる）を通じて日々自らを再生産するが，この再生産の単位は一般に家族である．つまり広い意味での生活者である住民・家族を一方の極とし，国家を他方の極としてその中間に地域が存在すると考えることができるであろう．それは1国の領域の中にあり，個別住民の生活の場（住居・農地・店舗等々）を包含している．

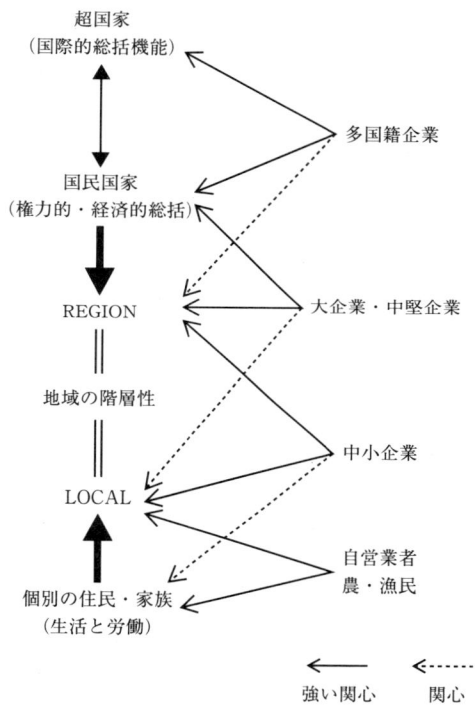

図1-2 空間的関心と問題意識の方向

それでは具体的にはどのような空間的な範囲をもって地域と見るのか．それは地域を考える問題意識によって異なってくる．逆に言えば，地域とは常に何らかの問題意識を伴って措定されるのである．このことが先に述べた地域範囲の多様性を生み出しているのである．

この問題意識は大きく分けて2つの方向性が考えられる．1つは国家が統治の単位として地域を考える場合である．都道府県，市町村，そして場合によっては集落や町内会を通じて末端まで国家意志の浸透が図られる．例えば，中央で決定された米の減反政策は最終的には集落の寄り合いによって割り当てが決められる．これに対して，もう1つの方向性は住民の側からの問題意

識である．生活環境や医療，教育または地域経済など問題意識は極めて多様であるが，その内容によってそれに対応する地域範囲は自ずから異なってくる．

また企業の側からも地域に対する関心の階層性が見られる．地域の自営業者や農漁民は経営自体が同時に住民であるという特質を持ち，中小企業と並んで Local な範囲での地域への関心が極めて強い．これに対して大企業や多国籍企業は，もちろん Local なレベルに無関係であるわけではないが，より広域的なレベルで企業城下町や出先工場（branch plant）などを形成し，全国的または世界的規模で資本蓄積を行っている．

このように見ると，近年地域の重要性が急速に高まっている原因も2つの方向から理解できよう．1つは，次にも述べるように，国家が相対化し，その機能がより国際的総括機能によって担われる一方，地域分権によって地方機関に権限が委譲される傾向である．しかし，より根本的には住民の側の地域問題を認識し運動化する「問題化主体」の成長が重要であろう．これは民主主義の成長であるとともに，より具体的な地域における生活者としての権利意識の成長である．このことを抜きにしては，世界的に高まりつつある地域経済への関心と住民自治への意欲の高まりを理解することはできない．その意味では，住民が自らの生活に根ざして問題意識を持ち，その解決のために主体的に努力する空間が地域であるといってもよいのである．

2. グローバル化と地域

(1) 共通認識としての時代転換

1970年代は，日本において高度経済成長の結果として地域問題が発生し革新政党を含む住民や市民の運動によって問題化されていったように，世界的にも戦後長期にわたって継続した安定した成長が転換点にさしかかった時期であった．それは，70年代にフランスに生まれたレギュラシオン理論によってフォーディズムの時代と呼ばれ，その危機として論じられることとな

る．

　おりしも，1979年に成立したサッチャー政権や81年のレーガン政権は，フォーディズムの時代に経済政策の主流を占めてきたケインズ主義を批判するフリードマンらのマネタリズムを採用する．それはレギュラシオン理論のいうフォーディズムの危機に対する保守派の回答であったともいえ，そこで打ち出された政策は，新自由主義のもとにおける市場機能の原理主義的重視であった．

　しかし，市場原理にすべてをゆだねる新自由主義は結局問題を解決することはできず，多くの社会的不公正をもたらすことが明らかになってくる．これに対して「保守的な新自由主義よりもより民主的で，より平等で，より人間的な政治的プロジェクトを模索する」(Amin, 1994) という共通項のもとで多くの議論が展開されるようになる．それは，復古主義的な市場原理主義に対する批判という点で共通するがそれとともに，その背景には時代の転換点についての共通認識が存在しているといえ，それらをアミンは Post-Fordism と総称している (*ibid.*)．

　アミンは，こうした議論を代表するものとしてレギュラシオン理論 (Regulation Approach)，柔軟な専門化理論 (Flexible Specialization Approach)，ネオシュンペーター学派 (Neo-Schumpeterian) の3つをあげ，これ以外にもアメリカの Radical Economists，英国の社会学者のグループ，マルクス主義的地理学者の存在を指摘している．

　これらの理論の多くは，そのオルタナティヴな政策展開の場として地域を重視するという点で共通している．つまり，新自由主義に対抗する時代転換の共通認識において「地域」が重要なキーワードとして浮かび上がってきているのであり，その理由は，現代におけるグローバリゼーションの進展と同じ基礎の上にあるといえる．つまりフォーディズムのもとにおいては経済は基本的には国家のレベルにおいて調整（総括と読み替えてもよいであろう）され，国民経済を形成してきた．しかしフォーディズムの危機というのは，基本的にはこの国家による総括の困難があらわになってきたことであるとい

えるのである．

　先進資本主義国における市場の飽和と需要の多様化を特徴とするこの危機は，その回避の方向をグローバル化に求めることとなる．「生産の社会化の極限として，国際的分業が最高度にすすむと，国家の否定へとすすまざるをえない諸問題がでてくる．その資本主義的な対応が，多国籍企業である．……多国籍企業は国際分業を企業内分業として発展させ，企業内部で総括している」（宮本，1981, p. 312）のであり，「国際化の過程でこれまで資本主義国家が創設してきた「ブルジョア社会の総括」としての国家の機能が，次第に変質あるいは廃棄されようとしている」（同，p. 313）．80年代のはじめになされたこの指摘は時代の変化をいち早く察知したものであったといえよう．

　資本主義システムにとって，このような総括機能は，その一部が多国籍企業の世界的組織によって代位されるとしても，また従来の国民国家が担うかどうかは別として，ひきつづき不可欠なものであると考えられる．そのために，生み出されてきたものがサミットとG7による国際的協調体制，およびIMF，WTOの機能強化によるグローバルな総括機能であるといってよいであろう．EU統合の急速な進展の基本的な要因の1つもここにあるのである．

　このように，現代は資本主義経済の転換点であると同時に，政治的，社会的転換点にあるとされ，その時代転換の認識の上に立って地域のあり方が注目されているのである．したがって，21世紀の地域の展望を論ずるには，現代をどのような意味で転換点であると考えるかが明らかにされなければならないであろう．

(2)　技術手段の変化とネオシュンペーター学派

　ネオシュンペーター学派の代表的理論家であるフリーマンは，シュンペーターが分析した3つのコンドラチェフ波動を現代に延長して5つの技術変化の波を整理している．彼の試論的描写と断っている表式によれば，次のように要約することができよう（Freeman, 1997, pp. 65-70）．

第1の波　1780年代から1830年代　機械化初期　　　　　　綿と銑鉄
第2の波　1840年代から80年代　蒸気と鉄道の時代　　　石炭と鉄道
第3の波　1890年代から1930年代　電気と重工業の時代　電気と鉄鋼
第4の波　1940年代から80年代　フォーディズム大量生産の時代
　　　　　　　　　　　　　　　　　　　　　　　　　　自動車と石油化学
第5の波　1990年代以降　情報通信の時代　電子工業とソフトウエア

　ここで，それぞれの波の前後10年ずつは重なり合っているとされる．つまり1980年代は，基本的には第4の波の終わりに位置づけられるが，第5の波の前段が始まった時代であり，90年代は第5の波に入りつつも第4の波の余波が強く残っている時代と位置づけられる．

　ともあれここに示されるように，フリーマンも多少の時期のずれは別として，現在をフォーディズム的大量生産の時代からの転換点と位置づけていることがわかるであろう．そこでは第4の波における技術経済パラダイムの限界性が次のような点に現れるとされる．それは規模の不経済と組み立てラインと生産設備の硬直性（inflexibility），エネルギーと素材の集約的利用の限界，ヒエラルヒー的部門細分化の限界であり，これらは第5の波においてフレキシブル生産システムの採用やネットワーク化などによって部分的に解決されるというのである．

　このようなフリーマンの議論の特徴は，これに対して技術決定論であるという批判（Nielsen, 1991）がなされるように，技術変化から時代転換を説明し，特に現在直面する時代転換をICT（Information and Communication Technology）によって特徴づけようとしている．ただしこれを単純で一方的な技術決定論と見なすのは公平とはいえず，フリーマンは技術変化と社会の相互規定性を強調している（Freeman, 1997, p. 428）．

　さらにフリーマンは，ICTが第1次，第2次，第3次のすべて，つまり経済の全局面に大きな影響を及ぼしつつあると主張し，「かつての新技術体系，たとえば蒸気力や電気なども同様に広範囲な影響を及ぼした．しかしICTはすべての産業やサービスに影響を与えるだけではなく，企業内のす

べての機能に影響を与えているという点で特徴的である．科学的市場調査，デザインと開発，機械，分配と全般的管理などのすべてはこの革命的技術の影響を深く受けている」と述べている (*ibid.*, p. 396)．

このほかにも情報社会が労働に及ぼす影響について，従来のサービス産業において生産と消費が同時に発生するために，地域や国境を越えた交換が行われずらかったものが，ICTによってその分離の可能性が生まれてくるという点に着目し，サービス分野における国際間，地域間分業の展開，低賃金を求めての移転の可能性を論じている点も注目される．例えば，現在北海道でも急速に増大しているいわゆるコールセンター，またはバックオフィスなども，イングランド北東部の衰退地帯にこれらが展開してきているのと同様の問題をはらんでおり，IT産業の立地として手放しで評価することはできないであろう．

またフリーマンは環境問題にも注目し，これまでの技術発展のあり方からの転換の必要性を主張している．そして，これら労働，環境の両面において現代社会が直面する問題に対応するためにはこれまでの，技術に対する外来的（exogenouse）偶然的な視点に対して，内発的（endogenous）で社会的目的意識を持った技術政策の必要性を強調している．

(3) 大量生産システムからの転換

フリーマン等のネオシュンペーター学派が技術変化に着目するのに対して，ピオリとセーブルは生産のあり方に注目して時代の転換点を説明する．以下，『第2の産業分水嶺（Second Industrial Divide）』の内容をNielsenの議論をも参照しつつ紹介しよう．

ピオリとセーブルは生産のあり方を2つのタイプに分類する．1つは大量生産体制（Mass Production）であり，もう1つは柔軟な専門化（Flexible Specialization）またはクラフト的生産体制である．大量生産体制のもとでは，専用機械と半熟練工による標準化された製品が量産される．これに対して柔軟な専門化体制のもとでは，熟練労働者によるクラフト的な生産方法によっ

て市場の変化や多様性に対応した特注品を生産する．この2つの生産体制は19世紀を通じて相争っていたが，やがて大量生産体制が主導権を握り，クラフト的生産を圧迫するようになったというのである．ただし，この2つの生産体制のどちらが主導的になるかは技術必然的に決定されるのではなく，むしろ選択の問題であったと主張する．この2つの生産体制が相争い，大量生産体制が勝利していった過程が第1の産業分水嶺であったとされるのである．

そして，ピオリとセーブルは現在の転換期を，この大量生産体制が行き詰まり，再びクラフト的生産との間の選択が提起されている時代，つまり「第2の産業分水嶺」と位置づける．この行き詰まりを説明する論理として，調整機能（regulation mechanisms）の危機という議論を展開している．この議論は彼らが認めるようにフランス語のレギュラシオンから借用したものである．そして彼らはレギュラシオン学派との相違を強調してはいるが，大量生産体制の行き詰まりをケインズ主義的有効需要政策の危機と関連させてとらえている点では明らかな共通性が認められよう．

ピオリとセーブルは，大量生産体制の問題点として生産費用における固定費用の肥大化からくる生産の硬直性に着目する．そして，1970年代以降市場が飽和することによってこの矛盾が顕在化し，さらに第三世界の開発戦略の結果NIESやラテンアメリカの国々が大量生産体制を導入したために，市場の飽和はさらに悪化してきているとしている．また，消費志向の多様化が進むことにより大量生産市場が縮小しクラフト的生産に有利な状況が生まれてきていることが，もう1つの行き詰まりの原因となっているとされる．

こうした状況の下で，ピオリとセーブルは，大量生産体制のもとでも個別的にクラフト的生産を維持してきた「島々」の活性化が進んでいると指摘し，その事例として，日本の小零細機械工業の集積，第3のイタリア，西ドイツの企業内に保存されたクラフト的生産，アメリカのハイテク産業をはじめとしたいくつかの事例をあげている．このように，彼らは産業地域における小零細企業の集積にクラフト的生産の再生と発展を展望し，これをピオリとセ

ーブルは,「ヨーマン・デモクラシー(Yeoman Democracy)」と呼ぶ. そして, これは市場の自由主義とは区別されたものであるとして次のように述べている.「コミュニティの維持は欠くべからざるものだとするこの認識があるからこそ, 集団的個人主義の一変種たるヨーマン・デモクラシーは, クラフト的生産の協調しつつ競争するという考え方を政治的に言い換えたものになっている」(Piore and Sabel, 1984, 山之内靖他訳, p. 384).

クラフト的技能に基礎をおく自由な小生産者の地域コミュニティというこの思想は, 彼ら自身がしばしば論及しているところでもあるが, 現代のプルードン主義と呼ぶことも可能であろう. このようなユートピア的側面がこれまでも批判の対象とされてきたのであるが, ピオリとセーブルは, 必ずしもこのような未来像を必然的なものとはみていない. 彼らは, もう１つのシナリオとして「ケインズ主義の国際化」をあげている. これは, これまでの大量生産体制を１国内で調整してきたケインズ主義的調整機構を国際的なレベルに拡大するというものである. こうした可能性に対しては, 現代の危機を単に市場の飽和のみに矮小化するものであるという批判もなされている (Nielsen, 1991).

ともあれ, 小生産者の共同した発展可能性と, そこにおける労働の回復は, 地域経済を語る上で１つの要となる論点であり, これを歴史的転換点の中に位置づけたという点は, Flexible Specialization の議論の貴重な貢献であるといえよう.

(4) レギュラシオンと地域政策

レギュラシオン理論には少なくとも７つの学派があり, さらにそれらが多様な傾向を内包しているといわれる (Nielsen, 1991). したがってレギュラシオン理論を一括して論ずることはできないが, ここでは, その中心的理論家のひとりであり, かつ地域に即した政策展開を論じているリピエッツ (Lipietz) を中心に取り上げてみることとしよう.

レギュラシオン学派によって, フォーディズムという用語は資本主義の１

段階を画すパラダイムとして用いられるようになった．リピエッツは，レギュラシオン理論の立場から，このような経済発展のパターンを分析するにあたっては次の3つの観点が必要であると述べている．それは第1に，生産，分配，交換が矛盾なく相互連関するマクロ的な安定性を意味する蓄積体制（regime of accumulation）であり，2番目はこの蓄積体制がその上に立脚する労働組織と技術の適用の一般的原則である技術パラダイム（technological paradigm），そして3番目が，経済を構成する各行動主体（資本，賃労働など）の関係を調停し最終的な統合性を保証する調整のメカニズムであるところの調整様式（mode of regulation）である（Lipietz, 1992a, b ; 1994）．

このような概念を用いて，リピエッツは1945年以降の世界的な経済発展は次の3つの条件を基礎としていたと分析している．

1. テーラー主義に基づいて構成された労働組織．そこでは構想と実行が分離され，専門労働者のノウハウを機械の自動運転に体系的に組み込まれる．
2. 生産力の向上に見合った大衆消費の成長，すなわち販路の拡大を伴った蓄積体制．
3. 雇主と賃金稼得者を等しくこのモデルに順応させるようにしむける調整の枠組み（Lipietz, 1994, pp. 341-2）

このうちでも特に，戦後フォーディズム社会の具体的な調整の仕組みとしては次の3点が重要であったとされる．1つは，最低賃金の引き上げをもたらす法制化と強力な集団交渉によって，全国的な生産性の向上の成果にそった毎年の実質賃金改訂がすべての労働者に保証されるようなメカニズムである．そして第2には発展した福祉国家によって，疾病，失業，引退などにより一時的または無期限に勤労所得を得ることができなくなった場合でも，ほとんどすべての人々に消費の可能性を保証することが行われ，さらに第3に，経済の必要に応じて中央銀行によって管理され民間銀行から供給される信用貨幣が供給されたとしている（Lipietz, 1992a, p. 312）．

しかし，フォーディズムのもとで戦後の先進諸国に共通した継続的成長も60年代の終わり頃から転機を迎えるようになった．リピエッツはその原因

を次のように分析している．

まず，生産性上昇率の低下と資本生産性の低下による利潤率の低下が起きたということである．実はこのことの背景には，労働者の中に自己発展や労働の尊厳の欲求が強まるにつれて，テーラーシステムの下では労働への人間的な責任が否定されているという状況にたいする抵抗が拡大してきていたということが指摘されている．そして，これはテーラー主義の下では論理的には否定されていながら，実は労働の実際場面においては不可欠な労働者の自覚的参加を阻害することとなっていったのである．

そして企業の側の，利潤率の低下にたいする最初の対応は賃金の引き下げであり，それは社会的な消費の不足をもたらした．またもうひとつの企業による対応は，原価マークアップ主義的な価格引き上げで，これは管理通貨体制における貨幣供給に裏付けられてコストインフレをもたらすこととなった．さらに，こうした状況の下で，失業手当をはじめとする政府支出が急激に増大し，フォーディズムの社会的妥協は経済的に維持困難になっていったとされる．これに加えて60年代以降は大量生産と低賃金を求めて国際的企業展開と国際競争の激化が進み，これはそれまでの国家による経済的調整の枠組みを掘り崩すこととなった．

このような状況の下で登場してくるのが新自由主義であり，そのイデオロギーはそれまでのフォーディズムにおける社会的な妥協を廃棄することを目的とするものであった．これは社会的不公正を拡大するだけではなく，労働者と企業の溝を拡大することによってむしろ危機を深刻化させることにつながる．

したがって現在，新自由主義に対立し，従来のフォーディズムとも異なった新たなオルタナティヴな解決の方向が模索されなければならない．リピエッツはそのようなオルタナティヴな社会のあり方の展望を次の4つの方向性にまとめている．

1. 新しい技術の適用を制御する権利，自らの居住している地域で生活し労働する権利，そしてより多くの自由な時間と引き替えにした直接的生産労

働者の自覚的な参加を基礎とした新しい社会－産業関係．

　2．社会保障を維持するために現在と同程度の収入の社会化を維持する．ただし福祉国家を根本的に改革し，社会的に有用なサービスを供給する契約を自治体と取り結ぶような新たな自主管理部門を発展させること．

　3．多国間共同と国際信用貨幣にもとづく新たな国際関係．ただし系統的な自由貿易の適用を拒否し，それに代わってそれぞれの民主的な国々における社会的進歩を最大限にするような新たな一連のルールを採用する．

　4．生態環境に配慮し発展の持続可能なモデルに呼応すること．（Lipietz, 1992a, pp. 329-30）

　ここで特に注目したいのは，リピエッツが他の場所でも明言していることであるが，「自らの地域で生活し労働する権利（'right to live and work in one's own region'）」（Lipietz, 1994）についてである．私はこの権利を地域住民の「定住権」として，「環境権」などとともに新たな基本的人権として確立されるべきであると考えている．過疎地域や構造不況地域の諸問題は，この定住権つまり住民がそこで生活し労働し続ける権利を前提として解決が図られなければならない．自由主義的市場メカニズムによれば，所得水準の低下が労働力つまり住民の流出をもたらし，その結果新たな均衡が達成されるというシナリオが描かれるが，それはこの定住権を無視した議論であるといわなければならない．

　これを確保するためには労働の自覚的参加と自主管理を含む新しい社会関係が必要であるというのがリピエッツの提起している思想であると考えられるのである．すでにみたように，ネオシュンペーター学派のフリーマンの議論は技術段階論から出発し，労働の側面への注目の度合いは必ずしも大きくはなかったといってよいであろう．またフレキシブル・スペシャリゼーションにおいては，大量生産に対するクラフト的な労働者の技能という点が注目されていたが，その展望であるヨーマン・デモクラシーは自営的小生産者の共同というものであった．この点，リピエッツは明確に労働者の参加の必要性を打ち出しているところに特色があると思われるのである．

3. 地域産業集積とイノベーション

(1) 地域産業集積

　地域産業研究についてはむしろ日本の中小企業論，地場産業論などに早くから豊富な研究蓄積がある．これは日本の社会経済構造の歴史的特殊性に淵源をもって，中小企業の特に豊富な集積があったことが背景にあるといえよう．

　戦前の社会政策学会における議論を出発点とする日本の中小企業論は，まず日本の前近代性を示すものとして中小企業問題を検討したと同時に，近代的大工業部門における中小企業の支配・利用に注目した．つまり，地場産業と下請工業をその主要な研究対象としてきたのである．こうした中で，戦後かなり長期にわたって，日本の中小企業論の主要論点は，なにゆえ日本が例外的に大量の中小企業を存続させ，かつそれが増大し続けているのかという点にあった．確かに，1970年頃から，二重構造論に代表されるような，中小企業を一方的に前近代的で抑圧された存在とみる見方に対して，中堅企業論やベンチャービジネス論が提起され，中小企業の成長性が注目されるようになってきた．しかし，これらの議論も，日本におけるいわばフォーディズム的な大量生産体制の確立発展を前提とするものであって，その行き詰まりからくる歴史的時代転換を視野に入れたものとはなっていなかったといってよいであろう．

　ここでは，これまでの日本における膨大な地域産業研究の蓄積はひとまず脇に置いて，前節でとりあげた時代転換の視点と接続する地域産業集積の議論を検討することとする．

　これらの新しい地域発展の理論が次々と生み出されるようになったきっかけの1つとなったのは，多数の中小企業が地域に集積し産業発展をとげていったイタリアの経験であろう．BruscoやBeccatiniらに代表される研究によってイタリアの産業地域が紹介されると，従来経済的技術的条件によって

地域の発展性が規定されると考えられていたものが，非経済的要因も含めて地域に内在する諸要因が重要な役割を果たすことが注目されるようになった．これ以降，こうした文脈の下でさまざまなグループや学派が地域産業集積と地域発展についての理論的実証的研究を繰り広げてきている．

Moulaert（1999）は，これらを地域イノベーション理論と総称して，図1-3のような系譜図を提示している．ここで単に地域発展理論と呼ばずに地域イノベーション理論としているのは，こうした地域集積における諸条件が単に個別企業にとっての有利な外部経済性として機能するだけではなく，地域における不断のイノベーションを引き起こす条件となっているという点が注目されてきているからである．そして，さらにこうした条件を分析してみると，そこで最も重要な役割を果たしているのは地域における諸主体の共働性にあるという主張がなされてきている．つまり，これらの諸理論において，地域発展の条件として産業集積がもたらすものについての認識の重点が，外部経済性→イノベーション→共働性と展開してきていると考えられるのである．

(2) 競争とクラスター

1990年代に入って，地域産業が重要な論点となる中で，ポーター（Porter, M.）の研究が注目されるようになった．もともとポーターの議論の中には，現在を資本主義社会の歴史的転換点としてみる視点はほとんどなかったといってよい．むしろ彼は，経営学的な視点から産業組織論・競争戦略論を論じたのである．にもかかわらず，第2節でみたポストフォーディズム論的な地域研究者の多くがポーターに注目したのは，彼の議論が地域産業集積についての膨大な実証的事実の蒐集を基礎に，その現実的経済的背景を説明するものであったからであり，地域に集積する中小企業の活力と経済発展において地域に内在する可能性を論じたからであろう．

ポーターは『国の競争優位（Competitive Advantage of Nations）』において，それまでの産業と企業の分析から国と政府に視野を広げ，「国の環境が

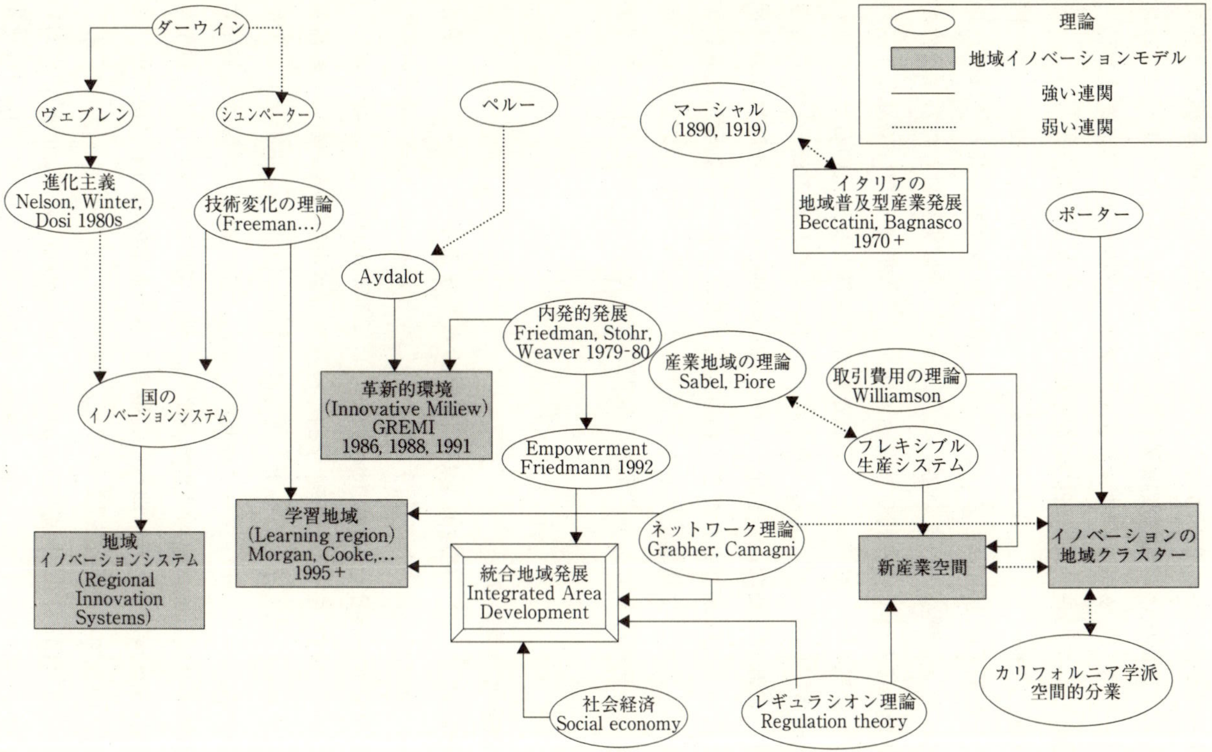

図1-3 地域イノベーション理論の系譜

出所：Moulaert (1999).

企業の競争の成功にとって中心的役割を演じるという強い確信を持つようになった」と述べている（Porter, 1990）．

ポーターは国の競争優位は次の4つの要因によって決定されるとする．

1．要素条件：ある任意の産業で競争するのに必要な熟練労働またはインフラストラクチャーといった生産要素における国の地位．

2．需要条件：製品またはサービスに対する本国市場の需要の性質．

3．関連・支援産業：国の中に，国際競争力をもつ供給産業と関連産業が存在するかどうか．

4．企業の戦略，構造およびライバル間競争：企業の設立，組織，管理方法を支配する国内条件および国内のライバル間競争の性質．（*ibid*., 土岐他訳，pp. 106-7）

この4つの条件は経済学的に整序された分類であるとは必ずしもいえないが，これをさらに要約すると，1は基本的生産要素であり，2，3は販売と購買の取引関係，4は企業活動に関わる諸制度とみることが可能であろう．そしてポーターはこの4つの条件が相互に強く影響しあっており，1国においてシステムとして機能しているとして，これを「ダイヤモンド」と呼んでいる．そして，この諸要因は個別企業において完結するものではなくシステムとして存在しているということから複数の企業や産業が相互連関性をもって集積する産業のクラスター化が促進されると論じている．

『国の競争優位』はその書名が示すように，当初は1国レベルでの産業の競争条件を分析したものであったが，その内容はむしろ地域レベルでの産業発展の条件を分析する理論として注目されるようになった．ポーター自身も近年，クラスターが国のみならず，地域，州または都市レベルの特徴となっていると述べ，クラスターを「特定の分野において相互に連関した企業や団体が地理的に集中していること」（Porter, 1998, p. 78）と定義している．図1-4は，ポーターによるカリフォルニアにおけるワインクラスターの事例である．ここにみられるように，ブドウ生産者とワイン生産者を中心にその関連産業，行政や教育研究機関などが集積してクラスターを形成し，これが地

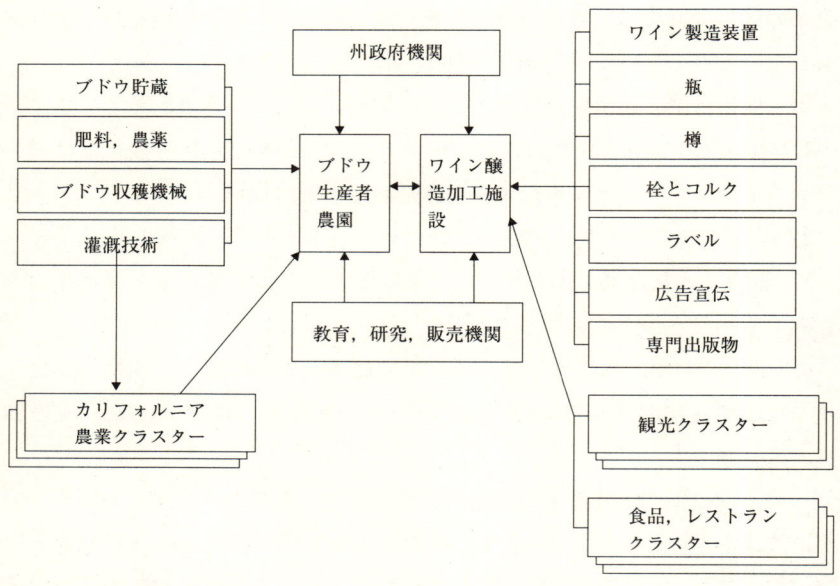

出所：Porter（1998）p. 79.

図1-4　カリフォルニアのワインクラスター

域の他のクラスター，農業や観光，食品などと関連していることがわかるであろう．

　こうした地域クラスターの形成が，地域の企業に及ぼす影響は，①熟練した労働者や原材料・機械等の供給者を容易に見いだせること，②当該分野の特別な情報へのアクセスが容易になること，③クラスターを形成する企業や業種が相互によい影響を与える相補性，④当該分野に関連した研究機関その他の公共財の利用しやすさ，⑤相互の競争や刺激による動機づけや自社を客観的に評価しやすいこと，などがあげられる．そしてこうしたクラスター形成は，既存の企業や業態にとって有利なだけではなく，新しい技術や経営方式の導入などのイノベーションを作りだし，またそれを普及させる上でも有利であるとされる．そればかりではなく，このようなクラスターが形成されている場所では，新たな企業を創業するにあたっても孤立した地域よりもは

るかに有利な条件で創業が可能であるといえる．

　ポーターは，こうした地域クラスターの役割がますます増大してきているために，資本，生産要素，技術，情報などがグローバルに移動可能になっているにもかかわらず，むしろ地域性がますます重要な要素となってきていると述べ，企業の立地選択にあたっても賃金水準の低さや原料輸送の低廉さなどよりもむしろ，不断のイノベーションを遂行していく上で必要な立地条件こそが重要であるとしている．

　以上の議論の一部は，すでにマーシャルによって20世紀の初頭に「産業地域（Industrial District）」として論じられ，そのほかにも中小企業論や経済地理学などのさまざまな研究者などによってほぼ同趣旨のことが論じられてきたものも多い．しかし，これにクラスターという名称を与えて体系的に論じたことによって，地域研究者の議論に共通の場をもたらしたという点は高く評価されるべきであろう．

　ただし，ポーターの理論では，地域の担い手の主体形成への配慮はほとんどなされていない．事実，「（ポーターのモデルは）クラスターが成功する要素として，ネットワークや社会的相互作用などよりもむしろ市場と競争を強調しており，イノベーションにおける地域の重要性には比較的小さな関心しか払われていない」（Moulaert, 1999）といった指摘もなされている．とはいえ上述のように，ポーターの近年の著作ではとりわけ，クラスターがイノベーションに果たす役割が強調されている．しかしそこでも基本的な視点は依然として競争である．ポーターによれば「国際競争の前線に立つのはあくまでも企業」であって，国や地域およびそこにおけるクラスター形成などは企業の重要な競争条件をなすという視点でとらえられている．別の言い方をすれば個別企業の競争優位条件を，集合した企業の競争優位条件に拡大して論じているのである．したがって，このような企業を主体とする競争という視点のもとでは，労働は地域の主体的な担い手として位置づけられることはなく，生産要素としての質と価格が問題とされるにすぎない．この点が地域経済論の観点から見たポーター理論の最大の限界であろう．

(3) 革新的環境論

前節で取り上げたポーターの理論は，必ずしもすべてが目新しいものではなくこれまでにも産業発展における地域性の役割に注目した議論がなされてきた．ここではそのひとつとして，革新的環境（Innovative Milieu）論を検討してみよう．

この理論は 1980 年代の半ばごろから，「革新的環境についてのヨーロッパ研究グループ（Groupe de Recherche Européen sur les Milieux Innovateurs）」によって提起されるようになった理論である．

Camagni によれば，この理論は 1970 年代以降のいくつかの内発的成長の理論に相対して形成されたものである．これらはペルーが 1950 年代に提起した「成長の極」の理論において中心と周辺というヒエラルヒー的な二極的構造を想定したのに対して，地域的成長の多角化が進んでいるという認識に基づいている．事実，このころ旧来の産業中心地の衰退が進む一方，周辺地域における新たな産業発展の芽が見られるようになってきていた．こうした現象は地域がヒエラルヒー構造のどこに位置づけられているかによってその成長性が規定されるという考え方に対して，むしろ地域にはその内部に自生的な成長の活力が存在するという点に注目すべきであるという考えをもたらした（Doren, 1995）．

Doren によれば「『革新的環境』とは一定の地域内において，イノベーションと共同学習の能動的過程に結びつくような外部経済性を促進し，より有効な形態での資源の共同管理をもたらすような，経済的，政治的，制度的な一連の諸関係と多面的交流であると定義できる」(*ibid*., p. 98) とされる．

また「革新的環境とは生産システム，経済諸主体，産業文化などに統一性をもたらす一定の地理的範囲においてもたらされる関係性のすべてであって，地域的な共同学習のダイナミックなプロセスを引き起こし，イノベーションの過程において不確定性を減ずるメカニズムとして働くものである」(Camagni, 1995, p. 320) とも述べられている．

これらの定義にみられるように，この理論は地域内の諸主体間の関係性，

それも企業間の取引関係に限定されない，社会的，文化的側面を含めた地域内の関係性の全体を重視する．それは，一方で地域の企業家精神，企業間の相互作用と協調，特化した労働市場などに注目するが，特徴的なのは，これらを単に地域経済の効率性に影響する要素とみるだけではなく能動的なイノベーションのプロセスに注目する点にあるといえる．

ではどのような条件の下で地域はイノベーティヴでありうるのだろうか．Dorenの考え方に基づけば，革新的環境とは次の4つの側面を統合したものであるとされる．

　　技術的側面：技術的パラダイムに関係した研究理論，ノウハウ，知識など．
　　組織的側面：地域内の諸当事者間の交流．
　　地域範囲的側面：地域と世界の諸関係，外部的開放性．
　　時間的側面：変化の受容．時代の変化に対応した生産システムの柔軟な再構成．

またより具体的には，Camagni（1995）は，革新的環境理論は次の3つの要素によって特徴づけられるとする．

1. 地域性の経済（district economies）：これはある種の「産業的雰囲気」を促進するもので，単に大企業と比較した地域小企業のコスト不利を減少させるだけではなく，むしろそれらの小企業のイノベーションの過程を助長するものである〈活力効果要素（dynamic efficiency elements）〉．例えば，これに属する要素としては，自発的で社会化された方法で行われる教育訓練過程があげられる．

2. 近接性の経済（proximity economies）：これはより地域経済内部において情報の流布や対面的接触であり，情報収集費用が低いということによって，「取引費用」と，一般的には「使用費用」を削減することである〈情報要素（information element）〉．この例としては，その本性からしてインフォーマルな性格の顧客や納入業者との情報交換が容易になることなどがあげられる．

3. 共働の要素（synergy element）：これは模倣の過程や，地域の諸機関の相互作用，インフラストラクチャーやサービスのプロジェクトについての民間－公共パートナーシップ，研究センターと潜在的なイノベーションの採用者の相互作用，顧客－納入者の協同などによって地域のイノベーション能力が増進することを意味する．

これらの内容はポーターの議論と重なるものも多いが，地域におけるイノベーション実現の担い手を企業よりも広い範囲にとらえていることが特徴的であろう．

(4) 学習経済論

革新的環境論においては，イノベーションを企業よりもより広い地域諸主体の協同した活動ととらえていたが，ここからさらにGREMIグループは「共同学習（collective learning）」という概念を用いるようになる．ここにはGREMIグループだけではなく，近年の地域経済論の多くがたどった2つの理論的展開が含まれていると思われる．

1つは，「学習（learning）」という側面である．学習経済（learning economy）や学習地域（learning region）といった用語は現代地域経済論に共通したキーコンセプトとなってきている．これは「経済活動にとって真に重要なのは知識の蓄積ではなく，学習の（また忘れ去ることの）能力である」（Lundvall and Borras；Asheim, 1999から再引用）という言葉に端的に示されるように，イノベーションの過程で問題になるのは，固定的な知識の蓄積ではなく，不断の知識の獲得と変化すなわち学習の過程であるという，より動態的な発想に基づくのである．したがって，ここでの学習は単に出来合いの知識を学ぶということではなく "learning by doing" とか "learning by using" と表現されるように実践的な課題に即した学習が必要とされるのである．

もう1つは，共同（collective）または共働（synergy）の概念の展開である．上のような学習についての考え方は必然的に，知的創造的活動を行う人

間そのものへの注目を浮かび上がらせることとなる．そこでは企業といった組織のレベルでの共同や共働だけでは不十分であり，関係する人々すべての自発性と創意性が問われることとなる．このために地域住民全体の合意と参加による学習経済の構築が必要とされる．これには人々が自覚的構成員として地域社会との絆で結ばれている（cohesion）状況が前提とされ，地域企業の経営者だけではなく労働者や労働組合の学習過程への参加も不可欠であり，さらにそうしたコンセンサスを形成する条件としては地域における適正な賃金や社会保障なども重要な意味を持つようになってくるのである．

　Moulaertは，このような学習経済の議論を展開した人物としてCookeやMorgan，Asheimなどをあげているが，ここではAsheimの議論の一部をとりあげてみよう．

　Asheimは，学習経済論に対して次の2つの批判がされていると指摘している．1つは資本主義的グローバル経済のもとでの学習には構造的な限界があること，もう1つは資本主義社会の企業というものはもともと常に「学習」をしてきたというものである．確かに，上に述べたような学習地域の形成は，世界的な規模で熾烈さを増している競争と多国籍企業の立地展開が地域の命運を大きく左右するという現実を前にして，あまりにも楽観的であるという批判は一面うなずけるし，常にイノベーションは資本主義の生き残りをかけた厳しい競争の中で生み出されてきたという側面も否定できない．

　Asheimはこうした批判に対して，「学習経済」を資本主義経済の発展における質的な転換の表現として理解すべきであるとする．これをフォーディズムからポストフォーディズムへの転換と位置づけつつ，①ICTとも関連しつつ，知識の生産と利用が付加価値生産活動の核心をになうようになりつつあるということ，②ケインズ主義的福祉国家の転換がおこり，国家そのものが空洞化する一方，地域の内発的発展が課題とされるようになるとともに，③精神労働と肉体労働の分離を前提としたテーラー主義的労働組織の変容がおき，企業内部における労働者の参加が進む，と論じている．

　こうした新しい時代に対応して構築される学習経済の議論によれば，イノ

ーベーションのあり方の理解も変化してくる．従来の，大規模な国家的R&Dプロジェクトに代表されるような，直線的で支配的なイノベーションの理解に対して，非直線的な「ボトムアップ型の相互イノベーションモデル」を提起する．それは大量生産以外のさまざまな生産方法や小規模生産からの漸進的改良を含んだものである．そこでは経済的周辺地域や，中小企業，いわゆる先端的産業以外の産業分野などにおいても学習経済に基づくイノベーションが実現するようになる．特に，ハイテク産業とロウテク産業を区別しハイテク産業のみに発展の展望を見いだそうとする考え方は，古い「直線的モデル」の所産として否定される．そして，必ずしも明文化され客観化される技術だけに限定されることなく，職人や現場労働者に蓄積される非明示的な技能や技術が重要な役割を果たすとし，これらが地域内において相互に関連しあってイノベーションが実現するという．そしてこれを実現するためには，「地域性」と表現することができるような，社会的文化構造が重要な役割を果たすというのである．

4. 地域発展理論の視角

ここまで，1において時代転換の理論を，2では地域産業発展の理論をながめてきた．ここで明らかなようにこの2つは分かちがたく結びつき，その諸理論は相互に強く影響し合っている．Moulaertによる図1-3はこれらを体系的に整理しようと試みたものであったが，ここに示された関連性は一部分にすぎず，むしろこれらの理論のすべてが相互に影響し合っていると考える方が妥当である．これらの議論を一括して，時代転換の議論としてはAminのいうように「Post Fordism論」と，地域産業発展論としてはAsheimのいうように「地域イノベーション理論」と総称することも可能であろう．このようにこれらの理論には共通した部分が多く，相互に似通った議論もなされているが，そこには中心的視角の階層性を見て取ることができると思われる．これを示したものが図1-5である．

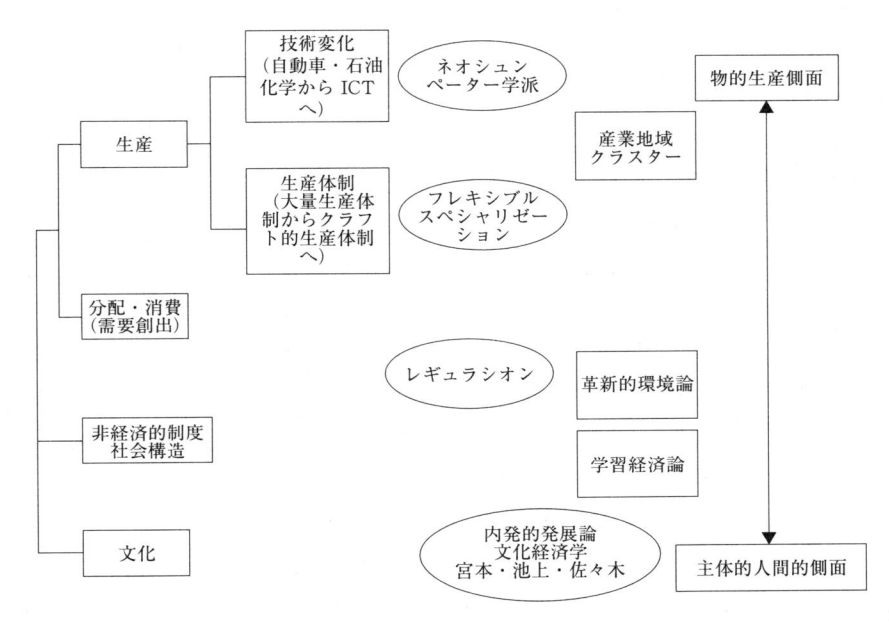

```
                ┌─ 技術変化
                │  (自動車・石油      ネオシュン
                │  化学からICT        ペーター学派              物的生産側面
                │  へ)                                              ▲
         ┌ 生産 ┤                           産業地域               │
         │      │                           クラスター             │
         │      │  生産体制                                        │
         │      │  (大量生産体     フレキシブル                    │
         │      └  制からクラフ    スペシャリ                      │
         │         ト的生産体制    ゼーション                      │
         │         へ)                                             │
         │                                                         │
         │ 分配・消費                                              │
         ┤ (需要創出)                                              │
         │                                                         │
         │                         レギュラシオン   革新的環境論   │
         │ 非経済的制度                                            │
         │ 社会構造                                                │
         │                                           学習経済論    │
         │                          内発的発展論                   │
         │                          文化経済学                     ▼
         └ 文化                     宮本・池上・佐々木        主体的人間的側面
```

図1-5 地域発展理論の視角

　この図はそれぞれの理論視角の相対的重点をあくまでも模式的に示したものであるが，時代の変化を生産の技術的変化を重点にとらえたネオシュンペーター学派，労働のあり方と生産体制に注目したフレキシブル・スペシャリゼーションの理論，生産と分配にとどまらず政治的社会的調整までを論じるレギュラシオン理論といった中心的視角の差を見て取ることができよう．地域発展の理論についても，産業集積を生産の条件としてとらえた産業地域の議論や地域クラスター論から，社会的制度や構造を問題にする革新的環境論，さらに地域構成主体の学習活動に注目する学習経済論の展開は，地域経済の発展要件を物的生産的側面からより主体的人間的側面に重点を置いてとらえようとしてきていると考えることができよう．

　なお，本章では取り上げることができなかったが，日本における宮本，池上，佐々木等の内発的発展論，文化経済学などは，これまで紹介してきた問

題の展開線上に位置する重要な議論であると考えられる．主体的人間的側面への注目は，1つは民主主義の実現の場としての自治に，もう1つは自己実現の追求である人間発達にゆきつかざるをえないのであり，上の2つの議論はこの点と結びついてくると思われるからである．このことについては別の機会でとりあげることとしたい．

　また，ここで注意しなければならないのは，物的生産側面に重点を置いた分析の中に主体的人間的側面への議論の展開を必然化させる要因が含まれているということである．フレキシブル生産体制への移行は大量生産体制を支えた産業の行き詰まりの結果として提起されているのであり，産業地域や地域クラスターの議論は生産部面におけるイノベーションの現代的な特徴を追究することによって制度や社会構造，文化の側面を含む革新的環境論や学習経済論と結びついているのである．

　このように，これまでの生産のあり方の行き詰まりを分析しその転換の方向を模索することが，新たな時代における主体的人間的側面の重要性とその活動の場としての地域を浮かび上がらせてきたのである．そこでは経済が企業の活動として現れる仮象性が希薄化し，地域住民すなわち人間の活動として地域経済が浮かび上がってくるようになる．地域経済の重要な構成要素である中小企業や自営業者などはある意味で「企業」であるが，ここではむしろ経営者や労働者として生活し労働する「人間の顔」が，地域経済の発展にとってより重要な意味を持つようになるのである．

第2章
EU 統合と地域

1. EU の発展と地域政策の必然性

　EU 統合の歴史は，1951年のヨーロッパ石炭鉄鋼共同体（European Coal and Steal Community：ECSC）にはじまり，1957年のローマ条約によってより包括的なヨーロッパ経済共同体（European Economic Community：EEC）に発展していった．設立当初の6カ国（フランス，ドイツ，イタリア，ベルギー，オランダ，ルクセンブルク）内部の地域格差は，イタリアの南部問題をのぞいてはそれほど大きなものはなく，この時期の EC（EEC）は明確な地域政策を前面に打ち出すにはいたっていない．しかしながら，例えば1960年のヨーロッパ社会基金（European Social Fund：ESF）や，1962年のヨーロッパ農業指導補償基金（European Agricultural Guidance and Guarantee Fund：EAGGF）などの重要な経済構造政策のための諸基金（構造基金 Structural Funds）がこの時期に設立されており，これらは現在重要な地域政策手段の一部となってきている．

　この後，1972年のパリ・サミットにおいて，1980年を目標とする経済通貨統合を進めることが決定されるとともに，共同体の新しい活動分野として，地域，環境，社会，エネルギー，産業政策を含めることが決定された．そして，翌73年のデンマーク，アイルランド，イギリスの加入による拡大 EC の成立をはさんで，1974年のパリ・サミットでは EC 閣僚理事会が設置され，ヨーロッパ地域開発基金（European Regional Development Fund：

ERDF）の設立が合意された．この ERDF は翌 1975 年に，地域政策委員会（Regional Policy Committee）とともに正式に発足し，これによって EC の地域政策への公式の関与が進められていく（Corvers et al., 1996, p. 177）．

さらに，1979 年の ERDF の規定改正をはさみつつ，1986 年の単一ヨーロッパ議定書（Single European Act）の調印を契機として，EC の地域政策には大きな転換がもたらされる．周知のように，この単一ヨーロッパ議定書は EC 内部における物理的，技術的，および税制面での障壁を取り除き，市場統合を目指すというものであった．しかしこうした市場統合は，ヨーロッパ内の経済的に恵まれた地域にのみ利益をもたらし，地域格差を助長し固定化する危険性が懸念された．これに対処するために，EC 設立条約（Treaty Establishing the European Community：ローマ条約）を改正し，130a 条〜e 条において地域政策について明確な規定を与えることとなった[1]．そして，これに照応して 1989 年には一連の構造基金の改革と拡充が行われ，ここから EU は本格的な地域政策を実施する段階に入ったといわれる（Hall and Wee, 1995）．そこでは，EU レベルで取り組まれる地域開発目的（Objectives）が，典型的な地域問題への対応に即して，具体的には後に述べるように Objective 1, Objective 2, Objective 5b によって特定地域の指定が行われ，1989 年から 93 年にかけて 92 年価格で 700 億 ECU が支出された．

この単一ヨーロッパ議定書はヨーロッパの市場についての統合化を目指したものであったが，1992 年に調印されたマーストリヒト条約はさらに進んで，全面的な経済・通貨統合，単一通貨の発行をも目指すこととなった[2]．このもとで EU の地域政策も飛躍的に強化され，1994 年から 99 年の構造基金の資金額は，前期の倍に当たる 1,415 億 ECU に達する見込みである．さらにマーストリヒト条約の合意に基づき，経済発展の遅れた 4 カ国（ギリシャ，スペイン，ポルトガル，アイルランド）を特別に対象とした，結束基金（Cohesion Fund）が設立された．この 4 カ国が他の EU 諸国から大幅に立ち後れた状態を放置しておくならば，マーストリヒト条約が目指す EMU（Economic and Monetary Union）の実現の障害になり，「ヨーロッパの二重

性（Europe with two speeds）」をもたらすことになるという認識のもとで，「結束基金」によってこれら4カ国の経済の底上げを目指したものである．

このように，EUの地域政策はヨーロッパの統合が進められるにつれて，その段階に対応して強化されてきたといえよう．これは，見方によっては国民国家の権限のEUにむけた「上方移行」と，地域に向けた「下方移行」の同時進行とも見ることができる（Corvers et al., 1996, p. 179）．確かに，EUの統合を押し進めている主体もまた国家である以上，これを無条件に国民国家の終焉とみるのは正しくないであろう（Meiksins, 1997）．しかし，他方では系統的にEUによって行われている，ヨーロッパ市民意識の啓発は，他方で国家意識を相対的なものとする可能性を内包していることもまた確かである．

ともあれ，EUの統合の重要な前提として，地域間格差を解消または縮小しなければならないということが共通の認識とされてきていることが注目されるべきである．

2. EU内部格差の状況

(1) Cohesion Report

上に述べたように，EUにとって地域格差の是正は，その存在意義をかけた重要な課題となってきており，マーストリヒト条約の130b条によって，EU委員会は3年ごとにEU内部における格差の改善状況を報告することとなっている[3]．

この第1回目の報告が1996年に "First Report on Economic and Social Cohesion 1996"（Cohesion Report）として提出され，その中でEU内部における地域間格差の実態と推移について報告された．ここでは以下，主にこの報告を利用つつ，EU内部における地域格差の実態を検討してみよう．

地域間格差を計る基準として，まず第1に考えられるのは国民所得であろう．この場合，GNP，GDP，NNPなどのいくつかの統計概念の利用が考

えられる．国民，または地域住民の生活水準を表すものとしては，NNP が もっとも適切であろうが，EU 委員会の Cohesion Report では GDP を用い ている．これは地域間の生産力の格差をとらえるという点では妥当であり， 国を越えた要素所得の移転がそれほど大きくないということを前提とすれば 国民の所得水準を示す指標としても用いることができる．ただし，地域の指 標として狭い範囲に適用した場合に，地域を越えた労働力移動があると， GDP と NNP にかなりの乖離が現れる場合がありうる[4]．またもう1点注意 しなければならないのは，Cohesion Report で利用されている GDP は， PPS（Purchasing Power Standards：購買力〈平価〉基準）によるものであ るという点である．これは物価水準の低い国においては，為替レートによる 比較よりも所得水準が高く現れることになる．

　もう1つの，地域間格差の計測基準として，EU においては特に重視され るのは，失業率の格差である．日本の失業率はこの間に急速に上昇し，北海 道が5%を超えるなど地域格差もかなり顕著になってきている．しかし日本 に比べてヨーロッパでは失業率の地域間格差は際だって大きい．ただし，後 にみるようにヨーロッパでも失業率の急激な上昇と地域的格差の拡大はここ 20年ほどの間に大きく進んできた現象であり，日本にあっても，地域的な 労働需給の差にみられるような雇用状況の格差が現時点でも存在しているだ けではなく，現在のような失業率の拡大傾向が続けば，将来失業率が地域間 格差の指標として重要な意味を持つ時期が来る可能性も決して否定できない であろう．

(2)　地域（Region）単位としての NUTS 2

　Cohesion Report では，地域格差を計るにあたって，その対象となる地域 単位として NUTS（Nomenclature of Territorial Unit for Statistics：地域統 計単位）を用い，その第2のレベルである，NUTS 2 を地域単位として統 計比較を行っている．この NUTS 2 レベルの地域は EU 全体で 206 地域あ り，これは後に述べる構造基金の目的1や目的6による地域指定の単位とし

ても用いられている．もっともこのNUTS2の範囲の決定の仕方は，それぞれの国の地域設定の歴史の相違などもあって，かなりまちまちであり，ロンバルディア地方等のように900～1,000万人の大きな地域がある一方，30万人以下の地域も16地域を数えている．

RegionとLocalはともに日本語では「地域」と訳されることが多いが，Localと区別して，歴史的，社会的，経済的に一定のまとまりを持った範囲として地域（Region）が想定され，EUにおいてはこれが具体的にはNUTS2レベルの地域として地域政策の基本単位となっているといえる．これが日本の何に相当するかということが問題となりうるが，歴史的経過の中で設定されてきたものであるということ，人口規模でも最大の東京都が約1,180万人で最小の鳥取県が約61万人であるという点からみても，EUと日本の比較にあたってはほぼ都道府県がこれに相当するものであると想定してもよいであろう．EUの人口371,485千人（EUROSTAT, 1995）に対して206地域ということは，1地域あたり平均1,803千人であり，日本の総人口125,570千人（1995年国勢調査）に対して，47都道府県では平均2,672千人であるから，平均人口規模に大きな差はなく，この点でも上の想定はほぼ妥当であると考えることができよう．

(3) EU地域間格差の基本的動向

Cohesion Reportは，地域格差の改善の成果を1983年と1993年の10年間で比較している．まず所得の格差を国家間で見るならば，この10年間に基本的には縮小してきているといえる．表2-1に示されるように，EU平均を100として，1993年の最高が160.1（ルクセンブルク）であり，最低の63.2（ギリシャ）の2.5倍である．これを1883年の134.8（ルクセンブルク），55.1（ポルトガル）の2.4倍と比較すると，最高最低の格差は拡大したかのようにも見える．しかし，これはルクセンブルクの所得の急激な上昇によるものであり，むしろ低所得国の所得向上が進み，表に示されているように15カ国間の標準偏差は17.2から12.8に低下し，ジニ係数も0.089から0.059

表 2-1　EU 地域格差の概要

	1 人当たり GDP (PPS, EUR 15＝100)		失業率 (％，対労働力)	
	1983	1993	1983	1993
EU 構成国間の比較				
最高	134.8	160.1	3.3	2.3
最低	55.1	63.2	17.4	22.3
最高／最低	2.4	2.5	5.3	9.7
標準偏差	17.2	12.8	3.1	4.6
ジニ係数	0.089	0.059		
地域間比較				
最高	184.0	189.0	1.7	3.2
最低	39.0	37.0	22.5	33.3
最高／最低	4.7	5.1	13.2	10.4
標準偏差	26.8	27.2	4.2	6.0
ジニ係数	0.149	0.153		

資料：First Report on Economic and Social Cohesion 1996, p. 132. ただし，原資料のうち明白に計算上の誤りと思われるものについては修正している．

へと低下している[5]．

このようにこの間，国家間の所得格差については一定の改善がみられたが，これを地域間についてみてみると必ずしも改善が進んでいるとはいえない．同じく表 2-1 の，地域に関する比較をみると，206 地域間の標準偏差は 1983 年の 26.8 から 93 年の 27.2 へ，ジニ係数も 0.149 から 0.153 へとわずかずつではあるが拡大をしている．この点を，標準偏差の年次別の推移を示した図 2-1 によってみると，1980 年代の後半には，地域別の格差もわずかではあるが縮小傾向を示していたが，1990 年代に入って，国家間の格差は引き続き減少したのに，地域間格差が反転拡大したということがわかる[6]．

このような地域間格差の拡大の背景として，同じ図 2-1 からは，就業者 1 人当たりの所得格差の 90 年代以降の拡大傾向をみてとることができる．Cohesion Report ではこれを，90 年代に入ってからの景気後退と生産性の格差の拡大からくるものとしているが，実はそれは同時に失業率の上昇を反映したものでもあるといえる．

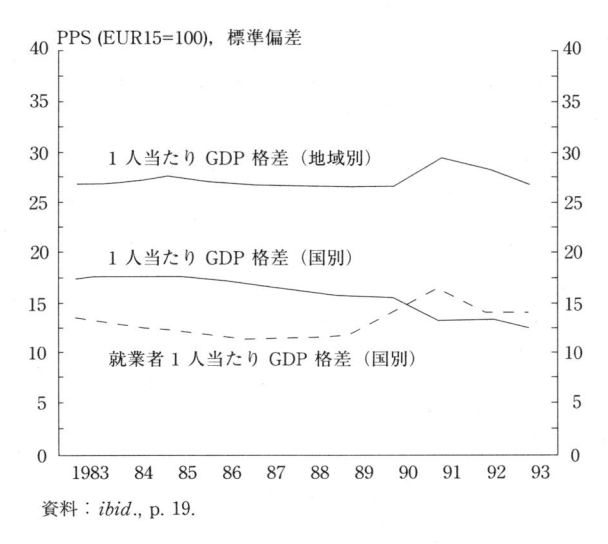

図 2-1　1人当たり GDP と生産性格差（1983-93）

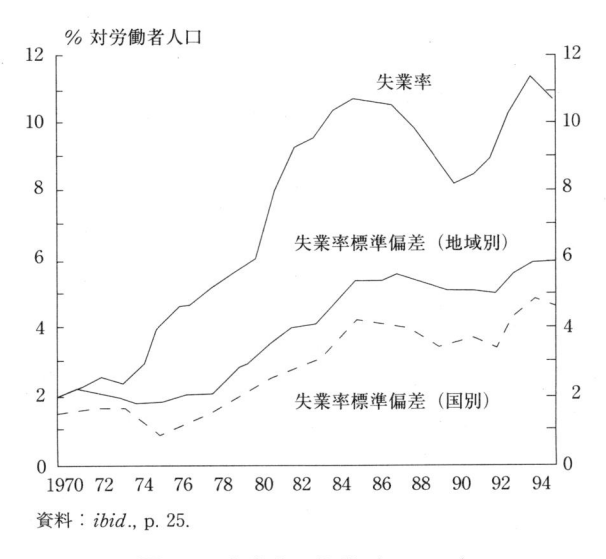

資料：*ibid*., p. 19.

図 2-2　失業率の格差（1970-94）

資料：*ibid*., p. 25.

図2-2はEUにおける失業率とその国家間,地域間の格差の推移を示している.EUの失業率は1970年代の半ば頃から急速に拡大し,1980年代の後半若干低下傾向を見せたものの,90年代に入って再び拡大して,93,4年では11%前後の水準となっている.そして,再び表2-1によれば,1983年と93年を比較して,もっとも失業率の低いルクセンブルクでは3.3%から2.2%へと失業率が低下したのに,もっとも高いスペインでは17.5%から22.3%と大幅に失業率が上昇し,国家間の失業率の分布の標準偏差も3.1から4.6へと拡大している.地域間ではこの現象はさらに激しく,失業率のもっとも高い地域は33.3%(アンダルシア地方)と,実に3人に1人が失業しており,EU内部におけるこれら地域間の標準偏差も,1993年の4.2から93年には6.0に拡大をしている.

(4) 所得格差の状況

ここでは,所得格差のEU内部における状況を,もう少し立ち入って検討してみよう.

表2-2は加盟15カ国別の,1983年と93年の所得と失業率の状況を示したものである.ここに示されるように,ルクセンブルクの162.2を例外とすれば加盟15カ国中結束基金の対象4カ国をのぞく10カ国はベルギーの113.6とフィンランドの91.4を上下として,EUの平均GDPの上下10%程度の幅の中に入っており,EU統合にとって大きな障害となるような,国別の大きな格差はないと言ってよいであろう.しかし,いわゆるCohesion 4カ国についてみるならば,格差は解消されたとは言い難い.確かにこの間アイルランドが17%近く所得格差を縮小させたのをはじめ,ポルトガルで13%,スペインでも7%と,それぞれかなり状況を改善させてきてはいる.しかし,この4カ国のうち,最高のアイルランドのGDPの指数が80.2であり,最低のギリシャは64.5にとどまっていて依然として他の11カ国との間に大きな差があり,これがEU統合を進めていく上での大きな課題であることには変わりはない.後にみるように,こうした新規加入国による国別の所

表 2-2　所得と失業の地域格差

	1人当たり GDP, PPS (EUR 15＝100)		失業率 ％，対労働力	
	1983	1993	1983	1993
ベルギー	105.4	113.6	11.1	8.9
デンマーク	108.6	112.0	8.9	10.1
西ドイツ	116.5	107.9	6.9	5.9
ギリシャ	61.9	64.5	7.1	8.6
スペイン	70.5	77.8	17.5	22.8
フランス	113.4	109.1	8.1	11.7
アイルランド	63.6	80.2	14.0	15.6
イタリア	101.6	103.5	7.7	10.3
ルクセンブルク	131.9	162.2	3.5	2.7
オランダ	102.7	103.6	9.7	6.6
オーストリア	107.6	112.0	4.1	4.1
ポルトガル	55.1	68.2	7.8	5.7
フィンランド	100.7	91.4	6.3	17.5
スウェーデン	112.3	98.2	3.9	9.5
イギリス	98.7	98.9	11.1	10.5

資料：表2-1に同じ．

得格差は，今後さらに大きな問題となることが予想されるのである．

　さてこうした所得格差を地図に落としてみれば，1人当たり所得水準の高い地域はロンドンからベネルクス3国，西ドイツを経て北イタリアに至るヨーロッパの中軸地帯にあたることがわかる．これらの地域は，ヨーロッパ南北軸，または"Blue Banana"とも呼ばれている（Wannop, 1995, p. 220）．逆に，1人当たり GDP が EU 平均の 82％ 以下の地域は，Cohesion 4カ国に加えて，フィンランド中北部，イギリスの北アイルランドとウエールズ地方，南イタリアと東ドイツなど EU の周辺地域となっている．1国内部における中心と周辺という関係は，フィンランドのヘルシンキ，スウェーデンのストックホルム，スペインのマドリッド，ポルトガルのリスボンなど，それぞれの国の中心とその他地域との間に見て取ることができる．しかし同時に，中心（Core）と周辺（Peripheral）の対比が，1国の内部に存在するだけではなく，より広く EU 全体のレベルで存在していることが重要である．

このような観点からみるならば，EU統合の進展は2つの可能性を秘めていると考えられる．1つは，従来から危惧されてきたことであるが，統合の進展に伴い，EU全体の中心と周辺の格差構造が強化され，周辺諸国，周辺地域の地盤沈下をもたらす可能性があるというものである．次の節にみるような，フィンランドとスウェーデンにおける90年代前半の失業率の上昇と，EU加盟の関係を即断することはもちろんできないが，EU統合の進展に伴い，その周辺の国や地域がEU市場全体の中で相対的な地位を低下させる可能性は否定しきることはできない．

もう1つの可能性は，従来，1国のレベルで周辺地域であったものが，統合の結果，より広い範囲では中心地域に近づき，新たな発展の条件を獲得する可能性があるということである．EUの地域政策のうち，EU主導で行われる"Community Initiative"と呼ばれるプログラムのうち，"Interreg"と呼ばれる，加盟国の国境地域の両側を対象として展開される事業は，EU内部の空間的な統合を進めるという目的と同時に，このような国境地域の可能性に着目したものであると言ってよいであろう．こうした考え方はヨーロッパ各地の地域開発に採用されているが，例えば東ドイツにあっては，近い将来予定されているポーランドなど旧東ヨーロッパの加盟に伴い，EUの地域的広がりがポーランド国境地帯に新たな可能性を生み出すという期待も生み出している（Kratke, 1997）．

(5) 失業率の地域分布

つぎに，失業の地域的分布について検討しよう．再び表2-2によれば，もっとも失業率が高いのはスペインの22.8%，ついでフィンランド17.5%，アイルランド15.6%，フランス11.7%，イギリス10.5%，イタリア10.3%，デンマーク10.1%の順で15カ国中この7カ国が10%を超えている．そして特に注目されるのは，これら7カ国はイギリスをのぞいてすべて1983年と比較して失業率を上昇させているということである．なかでも特に，フィンランドが83年の6.3%から急激に失業率を上昇させているのが目立ってい

る．同様に，もう1つの北欧加盟国であるスウェーデンも，93年時点ではまだ10％以下ではあるが，3.9％から9.5％へと失業率を急上昇させた．これ以外の7カ国のうち，失業率が上昇したのはギリシャが，7.1％から8.6％になったのみで，残りの6カ国はオーストリアが横這いであるのを除いて，すべて失業率を低下させている．つまり，国別の失業率格差が拡大傾向にあるといえるであろう．

ところで，失業率を低下させた国々の多くは，実は先の"Blue Banana"地域に属する国々であることがわかる．実際に，地域別の失業率を地図にプロットしてみれば，この南北中軸地域の失業率が相対的に低く，周辺部で相対的に高くなっている傾向が読みとれるのである．具体的には，失業率の高い地域として，フィンランド，アイルランド，スペイン，南イタリア，東ドイツ，北アイルランドなどがあげられるが，これに，イギリスや北フランス，ベルギー南部などの旧来の工業地帯が加わっている．また，ここで図示は省略するが，失業率の変化を地域別にみても，中軸地域の失業率はむしろ低下傾向にあるのに，周辺地域に増加傾向がみられると言ってよいであろう．先に見たように，EU全体としては，1970年代から失業率が顕著に増加し，それが地域格差を伴って拡大しているということに大きな問題が存在するといえる．

(6) EU統合の現段階

Cohesion Reportではほかにもいくつかの指標をあげているが，ここでは貧困線以下の人口割合を示す表2-3をみてみよう．ここで貧困線以下の人口とは，当該国の1人当たり平均家計所得の50％以下の家計に属する人口と定義されている．これは，相対的な比較であって，絶対的な貧困線を示すものではないともいえるが，しかし，人々の生活水準は1国の社会的平均的な生活水準との関係で計られるべきであるということも言えよう．この表は，必ずしもすべての加盟国についてそろってはいないし，調査時点も統一がとれてはいないが，おおむね1980年代の前期と後期を比較すると，スペイン，

表 2-3 貧困線以下の人口比率

	比較時期	前期	後期
ベルギー	1978(79)-87(88)	5.5	6.6
デンマーク	1981-87	4.2	4.9
西ドイツ	1983-88	10.9	11.2
ギリシャ	1982-88	18.5	19.9
スペイン	1980-90	18.7	17.3
フランス	1984(85)-89	13.2	14.9
アイルランド	1980-87	18.4	15.8
イタリア	1985-88	19.6	22.0
ルクセンブルク	1988	-	9.2
オランダ	1980-88	5.0	6.2
オーストリア		-	-
ポルトガル	1980-89	27.3	26.5
フィンランド		-	-
スウェーデン		-	-
イギリス	1985-88	14.3	17.2

資料：表 2-1 に同じ．

アイルランド，ポルトガルの Cohesion 4 カ国のうち特に成長の大きかった3カ国のみが，貧困線以下人口を減少させている．EU委員会では，これを「成長の成果が以前よりも平等に分配された」結果であるとしている．しかし，他方，これ以外の諸国はいずれも貧困線以下の人口比率を上昇させており，特にヨーロッパの南部地域に相対的に高い率となっている．こうした事態は，EU市民としての統合を進めていく上では，やはり大きな問題となってくるであろう．

また，もう1つの問題として都市問題があげられる．EUの都市計画が対象とする49地区についてみると，失業率15%以下が5地区，15-20%が10, 20-25%が10, 25-30%が9, 30%以上が15地区となっており，都市地域において失業率が際だって高いことが示されている．これは，都市全体が一律に高い失業率にあるということではなく，都市の内部に特に失業率が高く，過密と住宅問題が深刻化している地区が存在していることによるものである．このように都市内部に社会的に大きな問題を抱えた地区が形成されており，こうした地区の中には実に50%もの失業率を示すものもあるという (European Commission, 1996a).

以上のことから，ヨーロッパの統合の現状について，地域格差の克服という観点からは次のように言うことができるであろう．確かに Cohesion 4 カ国の所得水準は一定程度上昇し，国家間の所得格差はある程度縮小傾向を示してきたが，しかし地域間格差は改善されておらず，その背景としては失業

率の増大と，失業率格差の拡大が存在すると考えられる．こうした中で，統合に伴ってEU内部における中心（Core）と周辺（Peripheral）という格差構造が拡大する気配も感じられる．これに，旧来の産業都市の衰退や，インナーシティ問題など，重層的な地域問題を抱えているのがEUの現状であるといえるであろう．これは，今後の一層のEU拡大の展望を考える上で重要な課題となるであろう．

3. EU地域政策の現状

(1) 地域政策の政策手段

EUは以下の4つの構造基金を含む，6つの主要な地域政策のための手段を持っている（European Commission, 1996a, do., 1996b）．(1)ヨーロッパ地域開発基金：1975年に創設され，困難を抱えた地域の主として生産投資，インフラ整備および小企業の発展を目的とする．1994年時点での構造基金にしめる資金の割合は49.5%ともっとも大きい．(2)ヨーロッパ社会基金：主として職業訓練や雇用支援などを目的とするもので，構造基金の29.9%をしめる．(3)ヨーロッパ農業指導補償基金：このうちの指導（Guidance）部門で農業構造改善または農村開発を支援するものであり，その割合は17.7%．(4)漁業指導財政手段（Financial Instrument for Fisheries Guidance：FIFG）：これは1993年以降にもうけられたもので漁業部門に対する支援に当てられ，その割合は2.9%である．

以上の4つの構造基金には1994年から99年にかけて合計1,545億ECUの返済を要しない資金が割り当てられている．これに加えてEUは現在次の2つの政策手段を持っている．(5)結束基金（Cohesion Fund）：マーストリヒ

表2-4 EUへの加盟申請国

申請国	申請時期
トルコ	1987/4/14
キプロス	1990/7/3
マルタ	1990/7/16
スイス	1992/5/26
ハンガリー	1994/3/31
ポーランド	1994/4/5
ルーマニア	1995/6/22
スロバキア	1995/6/27
ラトビア	1995/10/27
エストニア	1995/11/28
リトアニア	1995/12/8
ブルガリア	1995/12/16
チェコ共和国	1996/1/23

注：この後96年5月にイタリアの反対によって加盟交渉が頓挫していたスロベニアが加わっている．またスイスとマルタは加盟申請を凍結している．
資料：EU委員会．

ト条約によって設立されたもので既存の構造基金とともに1人当たりGDPがEU平均の90%以下の4カ国（ギリシャ，ポルトガル，アイルランド，スペイン）の経済貨幣統合への準備を助けるために，これらの国における環境政策や貫ヨーロッパ輸送網の建設を支援するものである．その資金額は1993年から99年で155億ECUである．(6) European Investment Bank (EIB)：EUの経済的社会的統合を支援するための貸付を行うもので，1994年には120億ECUを地域開発のために提供した．

(2) 7つの政策目的

これらの政策手段を用いた具体的な政策は次のような政策目的（Objectives）に分類されている．このうち以下の4つは特定地域を指定して対象とするものである（European Commission, 1996a, do., 1996b）. (1)目的（Objective）1：発展の停滞している地域を対象とする経済的調整である．対象地域は，1人当たりGDPがEU全体の平均の75%以下，または特にこれに含めるのが妥当と見なされる地域である．アイルランド，ポルトガル，ギリシャの全域とイギリスの北アイルランド，スコットランド北部，スペインの大部分，東ドイツ，南イタリア，オーストリア東部とベルギーのワロニア地方などがこの対象地域とされている．ここでの事業の重点は，工業における永続的雇用創出のための直接投資，貫ヨーロッパネットワーク（輸送，通信，エネルギー）や環境プロジェクトなどを含む経済発展のためのインフラストラクチャー整備，研究開発など地域の潜在的能力を生み出す小企業に対するさまざまなサービス，教育保健のためのインフラ整備，教育方法・研究・管理などを含む職業訓練，その他の地域開発のための諸手段などである．(2)目的2：産業衰退地域の再生を目的とするものであり，失業率もしくは工業雇用の比率がEUの平均を超え，工業における就業が構造的な衰退を経験している地域を対象とする．これは各国に分散して数多くの地域が指定されており，イギリスのグラスゴー，バーミンガム，ウエールズ南部，ドイツ西部，フランス東部などの旧来の工業地帯が含まれている．この目的におけ

る事業の重点は，雇用と，魅力的な条件の下で企業を創出することである．そのために，新たな生産活動への投資，生産現場の再生や環境保全などのインフラ整備，中小企業に対する研究開発，職業訓練，雇用支援などのサービスなどを行うことにある．(3)目的5b：脆弱な農山村の産業多角化．農業就業の割合が高いこと，低い農業所得，低い人口密度または高い人口流出の3つの条件のうち2つ以上を満たしている地域を対象とする．事業の内容としては小企業や観光産業など農業以外の分野の雇用を創出したり，環境を保護するためのインフラ整備をはじめとした投資，および中小企業への支援，土地保有や農業労働の改善，その他さまざまな農山村の発展手段等である．この目的対象地域は各国の農村部を広範に，しかしかなりきめ細かく指定している．(4)目的6：スウェーデンとフィンランドが1995年1月に正式加盟したことに伴い新たに設定された目的で，"極めて低い人口密度"の地域における開発を目的とするものである．その主な目標はこれらの遠隔地に住む人々が定住し続けられるように援助することである．その内容としては，雇用機会の拡大をもたらすような新しい経済活動，農業的部門（特に林業）の変化，人的資源の開発などがあげられている．この目的地域としてはスウェーデンとフィンランドの2カ国の中北部の広範な地域が指定されている．

　以上の4つが地域の問題特性を明示し，そうした問題を抱えた地域を指定して事業を行うのに対して，次の3つの目的は地域指定を行うことなく，EU全体を対象として事業を実施している．(5)目的3：長期失業の克服，若年雇用の促進，および性，民族などによる労働機会の差別の克服を目的とするものである．これは，長期にわたる失業による労働市場からのドロップアウトを予防するための一時的雇用機会の提供や，職業訓練，専門学校などである．(6)目的4：産業構造や生産システムの変化に伴う失業を予防するための労働者の再訓練を目的とするものである．(7)目的5a：共通農業政策の変化に伴う農漁業部門の構造対応を目的とするものであり，農業部面における所得支援，農業青年対策，農業団体，生産コストの削減，生活生産条件の改善，経済の多様化，食品の加工と流通の促進などである．

(3) Community Initiative

　これらの地域政策の目的にそった事業を実施するにあたって，EU は大きく分けて，2 つの手順を持っており，それは，National Initiative と Community Initiative と呼ばれている．構造基金からの資金援助は，若干の例外を除いて，個別の事業（Project）に直接行われるのではなく，策定された開発計画（development programs）ごとに割り当てられる．まず，National Initiative とは，これが加盟国の発意によるものであり，それはさらに，2 つの手続きに分けられる．1 つは，加盟国が地域開発構想（regional development plan）を EU 委員会に提起して，委員会との協議を通じて，幾つかの具体的な開発計画をつくり，それを委員会が採択するというものである．National Initiative のもう 1 つの方法は，個別の地域開発計画を加盟国が，当初から作成し，これを EU 委員会に提出して採択されるという方法である．

　これに対して Community Initiative とは，EU 委員会が提起するいくつかの Initiative とよばれる，いわば政策提起にそって，これに合致した形で各国から提出される具体的計画（programs）を採択するというものである．

　このように，基本的な政策提起または構想（Initiative, plan）の段階と，それを具体化し手順と参加機関の役割分担を明確化した計画（program）の段階，そしてそれを実施する個別的事業（project）にわけて，全体の地域政策が実施されていくことになる．

　次にみるように，全体の資金の約 9 割は National Initiative に割り当てられているが，約 9% が割り振られた Community Initiative には EC の政策的視点が強く反映されている．この，Community Initiative には 1994 年から 99 年にかけて約 141 億 ECU が投ぜられる予定であるが，その内容は，次の 13 の Initiative から成り立っている．

　この中で約 35 億 ECU と最大の資金が割り当てられているのが Interreg と呼ばれるものであり，これは国境を越えた共同事業，エネルギー開発や，水管理などをめざすものである．国境地帯は，従来，市場の拡張が困難であり，中心地域のような集積の利益を享受することができず，しばしば軍事的

表2-5 EU拡大試算

	人口 (100万人)	累計人口 (100万人)	1人当たり GDP(EU)
EUR (12)：東独合併前	328	328	100
旧東独	16	344	97
EFTA (a)	30	374	99
東地中海諸国 (b)	56	430	91
東欧諸国 (c)	66	496	86

(a) スウェーデン，オーストリア，フィンランド，ノルウェー，スイス
(b) トルコ，キプロス，マルタ
(c) ポーランド，ハンガリー，チェコ，スロバキア
資料：Hall and Wee (1995).

な対立の場所となったために産業構造がゆがみ，農業や石炭産業などの衰退産業に特化した地域となってきた[7]．こうしたことから，国境地域は，ヨーロッパ統合の成功が証明される究極の場所である（Corvers et al., 1996），ともいわれている．

これ以外の，Community Initiativeとしては，次のようなものがあげられる．Leader（約17億ECU）：農村地域の地域（Localなレベルでの）開発．Regis（約6億ECU）：遠隔地域への援助．Employment（約18億ECU）：女性，青年，障害者，被差別グループの雇用促進．Adapt（約17億ECU）：労働力の再訓練．Rechar（約5億ECU）：産炭地域の構造転換．Resider（約6億ECU）：鉄鋼地域の構造転換．Retex（約6億ECU）：繊維産業地域の産業多角化．Konver（約7億ECU）：軍事依存地域の産業多角化．SMEs（約11億ECU）：中小企業の国際競争力の強化．Urban（約8億ECU）：危機に直面した都市の復元．Pesca（約3億ECU）：水産業の構造改善．Peace（約3億ECU）：北アイルランドとアイルランドの国境6郡における平和促進．

このように，EUの地域政策は，歳出の約90%がNational Initiativeにより，約9%がCommunity Initiativeによるが，残り約1%がInnovative measuresと呼ばれるものに割り振られている．

(4) EU 地域政策の理念

アルトボレフスキーによると，ヨーロッパの地域政策は次の4つの段階を経てきているという（Artobolevskiy, 1997, pp. 32-45）．

まず第1段階は，1920年代から30年代にかけての時期であって，この時期は地域問題の存在が認識されはじめた時期である．それは，工業構造の変化にともない，大戦後の不況が，旧来の繊維工業，石炭工業などに依拠した地域の衰退をもたらし，特に大恐慌を通じて，その惨禍がこうした地域に際立って激しかったことから，地域政策がヨーロッパ諸国において認知されるようになった．

第2の段階は，1940年代から50年代にかけての時期で，地域政策の制度的な確立の時代である．この時期はヨーロッパの復興とソヴィエトとの対抗といった観点から，地域政策が，福祉国家政策の一環として位置づけられるようになった．

第3の段階は，1960年代から70年代初頭にかけてであって，この時期が地域政策の，ある意味で全盛期といえる．この時期の順調な経済成長が，多くの旧来工業地域，低開発地域，過密地域を対象として政策を実施することを，財政的に可能にした．そしてこの時期，"工業移転"という言葉が現れてくるように，資本の地域間移動が活発化する．

そして，第4の段階は，1970年代の後半から80年代にかけて，新自由主義的な政策が推し進められ，地域政策の面でも財政支出の削減と，政策自体の再編が進められた．この結果，地域政策の対象地域は絞り込まれ，政策目的も社会政策的な側面から産業育成的なものに重点が移されるとともに民営化が推進されることとなった．また，この時期に進んだME化，情報化などの技術革新は，管理機能の集中可能性を拡大する一方，集積の利益を求めたR&D機能やハイテク企業の集中立地が進み，中心と周辺の格差がヨーロッパ規模で拡大した．

しかし，1980年代の終わりから1990年代にかけて，地域政策再生の兆候が見られる．それは，政治的には，新自由主義に対する批判として現れ，他

方では地域中小企業の復権の動きとしても現れてきている．そして何よりも，ヨーロッパ統合の動きのなかで，地域政策の必要性が強く打ち出され，個別の国々の政策とは逆に EU としての地域政策が拡大してきているのがこの間の特徴である．このように，EU が，一面では加盟国の新自由主義的な地域政策の縮小を代位，補完する役割を果たしてきているとも言えるが，この点では EU も，後に述べる「追加原則（Principle of Additionality）」によって，加盟国の責任を明確に提示している．

こうしたなかで，「地域のヨーロッパ（Europe of the Regions）」という言葉が，1986 年のヨーロッパ単一議定書の後に現れ，マーストリヒト条約を契機として広く用いられるようになった．この言葉の意味するものは3つのものがあるという（Corvers et al., 1996, pp. 178-80）．まず1つは，統合によって生じるヨーロッパの地域間競争という意味である．国境による障壁がなくなった段階では，企業はもっとも有利な条件の下に立地しようとし，地域の諸産業も直接的な競争にさらされ，国家間の競争に代わって，地域間の競争が重要になるということである．第2の意味は，後に述べる「補完性の原則」の下での地域の自主性の発揮ということであり，3番目の意味は，経済・通貨統合の結果，地域のアイデンティティが失われる危険性が指摘され，これに対して積極的に地域の文化的多様性を保持する努力の必要性を強調するというものである．

このような考え方に基づき，構造基金は，先に述べた事業を推進するにあたって，次の4つの原則を掲げている（European Commission, 1996b, p. 13）．それは，「集中（concentration）」，「計画（Program）」，「パートナーシップ」，「追加（Additionality）」である．すでに見たように，構造基金は6つの政策目的（Objectives）を持っているが，これに対して政策手段を集中的に投下するということ，また，資金の約9割が振り向けられる National Initiative においては，個別の事業ではなく実施手順と参加機関の役割を明確にした計画に対して資金が割り当てられる．その意味でこの計画策定が重要な意味を持つわけであるが，その際に EU 委員会，加盟国政府機関，そし

て地域（regional or local）が協力して計画から事業実施までの各段階を推進することとしている．そしてさらに，こうした EU の地域開発援助は，加盟国政府の地域政策の肩代わりをするものではなく，各国政府は従来の地域政策に向けた公共支出を削減するべきではなく，EU の援助はこれに対する追加をなすものであるということが明示されている．

そしてこれら4つの原則に加えて，よく知られた「補完性の原則（Principle of Subsidiarity）」が強調される．これはマーストリヒト条約において EU 統合が加盟各国の主権を損なうものではないという意味で用いられた表現であった．この用語の出発点はカトリック協会の組織内における原則として用いられたもののようで，それは個人または下位の組織で達成される問題については上位の機関にゆだねられるべきではないということである．マーストリヒト条約前文における表現も，このような意味合いで表現されている．この結果，この原則は EU と加盟国の主権をめぐる問題というマーストリヒト条約の当初の意図を超えて，地域の主体的決定権を認めた条項として用いられるようになり，その意味ではむしろ国家の権限を相対化する役割を果たすことになっている[8]．EU 委員会も，この原則を強調し，「一般的用語として，これは下位の機関が目的を十分に達成しうるならば，上位の機関はこれを実行するべきではないという意味である．そしてこのことのひとつの帰結として，国家レベルのしかるべき機関が資金援助が行われるべきプロジェクトを選定しその実施を監督するということとなる」（European Commission, 1996b）としている（Murray, 1992, p. 301）．

4. EU 地域政策と北海道の将来展望

以上，EU の地域政策の現状を紹介してきたが，広大で多様なヨーロッパの地域政策については，具体的な政策実態についても，またその考え方についてもきわめて多様であり，ここで語り尽くし得ていないことは当然である．しかしながらそこにはいくつかの点で，日本の，より具体的には筆者の住む

北海道の，地域政策を考える上で参考になる特徴があると思われる．

　まず第1に，「結束（Cohesion）」という用語の意味するものである．ここにヨーロッパ地域統合の精神が存在するといってよいであろう．つまり，EUを拡大された国民国家の形成と見る見方には問題を含んでいるが，少なくとも統合されたヨーロッパにおいて著しく大きな地域格差が存在してはならないということがひとつの共通認識となっているといえる．これは，単に統合を進めるための便宜的政策ではなく，理念として定着していると思われる．これは言いかえれば，すべての地域の人々がヨーロッパの平均的な（許容される偏差の議論は別として）生活水準を達成するための努力の義務がEUに課せられているということであろう．この点で国民国家としてはより統合されている日本におけるこれまで地域政策が，中央の視点からの国土利用政策であったか，または恩恵的地域救済政策という性格を強く持っているという状況に対して，市民的権利としての，いわば「地域生活権」の確立とこれに基づいた政策の必要性を示唆するものであると考える．

　第2に，「補完性（Subsidiarity）」という言葉に示される，地域の自律性である．そこには実は2つの内容が含まれているように思われる．それはローカルなコミュニティの復権ということと，より広域的な地域（Region）の確立ということである．それは住民に直結するコミュニティはもちろん，より広域的な政策主体としての地域（Region）確立のイニシアティヴを地域の側に認めようというものである．EU委員会のこうした姿勢が民族的運動と結びつき，スコットランド，バスク，ワロニアなどの動きが脚光を浴びているが，実はこれらの場所だけではなく，EU構造基金の利用を通じてヨーロッパの多くの地域が主体性の確立を迫られている．それは，「地域のヨーロッパ（Europe of the Regions）」という標語に端的に示されているといえよう．

　第3は，パートナーシップと政策の総合性である．地域の自律性を承認し，EU委員会や各国政府は地域の政策策定や実施にあたって助言を行うという基本的な立場のもとで，地域機関のもとに政策が総合化されることとなる．振り返って，たとえば北海道では，ほぼ同じ趣旨の政策が，北海道庁と通産

局，開発局などで重複して実施されることがしばしば見られてきたが，これらをひとつの地域主体のもとに統合化することが必要であることを示しているといえよう．

第4は，持続性（Sustainability）である．環境への配慮は，日本の地域政策においても常に話題となるところであるが，それがどれだけ実質的に重視されているかの問題であろう．たとえば，すでにみたように結束基金の中では，環境保全が直接的政策目標の柱に掲げられている．

第5は，国境と東方への交流拡大という点である．東欧社会主義の崩壊はEUの統合と拡大に弾みとともに課題をもたらした．しかし次の2つの点は指摘できる．ひとつは，ヨーロッパ統合により，これまで1国の範囲内では周辺（Peripheral）であった地域が，大きな枠組みの中で発展の可能性を獲得しうるということであり，もうひとつは，ヨーロッパという広がりの中で見ても，従来の西側世界のはずれと旧社会主義国である東との交流を通して相互に発展を模索しているということである．この点は，日本の周辺であり，かつ80年代まで東西冷戦の前線であった北海道にとって，サハリンや極東ロシアを含む北東アジア交流の重要性を示唆するものといえよう．

最後に，EUの地域政策の中で，特に21世紀を展望したAgenda 2000ではより強く人間開発が重視されていることに注目したい．このような動向には2つの側面が考えられる．ひとつは，依然として深刻なヨーロッパの失業への対策としていわゆる雇用のミスマッチを解決しようとするものであり，もうひとつは地域産業の競争力の強化としての人間開発である．地域経済発展のための政策においては，近年他の多くの理論と並んでM. ポーターの理論が注目され，北海道ではこのポーター理論の中でもとりわけ「クラスター」概念が脚光を浴びている（Porter, 1990）．このクラスターとはつまるところ企業集積の利益であって，それが重要であることは言うまでもないが，それはより広くは革新的環境（Innovative Milieu）の重要な要素のひとつであるともいえる．そしてこれと並ぶ要素が，人間開発であろう．最近の論調の中では，新たな産業発展段階を示すものとしてしばしば"Learning Economy" という用語が用いられる（Amin, 1995）.

　さて，以上のような諸点がすべて文字通りの意味で EU の地域政策の現場において貫いているというわけではないであろう．EU 統合と拡大の動きは，明らかに 2 つの異なった次元の発想が相互に絡み合いながら進展していると思われる．ひとつは，インターナショナリズムにも通ずるような国家の枠を超えた市民的権利の拡大という理想であり，もうひとつは，大資本にとっての市場の拡大，アメリカやアジアと対抗するヨーロッパ統合市場の確立の要求である．増殖する価値としての資本は国家の枠に縛られずこれを超えて拡大するが，他方資本の蓄積過程には国家機能の存在が必要である．その意味で EU の拡大は，超国家の形成という側面と国家の止揚という側面の両面が含まれていると考えられよう．そうした中で，上述のように「地域」が極めて複雑な意味を持ってたち現れてきている．すでに述べたように，民族的高揚を背景とする分離独立運動が活発化しているということと政策主体としての地域が自律性を持ち脚光を浴びるようになってきていることである．前者は民族を基礎とする国民国家という概念を前提としてここからの独立を求めるのに対して，後者はヨーロッパ市民にとっての国民国家の意義を相対化するものであって，両者の間には歴史的立場の大きな差があると思われるが，その 2 つが分かちがたく絡み合いながら地域に現象しているというのが現状であろう．

　ともあれ，「地域主義の運動は国家主義者の運動が 19 世紀に主導的であったのと同様に 20 世紀の終わりに主導的なものとなっている」（Wannop, 1995, p. 217）のである．

注
1) EC 設立条約 130a 条には次のように書かれている．
　「全体的に調和ある発展を押し進めるために，共同体は経済的社会的結束を強めるための活動を開発し，追求する．特に，共同体は異なった地域の経済発展のレベルの不均等を縮め，農村地域を含む条件不利地域の立ち後れを克服することを目標としなければならない．」(Treaty Establishing the European Commu-

nity)
2) 通貨統合によるユーロは1999年1月に誕生したが，当初はこの実現は強く危惧されていた．「通貨同盟の提案は，究極的にはヨーロッパの経済統合にとって決定的な問題であるが，……1999年までに達成される可能性は少ないだろう」(Lever, 1996, p. 309).
3) 上記EC設立条約130b条は次のように読むことができる．
「委員会は欧州議会，理事会，経済社会評議会，および地域委員会にたいして，経済と社会の結合に向けた前進と，この条項が委員会にゆだねた諸手段の実施の状況について3年ごとに報告を提出するものとする」(*op. cit.*).
4) 実際，日本の都道府県別のGDP（県内総生産）とNNP（県民純生産＝分配県民所得）の比率を計算してみると，筆者の試算によれば1993年の全国平均ではNNPはGDPの80.1%であったのに対して，東京周辺では，東京が61.3である一方，ベッドタウンと位置づけられる埼玉と千葉が108.5と107.0となる．
5) この表2-1は，後の表2-2とわずかに数値が異なっている．この原因についてCohesion Reportでは何も述べてはいない．所得に関しては，購買力平価指数による国家間，時点間の調整において差異が発生しているとも推測されるが，失業率についても若干の相違が存在している．
6) EC地域の所得格差を長期的にみると，1960年代から70年代の半ばまでは，国別格差，地域間格差ともに縮小傾向にあったが，80年代以降は格差は固定化し，地域格差についてはむしろ拡大傾向すらみられるようになった．このうち70年代半ばまでの格差縮小は地域間の人口移動によるところが大きいといわれている (Suarez-Villa and Cuadrads Roura, 1993, pp. 374-6 ; Lever, 1996, p. 306).
7) ヨーロッパの，国境地域が抱えるこうした問題点はほとんどすべて北海道にもあてはまると考えられる．
8) マーストリヒト条約によって共同体設立条約3b条（アムステルダム条約により第5条へ変更）に挿入された以下の文章によれば，補完性の原則はEUと個別加盟国の権限に関する原則として述べられている．

Article 3b
The Community shall act within the limits of the powers conferred upon it by this Treaty and of the objectives assigned to it therein. In areas which do not fall within its exclusive competence, the Community shall take action, in accordance with the principle of subsidiarity, only if and in so far as the objectives of the proposed action cannot be sufficiently achieved by the Member States and can therefore, by reason of the scale or effects of the proposed action, be better achieved by the Community. Any action by the Community shall not go beyond what is necessary to achieve the objectives of this Treaty.

しかし同時に，マーストリヒト条約本文には次のような文章があり，そこでは補完性の原則が市民に最も近いレベルでの決定の原則として示されている．
RESOLVED to continue the process of creating an ever closer union among the peoples of Europe, in which decisions are taken as closely as possible to the citizen in accordance with the principle of subsidiarity,

　また，前述のように，Principle of Subsidiarity はカトリック教会の用語であるが，OECD によれば，その源は 1931 年のピオ 11 世の回勅に基づくもののようである．

第Ⅱ部　経済構造と地域産業

第3章
北海道経済の産業・経済構造

1. 北海道経済の規模と水準

　第2章では，EUがその統合にあたって，地域間の格差の是正を重要な政策課題としていることを紹介した．そこで地域格差は，具体的にはおもに1人あたりの所得格差と失業率の格差で表現された．ここでは所得に焦点を当てて全国の中における位置を検討してみよう．

　経済企画庁のまとめている県民経済計算によれば，北海道の1995年の道内総生産は19兆7,480億円であり，国内総生産492兆1,730億円の4.01%である．これを47都道府県でみるならば，東京（84兆1,830億），大阪（39兆4,940億），愛知（32兆50億），神奈川（29兆5,770億），兵庫（20兆6,220億）に次いで第6位である．ただし，1989年から94年まで，および1996, 97年は，北海道は埼玉に次いで第7位である．

　また，1人あたりの道民所得をみると1995年度で278.2万円であり，全国の313.7万円の88.7%で，全国で第27位に位置している．ただし，これらの数値は年次によって変動しており，全国平均に対する割合はバブル期の1990年には81.1%であり，都道府県順位も90, 91年は31位であった．また95年度の東京都の1人あたり都民所得は428.9万円で，これに対しては北海道の1人あたり所得は64.9%にすぎず，これが90年時点では53.5%であった．つまり，北海道の1人あたり道民所得はバブル崩壊以降若干その格差を縮小しているものの，全国平均より10%強低く，東京のそれの3分の

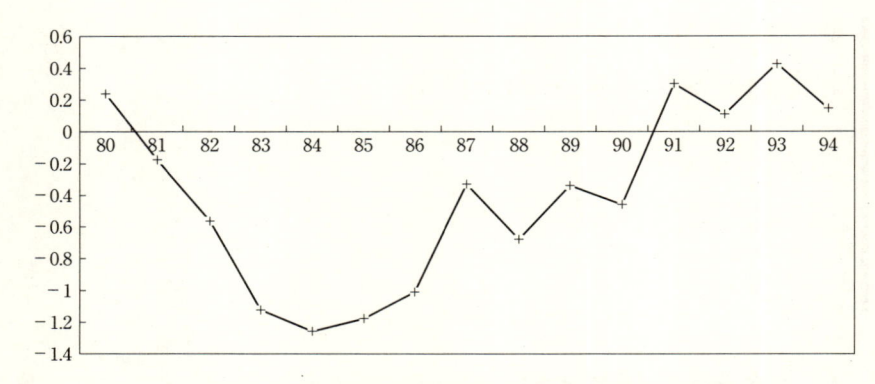

図 3-1 北海道と全国の実質経済成長率の格差の傾向（5 年移動平均）

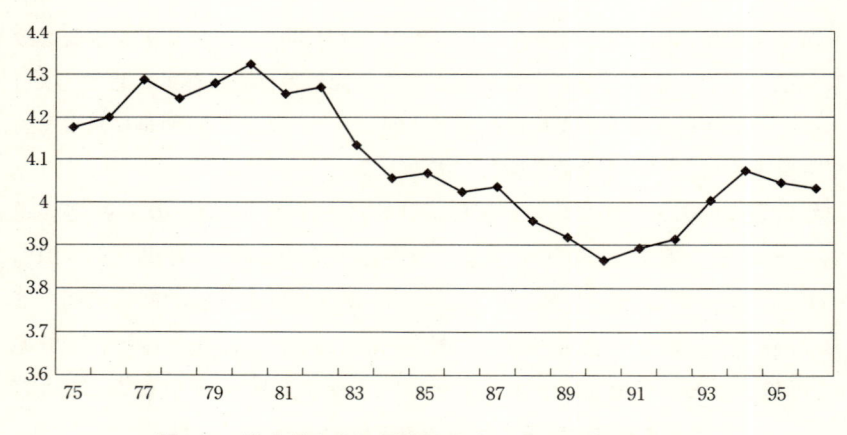

図 3-2 道内総支出の国内総支出に占める割合の推移

2 よりも低いということがいえよう．

　これらの推移について北海道と全国の経済成長率を比較してみると，図3-1に示されるように特に80年代を通じて北海道の成長率が傾向的に全国を下回り，90年代に入ってやや回復していることが読みとれる．この結果，北海道経済の全国に占める地位も図3-2に示されるように80年代を通じて一貫して低下をしてきている．

　このように北海道経済を日本国内で比較すると，1人あたり所得では中位

以下にあり，しかも全体的な北海道経済の地位は低下する傾向にある．しかしながら，国際的にみた場合，状況は異なって見えてくる．表3-1は，世界の金持ちグループともいえる，先・中進国が加盟する OECD のデータである．北海道の値は筆者による推計であるが，これによれば北海道の GDP 1,857 億ドルは 17 位のトルコと 18 位のデンマークの間に位置し，その経済規模は世界的にみて中規模国に匹敵する位置を占めていることが理解できる．この数値は為替の時価換算によるものであるから，より実質的な比較のためには PPPs（Purchasing Power Parities：購買力平価）によって試算すると，その数値は 1,182 億ドルとなり，これは 19 位のポルトガルと 20 位のデンマークの間に位置する．

北海道の 1 人あたり GDP についても，96 年時点の為替の時価評価では 32,585 ドルと 5 位のデンマーク（33,230 ドル）に次ぎ，PPPs による 20,738 ドルでも 12 位のオランダ（20,905 ドル）とフランス（20,533 ドル）の間に位置している．

北海道の開拓がはじまって百数十年にしてこれだけの経済発展を示したことは世界的にみても注目すべき開発事例であるといえる．北海道経済を考える場合，このような歴史的経過と現在の到達点をふまえた上で，その人的・経済的な資源をどのような将来展望に向けて投入していくかという視点が重要であろう．

2. 北海道の産業構成

(1) 北海道の産業構成の特異性

地域の所得水準は，まず人口とその中にしめる就業者数の割合に規定され，次いで就業者の生産性に規定される．就業者の生産性の格差は，1つには産業部門間の生産性の差を前提とした地域の産業構成の差により，さらに同一産業における地域間の生産性格差に還元される．ここではこのうち地域間の産業構成に注目して，北海道経済の特徴を検討してみよう．

表 3-1　OECD 加盟 29 カ国の GDP

	GDP（国内総生産，市場価格表示 1996）				民間最終消費支出の GDP 比率	政府最終消費支出の GDP 比率	総固定資本形成の GDP 比率	
	総額（10億ドル）		1人あたり（ドル）				合計	機械設備
	物価為替時価評価	PPPs 評価	為替時価評価	PPPs 評価				
米国	7,388.1	7,388.1	27,821	27,821	68.0	15.6	17.6	8.3[a]
日本	4,595.2	2,924.5	36,509	23,235	59.9	9.7	29.7	10.1
ドイツ	2,353.5	1,736.2	28,738	21,200	57.8	19.8	20.6	7.6
フランス	1,536.6	1,198.6	26,323	20,533	60.9	19.4	17.4	7.8
イタリア	1,214.2	1,147.9	21,127	19,974	61.2	16.4	17.0	8.8
イギリス	1,153.4	1,095.5	19,621	18,636	63.7	21.1	15.5	7.6
スペイン	584.9	587.3	14,894	14,954	62.4	16.3	20.1	6.1[a]
カナダ	579.2	645.1	19,330	21,529	60.2	18.7	17.7	6.6
韓国	484.8	618.5	10,644	13,580	54.2	10.6	36.8	13.0
オランダ	396.0	324.5	25,511	20,905	59.7	14.0	19.7	9.4
オーストラリア	390.9	372.6	21,375	20,376	61.8	17.2	20.1	10.2[a]
メキシコ	329.4	750.9	3,411	7,776	64.9	9.7	18.0	8.8
スイス	294.3	180.5	41,411	25,402	61.5	14.3	20.2	9.3
ベルギー	268.2	222.0	26,409	21,856	63.1	14.5	17.3	8.0
スウェーデン	251.7	171.4	28,283	19,258	52.4	26.2	14.8	7.9
オーストリア	228.7	172.4	28,384	21,395	56.8	19.8	23.8	8.8[a]
トルコ	181.5	383.4	2,894	6,114	67.6	11.6	25.0	11.9
デンマーク	174.9	118.0	33,230	22,418	53.6	25.2	16.7	7.9[a]
ノルウェー	157.8	106.7	36,020	24,364	47.6	20.5	20.5	8.4
ポーランド	134.4	−	−	−	64.6[a]	16.9[a]	17.1[a]	−
フィンランド	125.1	96.7	24,420	18,871	54.5	21.9	16.1	6.4[a]
ギリシャ	122.4	133.5	11,684	12,743	74.3	13.8	20.8	7.7[a]
ポルトガル	103.6	130.2	10,425	13,100	65.1	18.5	24.1	11.7[c]
アイルランド	70.7	68.8	19,525	18,988	52.8	14.1	17.2	6.1
ニュージーランド	65.9	63.6	18,093	17,473	62.4	14.4	20.9	10.0
チェコ	56.2	−	5,445	−	49.9	21.5	33.0	20.2[a]
ハンガリー	44.0	−	−	−	54.5[a]	24.9[a]	19.3[a]	−
ルクセンブルク	17.0	13.5	40,791	32,416	54.9	13.6	20.8	12.4[b]
アイスランド	7.3	6.3	27,076	23,242	61.3	20.8	17.5	6.7
北海道（推計）	185.7	118.2	32,585	20,738	65.6	13.8	31.3	−

注：…不詳，a 1995, b 1991, c 1993
資料：OECD National Accounts. 北海道の数値は，道民経済計算および国民経済計算による筆者の海道の貿易・サービス収支は国内移出入を含む．GDP 総額の PPPs 評価は1人あたりの比率を基に筆者が計算したもの．

貿易・サービス収支のGDP比率
−1.6
0.5
1.2
2.6
5.4
−0.8
0.9
3.2
−4.0
6.4
0.0
2.1
4.2
4.7
6.7
−0.5
−5.9
4.4
9.1
−
8.0
−10.3
−7.4
15.2
0.9
−7.0
−
10.2
0.6
(−13.3)

推計．また北PPPs評価の

地域の産業構成を考える場合，一般に第1次，2次，3次の3部門に分けて論じられることが多い．これはC.クラークの法則に由来するものであり（Clark, 1940），ペティの記述を引用して説明したことから「ペティの法則」とも呼ばれている．これは周知のように経済の発展につれて，1次産業から2次産業，3次産業へと順次産業の比重が移動していくというものである．

ここで問題となるのは，このような産業区分を特に現代の日本の地域経済にあてはめて考えるには，この3区分が必ずしも適切ではないということである．詳しくは後に論じるとして，2次産業に一括して分類される製造業と建設業は，地域経済を特徴づけるにあたって非常に異なった性格を持っていると考えられるのである．ここでは建設業と鉱業を一括し製造業と区別して，全体で4区分に分けて地域の産業構造を検討することとする．当然のことながら，これは現代の日本における地域経済の実情に照応した分類であって，この4区分が産業構造分析の普遍的基準として3区分に取って代わるべきであるということを意味するものではない．なお，鉱業を建設業と一括するのは，石炭鉱業の壊滅と金属鉱山の衰退の結果，北海道を含めた日本の鉱業は土石砂利採取など工業原料を供給するよりもむしろ建設業と密接な関わりを持つようになってきているという判断によるものである．

表3-2はこの4区分を用いて，1995年の国勢調査による都道府県別就業者数を示したものである．そして各都道府県の就業者構成と全国平均の構成比との差を算出してその乖離を求めている．そしてこの就業者構成の全国平均との対比を農林水産業，製造業，第3次産業の3つについてパターン化し，以下に示す基準に従って6つのタイプに分類した．

第3章　北海道経済の産業・経済構造　　63

表 3-2 都道府県別就業構造

	就業者数（千人）					構成比				農林水産業
	総数	農林水産業	鉱業・建設業	製造業	第3次産業	農林水産業	鉱業・建設業	製造業	第3次産業	
北海道	2,778	262	356	298	1,847	9.4	12.8	10.7	66.5	3.3
青森	728	132	94	92	410	18.1	12.9	12.6	56.3	12.0
岩手	757	134	89	135	398	17.7	11.8	17.8	52.6	11.6
宮城	1,178	103	144	183	745	8.7	12.2	15.5	63.2	2.6
秋田	600	80	77	116	326	13.3	12.9	19.3	54.3	7.2
山形	658	88	72	160	339	13.4	10.9	24.3	51.5	7.3
福島	1,079	109	132	259	577	10.1	12.2	24.0	53.5	4.0
茨城	1,497	145	149	371	828	9.7	9.9	24.8	55.3	3.6
栃木	1,031	90	98	290	550	8.7	9.5	28.1	53.3	2.6
群馬	1,045	86	105	291	561	8.2	10.0	27.8	53.7	2.1
埼玉	3,521	109	342	805	2,228	3.1	9.7	22.9	63.3	−3.0
千葉	2,967	140	300	503	1,989	4.7	10.1	17.0	67.0	−1.4
東京	6,329	29	563	1,064	4,564	0.5	8.9	16.8	72.1	−5.6
神奈川	4,228	53	427	871	2,834	1.3	10.1	20.6	67.0	−4.8
新潟	1,310	124	165	303	716	9.5	12.6	23.1	54.7	3.4
富山	606	35	75	169	327	5.8	12.3	27.9	54.0	−0.3
石川	628	36	65	145	380	5.7	10.4	23.1	60.5	−0.4
福井	453	30	48	126	248	6.6	10.7	27.8	54.7	0.5
山梨	466	47	56	110	253	10.1	12.0	23.6	54.3	4.0
長野	1,196	152	133	289	621	12.7	11.1	24.2	51.9	6.6
岐阜	1,094	50	111	326	606	4.6	10.2	29.8	55.4	−1.5
静岡	2,036	125	190	600	1,118	6.1	9.3	29.5	54.9	0.0
愛知	3,657	127	338	1,088	2,097	3.5	9.2	29.8	57.3	−2.6
三重	933	58	92	264	517	6.2	9.8	28.3	55.4	0.1
滋賀	656	31	59	213	353	4.7	9.0	32.5	53.8	−1.4
京都	1,309	44	104	291	850	3.4	8.0	22.2	64.9	−2.7
大阪	4,383	28	446	974	2,880	0.6	10.2	22.2	65.7	−5.5
兵庫	2,612	80	263	601	1,638	3.1	10.1	23.0	62.7	−3.0
奈良	664	31	53	152	421	4.7	8.0	22.9	63.4	−1.4
和歌山	516	59	50	97	307	11.4	9.6	18.8	59.5	5.3
鳥取	322	46	32	66	178	14.3	10.1	20.5	55.3	8.2
島根	405	57	52	71	226	14.1	12.7	17.5	55.8	8.0
岡山	1,001	80	107	237	574	8.0	10.6	23.7	57.3	1.9
広島	1,480	87	161	313	912	5.9	10.8	21.1	61.6	−0.2
山口	784	73	91	150	469	9.3	11.6	19.1	59.8	3.2
徳島	392	49	46	70	225	12.5	11.6	17.9	57.4	6.4
香川	527	44	51	107	324	8.3	9.7	20.3	61.5	2.3
愛媛	733	88	78	147	421	12.0	10.6	20.1	57.4	5.9
高知	409	61	51	48	249	14.9	12.4	11.7	60.9	8.8
福岡	2,347	110	261	358	1,603	4.7	11.1	15.3	68.3	−1.4
佐賀	442	59	49	78	256	13.3	11.2	17.6	57.9	7.3
長崎	712	78	80	98	456	11.0	11.3	13.8	64.0	4.9
熊本	888	135	99	129	524	15.2	11.1	14.5	59.0	9..1
大分	600	65	78	96	361	10.8	12.9	16.0	60.2	4.7
宮崎	580	84	71	87	337	14.5	12.3	15.0	58.1	8.4
鹿児島	824	125	99	108	491	15.2	12.1	13.1	59.6	9.1
沖縄	545	40	75	32	396	7.3	13.8	5.9	72.7	1.2
全国	63,904	3,895	6,676	13,377	39,527	6.1	10.4	20.9	61.9	0.0

資料：1995年国勢調査。

全国平均との乖離			タイプ
鉱業・建設業	製造業	第3次産業	
2.4	−10.2	4.6	X
2.5	−8.3	−5.5	A
1.3	−3.1	−9.3	A
1.7	−5.4	1.4	X
2.5	−1.6	−7.5	A
0.4	3.4	−10.3	B′
1.8	3.1	−8.4	B′
−0.5	3.8	−6.5	B
−0.9	7.2	−8.5	B
−0.4	6.9	−8.2	B
−0.7	1.9	1.4	C′
−0.3	−4.0	5.2	C
−1.6	−4.1	10.3	C
−0.4	−0.3	5.2	C
2.2	2.2	−7.2	B′
1.9	7.0	−7.9	B
0.0	2.2	−1.3	B
0.2	6.9	−7.1	B
1.5	2.7	−7.6	B′
0.6	3.2	−9.9	B′
−0.3	8.9	−6.5	B
−1.1	8.5	−6.9	B
−1.2	8.8	−4.5	B
−0.6	7.4	−6.4	B
−1.4	11.5	−8.0	B
−2.5	1.3	3.1	C′
−0.3	1.3	3.9	C′
−0.4	2.1	0.9	C′
−2.4	2.0	1.5	C′
−0.8	−2.1	−2.4	A
−0.4	−0.4	−6.6	A
2.3	−3.4	−6.1	A
0.2	2.7	−4.5	B
0.4	0.2	−0.2	B
1.1	−1.8	−2.0	A
1.2	−3.1	−4.5	A
−0.7	−0.6	−0.4	A
0.2	−0.9	−4.4	A
1.9	−9.2	−1.0	A
0.7	−5.7	6.4	C
0.7	−3.3	−3.9	A
0.8	−7.2	2.2	X
0.7	−6.4	−2.8	A
2.5	−4.9	−1.7	A
1.9	−5.9	−3.8	A
1.6	−7.8	−2.3	A
3.4	−15.1	10.8	X
0.0	0.0	0.0	

Aタイプ：農林水産業の就業者構成の全国平均との乖離がプラスでありかつ製造業と第3次産業がマイナスである県．青森，岩手，秋田，和歌山，鳥取，島根，山口，徳島，香川，愛媛，高知，佐賀，熊本，大分，宮崎，鹿児島の16県．

B′タイプ：農林水産業と製造業の全国平均との乖離がプラスであるもののうち，農林水産業の全国平均との差が製造業を上回っている県．山形，福島，新潟，山梨，長野，広島の6県．

Bタイプ：製造業の全国平均との乖離が農林水産業，第3次産業（プラスマイナスを問わず）よりも大きな県．茨城，栃木，群馬，富山，石川，福井，岐阜，静岡，愛知，三重，滋賀，岡山の12県．

C′タイプ：第3次産業がプラスでその全国平均との差がもっとも大きいが，製造業もプラスである府県．埼玉，京都，大阪，兵庫，奈良の5府県．

Cタイプ：第3次産業のみが全国平均を上回り，農林水産業と製造業の就業者比率は全国平均を下回っている都県．千葉，東京，神奈川，福岡の4都県．

以上の区分をみると，それぞれの都府県の就業構造からみた産業構造上の特徴が現れている．Aタイプの県についての就業構成上の特徴は農業県と呼んでよいであろう．もちろん，現時点で日本の47都道府県の就業構造はすべて第

3次産業が50％をこえて圧倒的比重を占めているのであるから，こうした都道府県別のタイプ分けはあくまでも相対的な都道府県の性格を表しているにすぎない．そういう意味で，Bタイプの県は工業県，Cタイプが第3次産業の集積した大都市圏であって，それぞれB′，C′はその中間的な性格の地域であると見なしてよいであろう．

これを地図にプロットしてみるならば明瞭であるが，北東北，山陰，四国，九州中南部のAタイプ農業県と，首都圏の中枢管理機能を背景としたCタイプの間に中枢（Core）と周辺（Peripheral）の関係を見いだすことができるであろう．この序列性は特に関東以北に明瞭であり，A北東北，B′南東北，B北関東，C′埼玉，C東京を含む南関東という空間的な配置を読みとることができるのである．

これらは，クラークの法則を空間配置の面で裏づけているといえよう．つまり農業から工業，そして第3次産業へと周辺から中心に向けて産業発展の段階性が現れているとみることができるのである．そしてこの5つのタイプ分けに47都道府県のうち43都府県までが分類される．ところが，47都道府県のうち残りの4つはこうした，いわばクラーク的法則性に分類されないで残されている．それらをXタイプと呼ぶならば，その特徴は農林水産業と第3次産業の就業者構成比が全国平均を上回りながら製造業のそれが全国平均と比較してマイナスになっているということがいえる．

このXタイプに属するものは，北海道，宮城，長崎，沖縄の4道県である．このうちでも北海道と沖縄が，際だって製造業の比重が低く第3次産業の比率が高いという点で注目される．北海道と沖縄の製造業の就業者比率は全国平均と比較してそれぞれ -10.2% と -15.1% であり，全国でも製造業で10％以上のマイナスを示しているのはこの2つだけである．逆に第3次産業では北海道が $+4.6$，沖縄が $+10.8$ で，沖縄は全国最高であり，北海道もCタイプの都県をのぞけば最も高い第3次産業比率を示している．

このようにみてくると，北海道と沖縄はクラーク的な意味で2次産業を経て3次産業へという発展段階をへることなく，2次産業の発展を欠落させた

形で3次産業の肥大化が進んでいるというところに大きな特徴があるといえるであろう．北海道と沖縄は共通して農林水産業の就業者比率が全国平均を上回っているが，同時に特に注目されるのは，上の分析では取り上げなかった建設業就業者の比率が共通して極めて高いということである．沖縄は全国平均を3.4ポイント上回って，建設業就業者が全就業者の13.8％と全国最高であり，北海道の12.8％より高い県は青森県と大分県のみである．また，第2次産業のうち建設業の就業者比率が製造業を上回っているのも，北海道と沖縄をのぞけば，青森と高知の両県しかない．

ここで北海道と沖縄以外で建設業就業比率が高いとされた県をみると，すべてAタイプのいわゆる農業県に属することがわかる．このことを検討するために，この4分野の就業者構成比相互の相関係数を求めてみると以下のようになる．

　　　　農林水産業と鉱業・建設業　　＋0.583
　　　　農林水産業と製造業　　　　　−0.424
　　　　農林水産業と第3次産業　　　−0.486
　　　　鉱業・建設業と製造業　　　　−0.582
　　　　鉱業・建設業と第3次産業　　−0.081
　　　　製造業と第3次産業　　　　　−0.571

構成比は全体で100となるものであるから，産業相互の相関係数は負の相関を示すことが当然予想される．建設業と農林水産業はかなり強い正の相関を示し，逆に同じ第2次産業に属する建設業と製造業はもっとも大きな負の相関係数を示している．このことが，先に地域の産業構成を検討する場合建設業と製造業を2次産業として一括する分析は現代日本の地域産業構造の分析には不適切であると述べた理由である．

さらに，これら産業別の就業者構成と所得水準との関係はどうなっているのであろうか．47都道府県の就業者1人あたりの分配県民所得（1993年）と各産業の就業者構成の相関係数が以下のように求められる．

　　　　農林水産業　　−0.573

　　　　鉱業・建設業　－0.351
　　　　製造業　　　　＋0.188
　　　　第3次産業　　＋0.336

　以上のように第3次産業と都道府県別の所得水準はある程度の正の相関を示し，製造業についても弱いながら正の相関を示すのに対して，農林水産業ははっきりした負の相関を示している．つまり農林水産業よりも製造業，さらに第3次産業が順次より高い所得水準と相関していると結論でき，ここにもクラーク的法則性が裏付けられている．しかし注目すべきは，ここでも建設業がかなり強い負の相関を示し，むしろ農林水産業に近い位置にあるということであろう．

　クラーク的な発展段階論を機械的に絶対視して地域に当てはめるのは危険であり，こうした直線的発想からは地域の未来は展望されえないであろう．しかし上の分析から，地域における建設業就業者の比重の高さは農林水産業とともに地域の所得水準の低位性と相関していること，その意味で第2次産業として製造業と一括しえないものであることが指摘できるのである．

(2)　産業構造の推移

　つぎにこのような産業別就業者数が，戦後どのように推移してきたかを検討しよう．図3-3と3-4はそれぞれ全国と北海道の主な産業別の就業者数の推移を示している．1950年時点では全国，北海道ともに農業就業者が圧倒的な数を占めていた．その割合は全国では全就業者の45.4%，北海道では39.7%であった．農業に次いで全国の就業者数が多かったのは，製造業，卸売・小売業，サービス業，運輸・通信業，建設業の順であり，この順番は北海道でも同様であった．ただし北海道の場合，図には示していないが，1950年において5番目の運輸通信業と建設業の間に鉱業と漁業が入っており，この時点で建設業の就業者数の順位は第8番目であった．

　この後，高度成長期を経過して急激な産業別就業構造の変化がおきるが，その内容は次の2点については全国も北海道も共通していた．1つは，農業

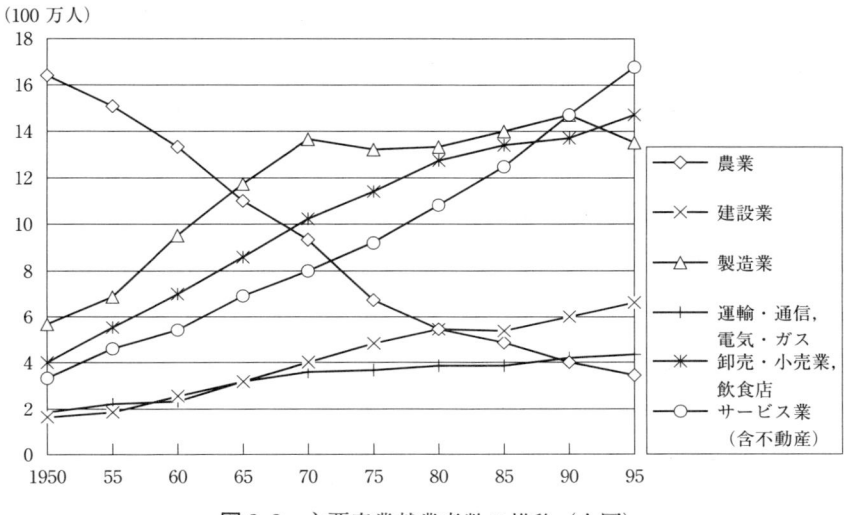

図 3-3　主要産業就業者数の推移（全国）

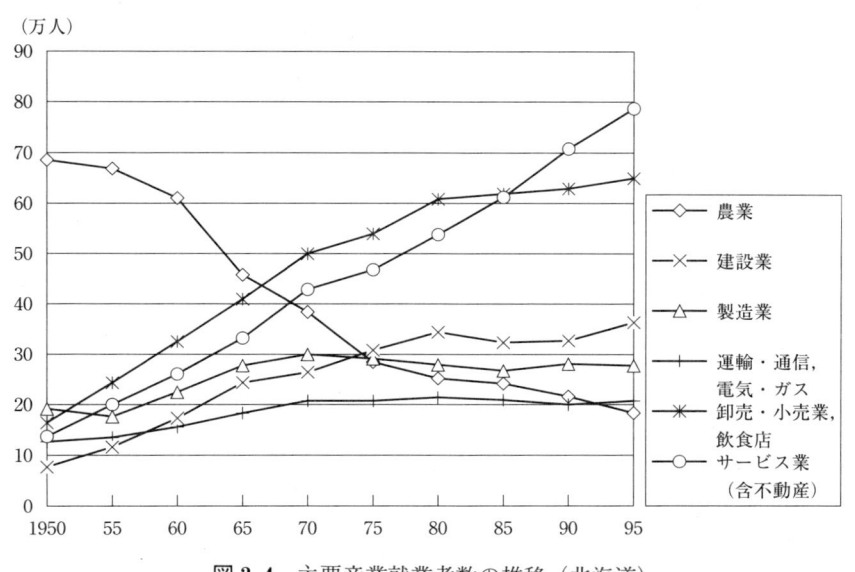

図 3-4　主要産業就業者数の推移（北海道）

就業者の急激な減少である．1950年時点で約1,640万人いた全国の農業就業者は1970年には940万人に，1995年には340万人にまで減少している．北海道でも，1950年約69万人，70年39万人，95年19万人となり，農業就業者が全就業者に占める割合も全国で5.3%，北海道で6.7%にまで低下している．

全国と北海道で共通した動向の2つ目は，卸売・小売業とサービス業の急激な増大である．卸売小売業については80年代に入って伸び率の鈍化を見せるが，第3次産業部門の中心であるこの2つはほぼ一貫して就業者を増加させ，全国では1950年時点で卸売・小売業11.1%，サービス業9.3%の就業者比率が1995年にはそれぞれ22.8%，25.9%となっている．北海道についても，それぞれ1950年時点で9.6%，7.8%であったものが1995年には23.3%，28.1%になっている．ここから明らかなように，北海道にあっては全国よりもより急速に第3次産業の肥大化が進んだといえよう．

他方，高度成長期以降の動向で，北海道と全国で決定的に異なっているのが製造業の動きである．図3-3からも明らかなように，全国的には高度成長期と呼ばれる1955年から70年にかけて，もっとも急速に就業者数を増大させたのは製造業であった．この間，1950年には約570万人であった製造業従業者数は70年には1,370万人と2.4倍に増加し，1965年に農業を追い抜いて以降90年までは最大の産業別就業者数を擁していた．ただし70年代以降の低成長期には就業者数が伸び悩み，90年代に入って卸・小売業やサービス業の就業者数が製造業を追い抜いたのである．

これに対して北海道の製造業の事情は異なっていた．1950年時点で195千人，11.3%の就業者比率であった製造業は，この時点からすでに全国製造業の就業者比率15.8%よりも低く工業分野の立ち後れを示していたが，それでも前述のように産業別には農業に続いて2番目の就業分野であった．しかし，5年後の1955年にはすでに卸売・小売業とサービス業に追い抜かれている．以後，ピーク時の1970年においても305千人と，50年の57%増にとどまっている．この間就業者総数が42%増大していることを考えれば，

北海道における工業部門の就業者増加は高度成長期の全国とは比べものにならず、ほとんど停滞といえるほど低位にとどまったのである。しかも1970年以降は減少に転じ、75年には建設業に追い抜

表 3-3　建設業と製造業の就業者推移

(千人, %)

		建設業		製造業		全産業就業者の伸び率
		就業者数	伸び率	就業者数	伸び率	
全国	1950年	1,543	—	5,703	—	—
	1970年	3,964	156.9	13,717	140.5	46.0
	1995年	6,631	67.3	13,556	−1.2	22.0
北海道	1950年	81	—	195	—	—
	1970年	269	231.4	306	56.7	42.4
	1995年	366	36.1	285	−6.7	14.1

資料：国勢調査．

かれ、以後70年のピーク時の水準に復帰することなく現在に至っている．

　ここで製造業と比較して見落とすことができないのが建設業の動向である．ともに第2次産業に属するこの2つの産業について、戦後の就業者数の推移を1950年、70年、95年の3時点で比較をしたものが表3-3である．まず1950年から70年までの高度成長期には、全国的に就業者の絶対数の伸びは製造業が圧倒的であったものの、伸び率については建設業と製造業がほぼ拮抗していた．製造業と建設業があい並んで、高度成長期のいわゆる「投資が投資を生む構造」がここに反映している．しかし、1970年を過ぎると全国の製造業就業者の伸びは急激に鈍化し、特に低成長期へ移行した70年代にはわずかながら減少すら経験する．一方建設業は伸び率こそ大幅に低下させるもののなお、70年から95年にかけて約270万人の就業者を増加させる．このことは、低成長期にはいって以降第3次産業と並んで建設業が景気の下支えの役割を担ったことを示している．

　北海道については、すでに述べたように高度成長期にも製造業の伸びは低位にとどまり、これに代わって50年から70年の間における建設業就業者の伸び率が231%と3倍以上に激増している．このことは、高度成長期の「投資が投資を生む構造」の中で、北海道が一方の投資、つまり公共投資の受け皿として需要の場を作り出す役割を果たしたことを物語っている．

　再び先の図3-4に戻ってみよう．第3次産業部門である卸売・小売業とサ

ービス業を除いた，北海道の主要な生産的産業部門である農業，建設業，製造業が，1975年においてグラフの上でほぼ1点にクロスしていることが注目される．1970年までのこの3つの産業についての就業者数の順位は農業，製造業，建設業の順であったが，75年を境として建設業，製造業，農業の順に逆転している．ここに象徴的に示されるように，高度成長期以降，北海道にあっては農業から工業への展開を経験することなく就業の主役を3次産業と建設業に移行させていったのである．そして先にもふれたように，この過程を通じて鉱業と漁業という北海道に特徴的であった生産的産業部門の就業者も激減させていることにも注意しなければならない．

地域経済におけるベーシックセクターという問題については次節でさらに詳しく述べるが，北海道はこの時期を境にしてそれまで多様な生産的産業部門が併行して存在していた状況から，建設業中心の奇形的産業経済構造に転化していったといえるのである．そして北海道にこうした構造をもたらしたのは北海道の中からくる必然的展開では決してなかった．それは，日本における高度成長のありかたと，それ以降の公共投資下支え型の経済構造のありかたが，北海道に対してスペンディングポリシーの場としての役割を「押しつけ」たか，すくなくとも「振り向け」たことの結果であるといわなければならない．

3. 北海道の域際収支

(1) 産業連関表からみた域際収支

上のような産業構造の展開の中で必然的に拡大してきたのが「域際収支の赤字」である．これらは，表3-4の産業連関表から読みとることができる．前節で論じたように，地域経済を考えるには2次産業のうち製造業と建設業を区分して検討する必要がある．この表は，このような考え方にたって産業連関表を4部門に簡素化して表示している．

北海道経済の特徴を比較するために，静岡県の産業連関表を表3-5に示し

ている．北海道の人口は95年国勢調査時点で569万人，静岡県は374万人で，これらの連関表上の総生産額は北海道が34.0兆，静岡県が32.5兆でほぼ拮抗しており，所得統計の域内総生産にほぼ該当する粗付加価値については北海道が19.5兆円，静岡県15.6兆円である．ただしここでは北海道が93年，静岡県は95年の数値である．

この2つの表を比較してまず目につくのは，総生産額，粗付加価値ともに北海道の製造業がきわめて低位にあるということである．また，総生産額の内訳をみると北海道は粗付加価値に対して中間投入の割合が低いことが見てとれる．これは主に，中間投入比率が他の産業と比較して高い傾向にある製造業について，北海道ではその比重が低いことによる．つまり，製造業の比重の低さは付加価値が地域内に帰属する域内循環の底が浅いことにつながっているといえよう．さらに製造業の中をみても，製造業の中間投入比率は静岡県の67.3%に対して北海道は65.4%であるが，その中でも製造業からの中間投入が，静岡県では総生産額の42.8%（6.8兆円）であるのに対して，北海道では28.3%（2.0兆円）と際だって低いことが目につく．逆に北海道の場合は農林水産業からの中間投入が1兆円を超えており，北海道の製造業において1次産業生産物の低次加工の割合が大きいことを反映している．こうしたことから，域内需要全体に占める中間需要と最終需要の比率をみると北海道は39.9%が中間需要であるのに対して静岡県は57.0%である．

さらに最終需要の構成に目を移すと，総固定資本形成における公的部門の比重が大きいことが特徴的である．北海道の公的総固定資本形成は2.6兆円に上り，静岡県の0.9兆円をはるかに上回っている．これを人口で割って計算しても，北海道は1人あたり45.5万円で，静岡県の23.5万円の倍近い数値となっている．これに対して，民間総資本形成については63.2万円で静岡の70.1万円に及ばない．

つぎにこれら地域の域外との関係をみてみよう．まず，移輸出入金額の合計と粗付加価値額との比率をみると，北海道の移輸出入額は12.5兆円で0.647であるのに対して静岡県は26.7兆円で1.839である．つまり静岡県の

表 3-4　北海道産業連関表（1993 年生産者価

	農林水産業	製造業	鉱業・建設業	第3次産業	内生部門計	消費支出（民間）	消費支出（政府）	総固定資本形成（公的）	総固定資本形成（民間）
農林水産業	297	1,084	15	42	1,438	217	0	0	57
製造業	282	1,982	1,255	1,980	5,500	2,987	0	210	873
鉱業・建設業	4	262	73	236	575	0	0	2,328	2,213
第3次産業	263	1,244	1,227	4,256	6,990	9,520	2,864	52	452
内生部門計	845	4,573	2,569	6,515	14,502	12,724	2,864	2,590	3,595
家計外消費支出	22	123	91	421	657				
雇用者所得	220	1,000	1,464	8,280	10,963				
営業余剰	569	537	524	2,666	4,296				
資本減耗引当	214	298	198	1,789	2,499				
間接税（除関税）	63	498	81	686	1,328				
（控除）補助金	−42	−32	−35	−184	−293				
粗付加価値部門計	1,046	2,423	2,323	13,659	19,450				
総生産額	1,891	6,996	4,892	20,174	33,952				

北海道の移輸出入

	輸出	移出
農林水産業	3	668
製造業	128	2,989
鉱業・建設業	1	44
第3次産業	109	1,171
合計	241	4,872

資料：北海道開発局．

表 3-5　静岡県産業連関表（1995 年生産者価

	農林水産業	製造業	鉱業・建設業	第3次産業	内生部門計	消費支出（民間）	消費支出（政府）	総固定資本形成（公的）	総固定資本形成（民間）
農林水産業	41	389	3	45	478	123	0	0	7
製造業	81	6,819	693	1,215	8,808	1,824	18	72	859
鉱業・建設業	1	82	23	181	287	0	0	762	1,378
第3次産業	68	3,429	546	3,252	7,294	5,904	1,693	46	375
内生部門計	191	10,719	1,264	4,692	16,867	7,852	1,711	879	2,619
家計外消費支出	6	357	46	290	699				
雇用者所得	46	2,622	798	4,937	8,402				
営業余剰	149	1,174	90	1,933	3,346				
資本減耗引当	39	642	131	1,354	2,166				
間接税（除関税）	11	437	72	581	1,100				
（控除）経常補助金	−4	−11	−2	−72	−89				
粗付加価値部門計	247	5,220	1,134	9,023	15,624				
総生産額	438	15,939	2,398	13,715	32,491				

静岡県の移輸出入

	輸入	移出
農林水産業	1	177
製造業	1,602	11,219
鉱業・建設業	0	2
第3次産業	133	2,466
合計	1,735	13.864

資料：静岡県．

格表示）

(10億円)

在庫純増	道内最終需要計	道内需要合計	移輸出合計	(控除)移輸入合計	総生産額
1	275	1,713	671	−493	1,891
22	4,093	9,593	3,117	−5,714	6,996
0	4,541	5,116	45	−269	4,892
4	12,892	19,881	1,280	−988	20,174
28	21,801	36,303	5,113	−7,464	33,952

移輸出計(A)	輸出	移出	移輸入計(B)	移輸出入計	純移輸出入(A−B)
671	211	283	493	1,165	178
3,117	881	4,833	5,714	8,831	−2,597
45	257	12	269	314	−224
1,280	162	825	988	2,268	292
5,113	1,510	5,954	7,464	12,578	−2,351

格表示）

(10億円)

在庫純増	道内最終需要計	道内需要合計	移輸出合計	(控除)移輸入合計	総生産額
2	133	610	177	−350	438
76	2,849	11,656	12,821	−8,538	15,939
0	2,140	2,427	2	−31	2,398
12	8,030	15,324	2,599	−4,208	13,715
90	13,152	30,018	15,599	−13,126	32,491

移輸出計(A)	輸出	移出	移輸入計(B)	移輸出入計	純移輸出入(A−B)
177	127	222	350	527	−172
12,821	820	7,718	8,538	21,359	4,283
2	19	12	31	33	−29
2,599	159	4,048	4,208	6,806	−1,609
15,599	1,126	12,001	13,126	28,726	2,473

場合には域外との取引総額は域内総生産のほぼ倍近くあるのに対して北海道は3分の2程度にとどまっていることになる．もちろん，首都圏と中京圏の間に挟まれ，交通手段の発達した陸続きの静岡県が海によって隔てられた北海道より域外取引の比重が大きいことは当然といえよう．

さらに，移輸出と移輸入の差をみると，静岡県は約2.5兆円のプラスであるのに，北海道は約2.4兆円のマイナスであり，大きな域際収支の赤字が表されている．これはさきの表3-1において，「貿易・サービス収支のGDP比率」にも表されていた．そこにおける北海道の数値は−13.3と推計されたが，これは他のOECD諸国と比べると例がないほど大きなマイナスである．しかもこの赤字が，一時的なものではなく構造的に継続しているのであるから，「北海道が独立国であれば」という，時として引き合いに出される仮定をあてはめてみるならば，1

国経済としては決定的に破綻しているということになるのである．

それでは，この赤字はどのようにしてファイナンスされているのであろうか．通貨の流出超過が継続するということはあり得ないから，ここには何らかの資金流入がなければならないことは明らかである．この点を明らかにするには資金循環表を検討するのが望ましいが，残念ながらかつてはこれを拓銀が作成していたが，近年は作られていない．かつての拓銀による1983年の資金循環表によると経常取引のうち民間取引が1.98兆円の流出超過であり，政府取引が逆に2.03兆円の流入超過となっている．これによって当時約2兆円の域際収支の赤字が政府部門における道外からの資金流入によってファイナンスされていたことが説明された．現在も本質的構造は変わってはいないと考えてよいであろう．

道民経済計算年報に掲載されている「一般政府の部門別所得支出取引」によれば，道内の政府部門と道外の国庫との間の支払いと受け取りの関係が，1995年度について表3-6のようにまとめられる．これは道外に対する（道外からの）その他の経常移転のうち国庫に対する（国庫からの）ものを示している．

ここに示されたものは道内政府機関の経常移転のみであるが，これだけでも差し引き2兆円に近い政府資金が道内に流入してきていることが明らかであろう．

以上のことから，域際収支の巨額な赤字の大部分は政府資金の道内への流入によってファイナンスされ続けていると結論づけられる．

表3-6　政府資金の移転

(100万円)

	支払	受取	差
国の出先機関	1,857,693	1,605,897	−251,796
道	183	1,004,771	1,004,588
市町村	763	1,072,640	1,071,877
社会保障基金	1,886,163	1,888,159	1,996
合計	3,744,802	5,571,467	1,826,665

(2) 地域の基盤産業（Basic Sector）

　以上にみた北海道の産業連関表と域際収支の構造にかかわって，ここでは2つの点を指摘しておく必要がある．

　1つは，いわゆる Basic Sector または Basic Industry と呼ばれる地域の基盤産業についてである．これは地域の移出産業が地域経済の基盤を担っているという考え方で，アメリカ西部の金鉱開発や北海道の産炭都市を思い浮かべればわかりやすい．たとえば夕張市は夕張山系の山懐に抱かれた地域であるが，1888年に石炭の大露頭が発見されて以来石炭鉱業を中心に発展をつづけ，1960年には117千人の人口を擁する都市であったが，炭鉱の閉山により現在は16千人に激減している．つまり，地域の基盤産業が発展すると，該当産業だけではなく商業部門はもちろん，娯楽，医療，教育，行政などさまざまな3次産業に需要が波及して都市が形成されていったのであり，逆にこの基盤産業が崩壊すると地域経済全体が崩壊することとなるのである．

　こうした考え方に対して，中村剛治郎（1990）は，「今日の移出産業は明日には衰退し，今日の地元市場産業が明日の移出産業に発展するかもしれない．……両者の補完的関係に注目すべきであって，地元市場産業を軽視するのは誤りである」(p. 73) と述べている．これはまさしくその通りなのであって，現に夕張にあっても，メロンがもっとも有名であるが，産炭都市の伝統を直接間接に生かしたさまざまな産業展開の努力が続けられているのである．たとえば，M. ポーターも産業クラスターの発展にとって域内需要の重要性，特にその量よりも質の重要性を強調している（Porter, 1990, 邦訳 p. 127）．

　このように，移出産業の重要性を機械的，固定的にとらえるのが誤りであることは明らかであろう．しかしながらアウタルキー経済でない以上，先に述べたように，地域の域際収支は何らかの形でファイナンスされなければならないのもまた事実である．そのかぎりにおいて地域の移出を担い，その意味で基盤産業となっているものが何であるかを検討することは重要である．

　その意味で，北海道の基盤産業（Basic Sector）を担っているのは何であ

ろうか．産業連関表の詳細をここで紹介することはできないが，63部門表をみるとつぎのような点を指摘することができる．さきの表3-4からも明らかなように，第1次産業部門においては北海道の域際収支は約1,800億円の黒字である．さらに，製造業全体では約2兆6千億円の赤字であるが，その中にも個別的には無視できない黒字の業種が含まれている．具体的には，と畜・肉・酪農品（2,590億），水産食料品（6,120億），製材・木製品（450億），パルプ・紙（3,700億）などである．これらの産業は北海道で生産される1次産品を原材料として加工しているか，または現在は原料のかなりの部分を輸入に頼ってはいても，歴史的に北海道の第1次産業を基礎として発展し，現在でもその関わりが深いものである．じつは第1次産業の中でも林業部門については木材輸入が，移輸出を上回り，産業連関表上移輸入超過となっている．しかし，それらの原材料が製材・木製品，パルプ・紙，家具・装備品などの原材料となり，それらの木材加工部門がさらに相互に中間需要，中間投入として関連しあうという構造を形作っている．これらは，基礎としての林業の存在を無視しては理解できないのである．

以上のようにみてくると，現在の北海道にあっては第1次産業とその関連工業が基盤産業の役割を担っていると理解することができ，これらの産業の移出超過額は，ほぼ1.5兆円に達している．

(3) 「域際収支均衡論」の問題点

では逆に，大幅な移入超過をもたらしているのはどのような部門なのであろうか．66部門表でみて最大の赤字は輸送機械（6,150億）であり，ついで化学最終製品（5,560億），電気機械（5,480億），一般機械（3,020億）の順になっている．これをまとめると，機械金属工業部門で約1.9兆円，化学工業部門で6,400億円の赤字がみられるのである．いわゆる重化学工業部門である．

こうした域際収支の状況に対して，これまで幾多の議論がなされてきた．その代表的議論のひとつが，重化学工業推進論である．これは，北海道の域

際収支の赤字の主要な原因が重化学部門における移輸入超過にあるということから，この部門の均衡を目指して重化学工業化を推進すべきであるというものである．これは，第2次全国総合開発計画を受けた苫小牧東部開発構想の重要な理論的背景をなしていたと思われる．さらにオイルショック以降，苫東の重化学コンビナート構想の破綻が明らかになって以降も，自動車産業をはじめとした大規模工場誘致を北海道経済発展の切り札とする考えかたにつながっていた．

しかし，こうしたいわば「輸入代替論」的な発想に立って，外来型の経済発展を展望する戦略は，国内においてもまた国際的にも，その多くが失敗に終わってきた．さらに，上のような議論の背景には，域際収支の均衡を政策目標とすることが北海道の基本的責務であるとする考え方が往々にしてみられるのである．それは，北海道の域際収支の赤字とそれへの政府資金の補塡は，北海道開発という国家的・国民的投資であって，北海道はできるだけ早くこの投資の成果を還元できる状況に転換しなければならない，という論理である．

「輸入代替論」にせよ「国家・国民的投資論」にせよ最近ではこれを大上段に振りかぶった論議は，北海道経済の現実の推移を前にして少なくなった．しかしこれらの延長線上にたつ議論は現在もよそおいを変えて存在している．これらをまとめて，域際収支の均衡を自己目的化した「北海道自立論」と呼ぶことができるであろう．政府の巨額な財政赤字の問題，首都圏をはじめ大都市地域住民の負担によって地方地域の公共事業が維持されているという認識，そして開発予算による北海道の特別扱いの終焉が展望されること，などを根拠として北海道の「自立」の必要を論じるものである．

確かに過剰な公共事業の削減はひとつの趨勢となってきており，上のような議論には一概には否定できない時代認識が含まれていることも事実であって，それを無視して北海道の将来を論ずることはできないであろう．しかしこのような「自立」論の多くは，次の重要な論点を見逃しているのである．

第1は，地域間の不均等発展の不可避性という問題である．「無政府的」

な性格をもつ資本主義経済のもとでは,すべての産業や地域が歩調をそろえて成長するということはあり得ないのである.原理的な自由主義の立場からすると,こうした不均等発展は資本と労働力の移動によって調整されることになるのであるが,すでに第2章でも論じたように,市場の論理によって人々が移住を強制されることは民主的な社会にあっては許されるべきではない.そこに国民経済を総括する政府の役割として,地域間格差の是正の役割が存在する.したがって,資本主義経済である以上すべての地域の域際収支が均衡し地域間の政府資金移動がゼロになるということはあり得ないといってよいのである.

第2に,後にもふれるように,北海道は戦後高度成長期以降の日本におけるスペンディングポリシーの場として位置づけられてきたのであり,そのような位置づけの中で産業構造を含めた社会経済構造が形成されてきた.域際収支の構造的赤字は,そのような日本経済と北海道経済のあり方から生み出されてきた現象なのであって,域際収支の赤字の解消という点だけを切り離して論じることは意味をなさないといってもよいのである.

以上のように,北海道が日本の国民経済の一部である以上は,独立した国民経済が国際収支の均衡を目指すのと同じような意味で北海道内部の政策課題として域際収支の均衡を論ずることはできないのである.「北海道独立論」は戦後何度か話題となってきた.もちろんそれは非現実的な単なる話題にすぎなかったし,そのような仮定は無意味である.しかしあえてひとつの思考実験として,戦後これが実現していたと仮定してみれば,戦後復興期における優位性を生かし,内部蓄積と工業を中心とした「国内」投資が進められた結果,北海道の社会経済構造も,したがって「国際」収支の構造も,現在とは全く異なったものであったはずだと考えられる.このように,北海道経済はあくまでも日本経済の有機的一部であり,その肯定的,否定的特質もこれと切り離しては考えられない.ここからも機械的な域際収支「自立論」の誤りは明白であろう.

繰り返しになるが,域際収支の赤字は北海道内部だけで解決できる問題で

はなく，また最近の一部の論調にみられる大都市と地方地域の負担と受益の対立ととらえることも問題の本質を見失っているといわなければならない．いわんや見当はずれの倫理的，道徳的価値観までを持ち込んで道民に「自立」を説き，政府資金に依存している「負い目」や「自立」への強迫観念を植え付けるようなことは犯罪的であるとすらいえよう．

　ただし，このことは域際収支が北海道にとって無意味であると言っているのではなく，また新しい時代に対応した経済発展への模索が不必要であるというものでもないということは当然である．否定されるべきは域際収支均衡の不毛な自己目的化であって，国内的・国際的に競争力を持った産業の発展が今ほど北海道に求められている時代はないといってもよいであろう．

4. 北海道の工業構造

(1) 北海道工業の現状

　すでにみてきたように，北海道の産業構造において工業は相対的に立ち後れた位置にあり，これが北海道経済の課題として常に問題とされてきた．こうした構造がどのような経緯の中で生まれてきたかの分析は後に譲るとして，ここではとりあえず現状における北海道工業の業種別構造を検討してみよう．

　まず特筆しなければならないのは，食品工業の比率が極めて高いことである．表3-7によると，産業中分類を用いた製造業（工業）の構成のうち，食料品製造業が32.4%を占め，これに飲料・たばこ・飼料製造業を含めた広義の食料品工業は39.2%にも達している．これは全国の11.6%と比べて際だった高さであるといわなければならない．

　この他に北海道における製造業の総出荷額にしめる構成比が全国を上回っている業種は，木材・木製品，家具，製紙，出版・印刷，石油製品，窯業・土石製品，金属製品などがあげられる．このうち，木材・木製品と製紙業は食品工業と同様に北海道の1次産業に原料を依存してきた産業であり，家具工業もその発展の歴史をたどれば道産木材，特に楢材をはじめとした広葉樹

表 3-7　北海道工業の概況

(出荷額：100万円)

	事業所数	従業者数	出荷額	出荷額構成比	同全国
総数	9,498	231,558	5,880,274	100.0	100.0
食料品製造業	2,806	87,480	1,905,281	32.4	8.0
飲料・たばこ・飼料製造業	181	4,642	399,366	6.8	3.6
繊維工業（衣服，その他の繊維製品を除く）	52	635	7,226	0.1	1.2
衣服・その他の繊維製品製造業	348	7,520	47,561	0.8	1.4
木材・木製品製造業（家具を除く）	773	15,332	255,136	4.3	1.1
家具・装備品製造業	606	7,938	93,443	1.6	1.0
パルプ・紙・紙加工品製造業	146	8,796	513,854	8.7	2.7
出版・印刷・同関連産業	918	17,901	313,796	5.3	4.4
化学工業	113	3,704	146,623	2.5	7.6
石油製品・石炭製品製造業	68	1,362	374,576	6.4	2.7
プラスチック製品製造業	241	5,174	95,291	1.6	3.4
ゴム製品製造業	34	1,437	15,985	0.3	1.1
なめし革・同製品・毛皮製造業	24	623	9,750	0.2	0.3
窯業・土石製品製造業	764	12,408	300,633	5.1	3.1
鉄鋼業	104	5,610	214,788	3.7	4.2
非鉄金属製造業	19	560	9,223	0.2	2.1
金属製品製造業	1,066	17,007	358,164	6.1	5.5
一般機械器具製造業	520	10,037	216,101	3.7	10.2
電気機械器具製造業	210	14,969	355,592	6.0	18.4
輸送用機械器具製造業	187	5,113	195,137	3.3	14.8
精密機械器具製造業	39	784	8,838	0.2	1.5
その他の製造業	279	2,526	43,912	0.7	1.6

資料：1998年工業統計.

材の供給が重要な役割を果たしていたといえる．ただし，これらの産業においてかなりの部分が，現時点ではその原料を海外からの輸入に依存するようになっていることも見逃すことはできない．

　さらに窯業・土石製品と金属製品は，その多くが生コンやコンクリート製品，鉄骨，橋梁，水門など北海道内で施工される建設工事との関連が深いことが指摘できる．また出版・印刷については札幌を中心とした都市的需要が背景にあるものといえよう．

　これに反して全国の構成比より顕著に低いものは，一般，電気，輸送などの機械工業部門である．

表 3-8　工業業種区分別出荷額構成比

	北海道	全国	
基礎資源型	23.0	22.7	パルプ・紙・紙加工品製造業，化学工業，石油製品・石炭製品製造業，鉄鋼業，非鉄金属製造業
地方資源型	48.8	17.0	食料品製造業，繊維工業，木材・木製品製造業，窯業・土石製品製造業
金属加工型	19.3	50.4	金属製品製造業，一般機械器具製造業，電気機械器具製造業，輸送用機械器具製造業，精密機械器具製造業，武器製造業
（加工組立型）	13.2	44.9	金属加工型のうち金属製品製造業を除いた機械工業
雑　貨　型	8.9	9.8	衣服・その他の繊維製品製造業，家具・装備品製造業，出版・印刷同関連産業，ゴム製品製造業，なめし革・同製品・毛皮製造業，その他の製造業
計	100.0	100.0	

資料：1998年工業統計．

　ここでは，これらの工業を次の4つに大別して検討してみよう．第1は「基礎資源型」であり，製紙，化学，石油・石炭，鉄鋼，非鉄などの業種を含むものである．第2は「地方資源型」で，食品，繊維，木材，窯業・土石などであり，第3は「金属加工型」で，金属製品，一般機械，電気，輸送，精密機械等を含むものである．この金属加工型のうち，金属製品を除いたいわゆる機械工業と総称される業種を「加工組立型」として別掲している．さらに第4は「雑貨型」で，衣服，家具，出版，ゴム製品，革製品などを含めている．なお，これらの分類と1998年の出荷額構成比が表3-8に示されている．

　この4区分の基本的な考え方は，次の2つの区分軸によっているといえる．ひとつは軽工業か重化学工業かということである．ホフマンの法則は，工業の発展を消費財生産部門から投資財生産部門へ移行するものとしたが，これはおおむね素材的な分類としての軽工業部門と重化学工業部門とに対応させて考えることができよう．もう1つの区分軸は低次加工産業か高次加工産業かということである．これは，ほぼ素材的には同様の対象とする生産でも，その加工レベルによって，原材料に近くより加工度の低いレベルの産業と，

完成品に近くより加工度の高い産業を区分したものである．これは例えば素材としての鉄鋼と加工品としての機械，同じく繊維と衣服などの関係に示されている．

このような2つの区分軸は以下のように模式的に示すことができよう．

	低次加工産業 （素材依存型）	高次加工産業 （労働集約型）
軽　工　業	地方資源型工業	雑 貨 型 工 業
重化学工業	基礎資源型工業	金属加工型工業

もちろんこれはおおざっぱな傾向を示したものであって，より厳密には産業小分類，または細分類，商品分類レベルで検討を行うべきであろうが，業種（産業中分類）レベルで地域工業の基本的性格を検討するためにこの区分を用いることは意味があるであろう．

このようにみると，北海道は基礎資源型，地方資源型工業の比重がそれぞれ23.0と48.8で，全国平均を上回っており，逆に金属加工型と雑貨型が19.3と8.9で全国平均を下回っていることがわかる．このことから，まず第1に，北海道では加工度の低い産業の比重が高く，高次加工分野が相対的に未発達であるということが指摘できる．この，高次の関連加工部門が未発達な状態で，基礎資源型と地方資源型の産業が中軸をなしているという点からは，従来「二極構造」と呼ばれてきた構造が基底的には現時点でも引き継がれているといえよう．

また，第2の特徴として指摘されるのは，地方資源型と金属加工型が逆の意味で，全国平均と際だった対照を示しているという点である．これは，低次加工分野の中でも消費財産業分野に北海道の工業が集中し，逆に投資財の中間・完成品分野で大きく立ち後れていることを示すものといえよう．

(2) 北海道工業構造の推移

戦前の北海道工業は,後の第6章においても述べるように,鉄鋼,パルプを典型として,原料の優位性を求めた中央大資本の進出によって全国の他地域と比較しても比較的大規模な工業が立地していた.他方においては,食品や木材加工分野などにおいて,低次加工の中小企業が集積し,機械工業などの高次加工分野が未発達であるという特徴を示していた.いわゆる北海道経済の原型,「二極構造」といわれるものである.

戦後の北海道工業は,復興過程において原料供給地として再び脚光を浴びつつ,基本的にはこうした戦前の状況を受けてスタートすることとなる.ここではその後の展開を3つの時期に分けてみよう.最初は「高度成長期」であり,ここではこれを1955年から75年までとして検討する.2番目は75年から90年までで,これを「低成長期」としておく.そして90年代以降現在に至るまで,多くの業種で顕著な工業生産の後退が継続しているという点で特異な時期にさしかかっており,これをここでは「停滞期」と呼ぶことができよう.ただし,将来この時期をむしろ「後退期」と呼ぶ方が適切であると判断される可能性も否定できない.

a. 高度成長期

高度成長期には北海道も全国と同様に工業の大幅な拡大を経験した.表3-9に示されるように,この間の北海道の製造業事業所数は11,381事業所から14,529事業所に27.7％増加し,従業者数は約144千人から274千人に90.6％とほぼ倍増,出荷額はインフレの影響が含まれてはいるが約2,170億円から3兆2,000億円へ14.7倍に増加している.この間の全国の増加率は事業所70.2％,従業者105.1％,出荷額18.8倍であったから,北海道は全国の伸びには及ばなかったとはいえるが,それでも全体としてかなり大きな発展があったといってよいであろう.

そうした中にあって北海道の基礎資源型工業については伸び悩みがみられた.この間に全国では基礎資源型工業が事業所数で45.8％,従業者数で

表 3-9 工業生産の推移（1955-90）

			事業所数（100事業所）			従業者数（千人）			出荷額（10億円）		
			1955年	1975年	1990年	1955年	1975年	1990年	1955年	1975年	1990年
実数	北海道	基礎資源型	5	6	6	30	31	22	80	908	1,368
		地方資源型	79	76	62	79	146	129	113	1,623	3,125
		金属加工型	11	24	24	14	47	45	12	408	894
		（加工組立型）	7	12	11	11	31	28	6	281	503
		雑貨型	18	40	40	20	50	50	13	260	613
		計	114	145	132	144	274	247	217	3,200	5,999
	全国	基礎資源型	278	406	374	946	1,555	1,245	2,089	37,435	66,908
		地方資源型	2,469	2,827	2,178	2,425	3,191	2,662	2,819	30,007	57,246
		金属加工型	653	2,091	2,446	1,294	4,355	5,365	1,219	44,626	160,046
		（加工組立型）	380	1,215	1,549	1,015	3,492	4,431	999	38,053	140,926
		雑貨型	926	2,041	2,291	846	2,202	2,516	643	15,452	42,894
		計	4,327	7,365	7,289	5,511	11,303	11,788	6,769	127,521	327,093
伸び率（％、出荷額については倍）	北海道	基礎資源型	-	5.8	1.4	-	2.6	-28.4	-	11.3	1.5
		地方資源型	-	-4.1	-17.8	-	84.2	-11.1	-	14.4	1.9
		金属加工型	-	110.3	2.8	-	239.3	-4.0	-	34.1	2.2
		（加工組立型）	-	58.0	-6.0	-	199.8	-10.0	-	43.5	1.8
		雑貨型	-	121.6	-1.0	-	145.1	0.7	-	20.4	2.4
		計	-	27.7	-9.1	-	90.6	-9.7	-	14.7	1.9
	全国	基礎資源型	-	45.8	-7.9	-	64.4	-19.9	-	17.9	1.8
		地方資源型	-	14.5	-23.0	-	31.6	-16.6	-	10.6	1.9
		金属加工型	-	220.1	17.0	-	236.4	23.2	-	36.6	3.6
		（加工組立型）	-	219.5	27.5	-	244.0	26.9	-	38.1	3.7
		雑貨型	-	120.4	12.2	-	160.4	14.3	-	24.0	2.8
		計	-	70.2	-1.0	-	105.1	4.3	-	18.8	2.6
構成比（％）	北海道	基礎資源型	4.7	3.9	4.4	21.2	11.4	9.0	36.8	28.4	22.8
		地方資源型	69.5	52.2	47.2	55.0	53.1	52.3	51.8	50.7	52.1
		金属加工型	9.8	16.2	18.3	9.7	17.2	18.3	5.5	12.8	14.9
		（加工組立型）	6.5	8.1	8.4	7.3	11.5	11.5	3.0	8.8	8.4
		雑貨型	15.9	27.6	30.1	14.2	18.2	20.3	5.9	8.1	10.2
		計	100.0	100.0	100.0	100.0	100.0	100.0	100.0	100.0	100.0
	全国	基礎資源型	6.4	5.5	5.1	17.2	13.8	10.6	30.9	29.4	20.5
		地方資源型	57.1	38.4	29.9	44.0	28.2	22.6	41.6	23.5	17.5
		金属加工型	15.1	28.4	33.6	23.5	38.5	45.5	18.0	35.0	48.9
		（加工組合型）	8.8	16.5	21.3	18.4	30.9	37.6	14.8	29.8	43.1
		雑貨型	21.4	27.7	31.4	15.3	19.5	21.3	9.5	12.1	13.1
		計	100.0	100.0	100.0	100.0	100.0	100.0	100.0	100.0	100.0

64.4%，出荷額では17.9倍に増加したのに対して，北海道は事業所数，従業者数はほとんど横這いで，出荷額も11.3倍と他の分野と比べて最も低い伸び率にとどまった．特に，鉄鋼業については従業者数が12,052人から10,737人と千人以上も減少し，この間の出荷額の伸び率は8.62倍にとどまっている．この間に全国の鉄鋼の従業者数が約27万人から51万人と86%も増加し，出荷額も2,800億円から11兆円と40倍にもなっていることと比較して，北海道の鉄鋼業の相対的な地位低下が顕著である．これは，この時期に東海道ベルト地帯に海外鉄鉱石と輸入炭による新鋭鉄鋼コンビナートが次々に立地し，こうした動きに北海道が取り残された結果である．こうした中で，北海道工業の中に占める基礎資源型工業の割合は36.8%から28.4%へと顕著に低下した．

　これに対して，高度成長期にもっとも高い伸び率を示したのは，全国でも北海道でも金属加工型産業であった．なかでも広義の機械工業である加工組立型産業は事業所数，従業者数ともに200%以上の伸び率，つまり3倍以上に急増しており，出荷額についても38倍に増やしている．北海道についても，加工組立型工業の出荷額は44倍と伸び率はむしろ全国を上回り，これにともなって従業者数も約3倍に増えているが，事業所数については約6割増にとどまっている．この時期に北海道の加工組立型工業の1事業所あたり従業者数は55年の14.1人から75年には26.8人と規模拡大が進み，全国26.9人，28.7人に近づいてきたことを意味し，北海道の従業者1人あたりの出荷額が55年に全国の63%にすぎなかったものが75年には82%に接近してきている．このように，北海道の機械工業はこの時期に一定の規模拡大と近代化が進んだといえるが，長期的な発展につながる地域内企業集積の拡大という点ではきわめて不十分であり，全国に占める北海道の加工組立型工業の出荷額構成比も依然として1%以下の水準にとどまっていた．

　一方，地方資源型工業については，全国的には事業所数，従業者数ともに増加させつつも，構成比としては出荷額について41.6%から23.5%へと大幅にその比率を低下させている．これはその中心であった繊維工業と食料品

工業のうち，特に繊維工業の落ち込みが大きく影響している．これに対して北海道の地方資源型工業の中心は食料品工業と木材・木製品工業であったが，とりわけ食料品工業がこの間にかなりの拡大を見せた．1955年に約4万人であった従業者数が1975年には約9万人と2倍以上に増加し，出荷額もほぼ16倍に増加している．また，この間の地方資源型工業の動きとしてもう1つ見逃せないのは窯業・土石製品の拡大である．全国的にもこの間に窯業・土石製品製造業は従業者数で約1.9倍，出荷額で21倍に増加しているが，北海道では従業者数で4.5倍，出荷額で27倍になっている．これは高度成長期における建設投資の増加とともにコンクリート製品等の生産が拡大した結果であると考えられる．

総じて，高度成長期の北海道は日本の重化学工業化の波に乗ることができず，戦前来一定の発展を遂げてきた基礎資源型工業の地位を低下させ，従来から層の薄かった機械工業分野においても全国的発展に追いつくことができず，食料品をはじめとした地方資源型工業を中軸とする構造を継続していったということができるであろう．

b. 低成長期

1973年のオイルショックを契機として高度成長は終息を迎え，以後他の欧米諸国と比べれば高いものの，高度成長期と比べれば明らかに低い成長率が維持されることとなる．1975年から1990年までの15年間における全国の製造業は，従業者数が4.3%の増加であり，出荷額は2.6倍であった．これは1955年から75年に製造業の従業者数が約2倍となり，出荷額が18.8倍になったことと比較すると低くなっていることは明瞭である．

この間北海道の工業はより明瞭に停滞の様相を示し，全国との格差を拡大する．すなわち，従業者数については1975年の274千人から90年には247千人と約10%の減少を示し，出荷額の伸びも1.9倍にとどまっている．特に重大なのは，絶対水準としては低いものの伸び率としては高度成長期に全国に準じて，または出荷額伸び率では全国を上回った加工組立型工業（機械

工業）の停滞が，この時期きわめて顕著になったということである．全国的にはこの期間に加工組立型工業の従業員数は 26.9% の伸びを示し，分野別にみてぬきんでていたのに対して，北海道では逆に 10% の減少を示す．出荷額伸び率でも全国の 3.7 倍に対して北海道は 1.8 倍にとどまっていた．つまり，高度成長の終焉にともない素材型重化学工業の発展は決定的に頭打ちとなり，発展の方向が加工型重化学工業に展開していくなかで，北海道は大きく取り残されていったといえるのである．

こうしたなかで，この間の北海道工業の特徴は，ひとつには地方資源型の食料品工業のウエイトを高めていったということである．1955 年時点においては全国的にも食料品工業は，繊維工業と並んで大きな地位を占め，その全工業出荷額に占める割合は 17.9% であり，これが 75 年には 11.9%，90 年には 10.2% と低下していく．ところが北海道の食料品工業は，55 年時点で 34.3% であったものが，75 年 36.3%，90 年 39.1% とむしろその比率を上昇させているのである．

また北海道の動向で無視できないのは，地方資源型工業のうちの窯業・土石製品製造業および金属加工型工業のうちの金属製品製造業である．この 2 つは，ともに建設業との関連性の強いいわば「建設関連製造業」という性格を一面で持っており，北海道経済の建設業依存が高まる中でそのウエイトを上昇させてきている．1955 年時点における窯業・土石製品製造業と金属製品製造業の北海道工業出荷額全体に占める比率はそれぞれ，2.7%，2.5% であったが，75 年には 5.1%，4.0%，90 年には 6.2%，6.5% となっている．

さらにもう 1 つの特徴として，電気機械器具製造業の増加があげられる．この多くは電子部品等をはじめとした本州大企業を主体とした誘致・進出企業によるものと考えられる．さきに低成長期における北海道の加工組立型工業（機械工業）の停滞を指摘した．しかしこれを，一般機械，電気機械，輸送用機械にわけてみると，一般機械の従業者数は 75 年の約 15,500 人から 10,800 人に 32% の減少，輸送用機械では造船業の不振の影響により 9,900 人から 4,200 人へ半減以下となっている．こうした中で，電気機械について

は5,400人から12,700人へと2倍以上に増加している．つまり全体として加工組立型産業（機械工業）は停滞しているが，従来道内で蓄積されてきた造船業や，道内産業に生産手段を供給してきた一般機械工業において激しい落ち込みがあり，機械工業全体としては電子部品を中心とした誘致進出企業におきかわるという現象が進んできたのである．

  c. 停　滞　期

90年代不況に突入するとともに，全国，北海道ともに工業の「後退」といってもよい状況が見られるようになる．表3-10によれば，北海道は事業所数は1991年以降，従業者数は92年，出荷額は91年以降減少局面に入ってくる．これは全国的にもほぼ同様で，全体としてほぼ91年を境として事業所数，従業者数ともに継続的に減少していることが特徴的である．出荷額については95年前後に一時的に回復の兆しがみられたが，97, 8年には再び低下に転じ，99年の速報によってもさらに減少を続けている模様である．

この間，全国的には91年の1,135万人から98年には984万人と150万人もの従業者の減少がみられ，北海道でも92年の252千人から98年の232千人と，約2万人が減少している．減少幅でみると91年と比較して98年が，全国では事業所数 −13.2％，従業者数 −13.3％，出荷額 −10.3％であるのに，北海道ではそれぞれ −7.6％，−7.5％，−6.2％で，相対的に減少幅は小さくなっている．それでも，もともと低水準な北海道工業の後退は以下に述べるように重大な問題を含んでいる．

まず第1に，量的にも率的にももっとも後退が目立つのは木材・木製品工業と家具・装備品工業の2つである．表3-11に示すようにこの2つの業種は従業者数，出荷額ともに3割前後も減少し，これにともなって事業所数も大幅に減らしている．この2つの業種は，北海道産業の重要な柱である林業を基礎とし，素材生産から最終製品に至る一貫性を持った特徴的産業分野である．特に家具工業は，相対的に立ち後れた北海道の雑貨型工業の中にあって出版・印刷業に次ぐ位置にあり，全般的に加工度が低いとされる北海道工

表 3-10　90 年代の工業推移

（従業者数：100 人，出荷額：10 億円）

	北海道			全国		
	事業所数	従業者数	出荷額	事業所数	従業者数	出荷額
1990	9,940	2,404	5,932	435,997	111,728	323,373
91	10,282	2,505	6,271	430,414	113,510	340,835
92	10,115	2,521	6,203	415,112	111,575	329,521
93	10,000	2,486	6,011	413,670	108,851	311,199
94	9,743	2,451	5,961	387,537	105,015	300,851
95	9,644	2,422	5,967	387,726	103,206	306,030
96	9,365	2,399	6,159	369,612	101,033	313,068
97	9,045	2,338	6,135	358,246	99,373	323,072
98	9,498	2,316	5,880	373,713	98,375	305,840
91	3.4	4.2	5.7	−1.3	1.6	5.4
92	−1.6	0.6	−1.1	−3.6	−1.7	−3.3
93	−1.1	−1.4	−3.1	−0.3	−2.4	−5.6
94	−2.6	−1.4	−0.8	−6.3	−3.5	−3.3
95	−1.0	−1.2	0.1	0.0	−1.7	1.7
96	−2.9	−1.0	3.2	−4.7	−2.1	2.3
97	−3.4	−2.5	−0.4	−3.1	−1.6	3.2
98	5.0	−0.9	−4.2	4.3	−1.0	−5.3

注：1998 年は事業所の補捉を行っているため，事業所数が増加して現れているが，実際には減少しており，減少幅は全国で 2.2% とされている．

業の中で高次加工型の川下産業として独自の地位を占めてきた．

　第 2 に，これまで拡大を続けてきた窯業・土石製品と金属製品の「建設関連製造業」にかげりが見えてきている点である．これらは建設投資の動きに影響される面があるが，今後長期的な公共投資の抑制傾向の中でこれまでのような成長は困難になるであろう．

　第 3 に，そうした中で電気機械器具と輸送用機械器具は従業者数も増加し，特に出荷額は 47% と 78% という大幅な増加を示している．これらは，トヨタといすゞの両自動車会社の部品工場の生産が好調であることなど，おもに進出企業の生産拡大によるものと考えられる．

　全体としてみるならば，90 年代以降，北海道の食料品工業は，全国的に厳しい状況の中でそれなりに健闘しているという評価も可能かもしれないが，

表 3-11　停滞期の北海道工業

(出荷額：100 万円)

	1991-98 年の増減			同増減率		
	事業所数	従業者数	出荷額	事業所数	従業者数	出荷額
総数	−784	−18,975	−391,021	−7.6	−7.6	−6.2
食料品製造業	−179	2,249	−144,032	−6.0	2.6	−7.0
飲料・たばこ・飼料製造業	−14	−758	−13,575	−7.2	−14.0	−3.3
繊維工業（衣服，その他の繊維製品を除く）	−55	−1,012	−9,834	−51.4	−61.4	−57.6
衣服・その他の繊維製品製造業	−30	−2,657	−4,284	−7.9	−26.1	−8.3
木材・木製品製造業（家具を除く）	−285	−7,048	−120,780	−26.9	−31.5	−32.1
家具・装備品製造業	−94	−2,595	−38,881	−13.4	−24.6	−29.4
パルプ・紙・紙加工品製造業	−11	−1,342	−84,833	−7.0	−13.2	−14.2
出版・印刷・同関連産業	−62	−1,419	18,716	−6.3	−7.3	6.3
化学工業	−2	96	13,658	−1.7	2.7	10.3
石油製品・石炭製品製造業	−4	11	−38,713	−5.6	0.8	−9.4
プラスチック製品製造業	32	309	279	15.3	6.4	0.3
ゴム製品製造業	−7	−516	−1,760	−17.1	−26.4	−9.9
なめし革・同製品・毛皮製造業	7	−190	−2,350	41.2	−23.4	−19.4
窯業・土石製品製造業	−78	−2,038	−67,196	−9.3	−14.1	−18.3
鉄鋼業	−11	−1,199	−12,576	−9.6	−17.6	−5.5
非鉄金属製造業	−1	120	2,083	−5.0	27.3	29.2
金属製品製造業	−9	−731	−79,413	−0.8	−4.1	−18.1
一般機械器具製造業	−14	−1,200	−7,781	−2.6	−10.7	−3.5
電気機械器具製造業	17	603	114,113	8.8	4.2	47.3
輸送用機械器具製造業	−3	602	85,509	−1.6	13.3	78.0
精密機械器具製造業	4	19	956	11.4	2.5	12.1
その他の製造業	15	−279	−328	5.7	−9.9	−0.7

　上にのべた木材，家具をはじめ革製品，繊維など，今後の内発的発展の基盤となるべき，域内資源を利用して産業としての伝統が蓄積されてきた分野での落ち込みが強く懸念される．今後こうした分野で新たなイノベーションが展開され，現在の不況を乗り越えた新たな発展の時代につなげていくことが非常に重要である．そのためには，事業所数の大幅な減少が地域的産業の集積（クラスター）の活力低下をもたらさないための政策的配慮が必要であろう．

第4章
北海道工業の現況と課題

　この章では，これまで筆者が行ってきた個別業種の実態調査結果のいくつかを紹介し，北海道工業の課題をより具体的に検討する．各節のもととなる調査論文は膨大なものであるため，ここではおもにそれらの課題と結論の部分のみを圧縮して紹介する．またこれらの調査と執筆はバブル経済の時期に行われたものが多く，その後の不況期を経過して当然さまざまな変化がおきているが，ここでは当時の実態調査を反映するものとして加筆修正は図表番号の整理などの最小限にとどめてある．したがって労働力不足や地価高騰など現在から見ると多少違和感を感じる部分もあろう．にもかかわらず，もっとも基本的な部分ではこれらの業種の構造と課題についての分析は現在も通用するものであると考えられる．とはいえ，各業種の調査時点以降の変化の概略を簡単にまとめておこう．

　まず，家具工業についてはバブル崩壊以降，第3章でも述べているが，きわめて厳しい局面を経験しつつある．家具工業は高度成長を終えて80年代に入ると停滞から落ち込みをみせ，その後80年代の後半以後バブル期にかけて「新成長期」と呼ばれる時期を迎えたが，バブル崩壊とともにきわめて急激な後退にみまわれた．このように80年代に基本的構造として行き詰まっていたにもかかわらず，バブル期に見かけ上の復活・成長をとげ，構造変化に対応できないままに90年代により深刻な後退を経験するという構造は第5章の建設業とも共通したものである．こうしたなかで，高度成長期に中小企業共同化の全国的モデルとなった旭川家具工業の成長をリードしたメー

カーのK社，問屋のKT社が相次いで倒産し，旭川家具は産地としての大きな曲がり角を迎えている．

　印刷業についても，バブル期においては労働力不足と大都市における地価高騰が最大の課題であったが，現時点ではやはり不況下での受注競争が課題である．また，当時筆者が指摘した情報技術との結びつきはますます強まり，当時はまだある程度残っていた古くからのタイプ印刷などはその姿を消しつつある．そうした中で，やはり老舗大手が倒産し，いち早く情報化を手がけた新進企業に経営譲渡されるという事態も起きている．

　情報産業はもっとも技術変化の大きかった分野であり，この10年ほどで状況は全く変わっている．たとえば，かつては汎用コンピュータ（メインフレーム）とそのOSの主導権と互換性をめぐる競争が熾烈であったが，現在ではほとんどがネットワーク化され，その意味での大手メーカーの技術的差別性はかつてのように明確なものではなくなってきている．これにともない，ソフトウェア業の使用言語も当時はまだコボルが多く利用されていたが現在はC言語に転換している．またバブル崩壊の影響は情報産業にも深刻な影響を及ぼし，調査時点で主導的な位置にあった企業のいくつかはすでに倒産しているが，他方，当時すでに集積を開始しつつあった札幌駅北口のいわゆる「札幌バレー」がさらに発展し，北海道の新しい産業拠点として注目されるようになっている．とはいえ，経営と労働について分析した内容の多くは基本的に現在も妥当すると考えられる．

1. 北海道の家具工業

　地場産業は，歴史的伝統を持ち，特定地域に多数の企業が集積し，それらの企業間に社会的分業関係が成立していることを特色としているといわれる．このような観点からみると北海道の地場産業は日本の他地域と比べてかなり異なった性格を持っているといえる．北海道において，地場産業と呼ばれるものは水産加工を中心とした食品工業，製材業，合板製造業などがあげられ

るが，いずれも上の地場産業の特色には必ずしも当てはまらない．北海道においてこれらの産業の多くはもともと原料立地的な性格を持ち，しかもその生産物は中間材としての性格が強く，加工度，付加価値度ともに高くはない．北海道の産業の多くが低次加工にとどまっているということは，これまで常に課題として指摘されてきた．

　北海道の家具工業もその立地条件として，世界でもっとも高い品質であるといわれる楢材などの，広葉樹を中心とした木材生産地であることが重要な要件をなしていたことは疑いない．しかし，同時に家具工業は最終消費財工業であり，また加工組立型の高次の加工工程を要する産業として，北海道工業の中でも独自の位置を占めているといえる．

(1) 家具工業の性格と課題

a. 家具工業の特徴

　ここでは家具工業の中でも北海道において大部分を占めている木製家具について検討してみよう．そこではまずその素材的な特徴，つまり木材加工を中心とするという点に注目しなければならない．

　まず，家具工業の生産工程の例を示す．

〈ソファー〉

木取・切削―加工―木枠組立―下張塗装―上張―完成組立―梱包出荷

〈柵物〉

木取―フラッシュ―機械加工―部品塗装―組立―最終塗装―金具・ガラス付―梱包出荷

　このいずれの場合にも基本的な工程として加工工程と組立工程が含まれており，家具工業は木材を素材とした加工・組立工業であるといえる．一般に加工・組立工業という場合，代表的には金属を素材とする機械工業，または金属製品製造業がまず念頭にのぼる．逆に言えば，家具工業の特徴はこれら機械・金属工業との対比の中であきらかになるであろう．

　素材としての金属と対比した木材の特徴は以下のような点にまとめること

が可能である．1つは，生物素材としての不均質性である．樹種の相違はもちろん，含水率，木目の状態その他「ふたつとして同じ物はない」と言われるように，そこにおける品質管理は金属素材の場合のような厳密性を要求することは不可能である．事実，加工目的によっても異なるが，機械・金属工業の切削加工における標準的な要求精度は1/100ミリ以下であるのに対して，各方面の聞き取りによれば，木材加工の場合ほぼ0.5ミリが加工精度の限界であるといわれる．

第2には，加工方式の相違である．金属の切削，塑性，鋳造の3つに大別される加工方式のうち，切削加工については木材においても共通するが，塑性加工（プレス，鍛造）と鋳造は木材加工においては，曲木加工などの例外を除いてはほとんど不可能である．また，接合方法についても溶接のように分子レベルで一体化する接合は不可能であり，ほぞ組やだぼと接着剤の併用によらざるをえない．

第3には，上の2つの性格と関連して，木材加工は比較的簡単な道具でも加工しやすい半面生物材料としての特徴から技術的には奥の深い職人的技量が存在する余地を多く残している．

表4-1および表4-2は家具工業と金属製品製造業，一般機械器具製造業，および製造業合計とを比較したものである．

まず表4-1で1事業所あたりの従業者数（B/A）は建具等を含む家具装備品製造業で13.1人，うち木製家具製造業のみで17.9人と，製造業の平均24.9人よりもかなり小さく，家具工業が中小工業分野であることを示している．そして，従業者1人あたりの付加価値（F/B）は，668万円と714万円で，金属の811万，機械の955万，製造業平均の942万よりかなり低く，生産性の立ち後れを示している．これに対して，製造品出荷額に対する現金給与の割合（C/E），同じく製造品出荷額対する付加価値の割合（F/E），付加価値に対する現金給与の割合（C/F）などは，いずれも製造業平均をかなり上回り，家具工業が金属，機械工業と共通して可変資本部分の比率が高いことを物語っている．

表4-1 家具工業の特徴（その1）

(人, 億円)

	家具装備品製造業	左のうち木製家具製造業	金属製品製造業	一般機械器具製造業	製造業合計
事業所数 (A)	17,517	8,086	51,276	44,855	437,574
従業者数 (B)	228,675	144,788	815,679	1,118,032	1,0911,123
現金給与総額 (C)	6,544	4,292	27,853	46,756	377,368
原材料使用額等 (D)	18,816	13,676	81,929	148,658	1,584,786
製造品出荷額等 (E)	34,534	24,375	151,322	259,558	2,744,007
付加価値額 (F)	15,274	10,343	66,130	106,769	1,027,288
B/A (人)	13.1	17.9	15.9	24.9	24.9
F/B (万円)	668	714	811	955	942
C/E (％)	19	17.6	18.4	18	13.8
D/E (％)	54.5	56.1	54.1	57.3	57.8
F/E (％)	44.2	42.4	43.7	41.1	37.4
C/F (％)	42.8	41.5	42.1	43.8	36.7

注：規模4人以上の事業所．なお付加価値額については規模9人以下は粗付加価値額．
資料：1988年工業統計表．

また表4-2によれば，金属，機械工業では製造品出荷額との対比で半製品・仕掛品の在庫（C/A）がそれぞれ5.9, 12.8と製造業平均の4.4をかなり上回っているのに，家具工業では2.5, 2.0と逆に下回っている．このことは，加工・組立工業という共通性を持ちながら，家具工業は金属，機械とは異なり製造期間も短く，生産工程も比較的単純であるために半製品・仕掛品に留まることが少ないといえる．事実，実態調査を通じてもワンロットの製品が工場内に留まるのは多くの場合1日またはせいぜい数日以内である．これに反して，製造品在庫額（B/A），原材料・燃料在庫額（D/A）についてみると，家具工業は金属，機械，製造業平均のいずれをも大幅に上回っている．これは，家具工業の場合金属，機械ほどには下請構造とそこでの在庫管理が発達しておらず，完成品の販売にあたっては一定の在庫を必要とすること，原材料の多様性と資源的限界性，木材乾燥処理の必要などからも原材料在庫が大きくなっていると見られる．さらに有形固定資産の状況を見ると，製造品出荷額との対比で取得額（(E+F+G+H)/A）は家具装備品が3.4, 木製家具では3.0と低くなっているが，特にその中での機械装置の割合（G/

表 4-2　家具工業の特徴（その 2）

(億円)

		家具装備品製造業	左のうち木製家具製造業	金属製品製造業	一般機械器具製造業	製造業合計
製造品出荷額等 (A)		19,927	11,444	95,253	210,197	2,271,994
在庫額	製造品在庫額 (B)	1,081	692	3,669	7,275	76,940
	半製・仕掛品在庫額 (C)	496	233	5,620	26,995	100,402
	原材料・燃料在庫額 (D)	825	524	2,360	5,016	57,584
有形固定資産	取得額（土地）(E)	116	58	488	693	7,252
	〃（建物・構築物）(F)	202	102	1,044	1,630	21,087
	〃（機械・装置）(G)	274	152	2,712	4,147	64,481
	〃（その他）(H)	95	32	817	1,849	18,121
	現在高（土地）(I)	1,205	696	6,076	9,810	99,537
	〃（土地以外）(J)	2,603	1,471	18,387	34,257	442,495
B/A		5.4	6	3.9	3.5	3.4
C/A		2.5	2	5.9	12.8	4.4
D/A		4.1	4.6	2.5	2.4	2.5
(E+F+G+H)/A		3.4	3	5.3	4	4.9
G/(E+F+G+H)		39.9	44.1	53.6	49.8	58.1
I/A		6	6.1	6.4	4.7	4.4
J/A		13.1	12.9	19.3	16.3	19.5

注：規模 30 人以上の事業所．
資料：1988 年工業統計表．

(E+F+G+H))はさらに低い．この結果有形固定資産の現在高についても土地以外（J/A）が相対的に低い値となっている．

　このように，家具工業の特徴として金属や機械と比較しても労働集約的性格が強く，資本装備率が低いということが指摘できる．

　以上は，木製家具の木材という素材によって規定された特徴を検討したが，つぎには家具という消費財の特性に注目してみよう．

　消費財としての家具は耐久性をもった商品であり，同時にインテリアとしての性格をもっている．家具に耐久性があるということは，一度買えば継続的に頻繁に買い換えられることはなく，販売量に一定の限界があるということを意味する．このため結婚や住宅の建築など消費者にとっての人生の節目となるような時期が家具購入の契機となることが多く，これら結婚や新築の増減の動向が家具需要の動向に反映するものとして業界でも注目されている．

ただし，日本においては高度成長期以降に生活様式の大きな変化，欧風化を経験し，例えば応接セットの普及など大きな家具需要をもたらした．これらがある程度一巡した現在，どのようにして新しい需要を掘り起こし，高品質化に対応していくかが家具業界にとっての課題となっている．

またインテリアとしての性格は家具に商品としての差別化を要求する．現実に家具メーカーが一番頭を悩ますのは家具のデザインであり，いかにそのデザインによって消費者の要求をつかみ，他のメーカーの家具と差別化することができるかが売行きを決定するといっても過言ではない．訪問調査の中である家具メーカーの経営者が語っていたが，それは芸術的な意味でのデザインというよりは消費者の多数の好むデザイン，つまり売れ筋のデザインをつかむということであり，あまりに先端的なものはかえって受け入れられないこともある．このようにデザインによる差別化を追求するということから，少なくとも現状では家具メーカーの多くは同一地域に同じ商品をあまり大量に投入しないように注意を払っている．こうしたことから家具業界は，もちろん例えば車のようにファッション性を持ちながら大量生産，大量販売を実現する可能性も否定はできないが，どちらかといえば多品種小量生産が主流となっている．

このように消費財としての家具は耐久性およびインテリアとしての性格の両面からその1品あたりの生産個数にはおのずから限界があり，その生産ロットもあまり大きくはならないといえる．このことと先に述べた労働集約的で資本装備率が低いという特性とがあいまって，家具産業を中小企業がその生産の中心を担う分野としているということができるであろう．

ただし，これらは全般的な家具工業の特徴として言えることであって，家具メーカーのあり方としてアイテム数やロット数をどう設定し，どのように販売していくかは具体的に検討を要する問題である．

b. 家具工業の産地性

このように家具工業は中小企業分野の産業であるが，同時に産地産業とし

ての性格も持っているといわれている．

日本の代表的家具産地は，①船大工が住みついたもの：大川（福岡県），徳島，新潟，酒田，②城や社寺構築のため指物師が集まったもの：静岡，広島，鳥取，高松，③木材の生産地であったもの：日田（大分県），和歌山，高山（岐阜県），長野，加茂（新潟県），府中（広島県），④木材の集散地であったもの：荒川（東京都），西区（大阪府）などの起源に分かれるといわれる（日本長期信用銀行調査部，1973）．この区分に従えば旭川を木材の生産地として位置づけられ，また同様に札幌，小樽を木材の集散地としてみることも可能であろう．

しかしながら，流通という観点からは多少異なった見方が可能である．家具工業の場合，そのほとんどが中小企業であるということからメーカーが流通の全域を支配することは不可能である．在庫機能，金融機能，そして売れ筋をつかむ情報機能は従来問屋が担っていた．特に旭川は地元需要が限定された中で早くから本州市場へ進出していったが，当初その中心としてオルガナイザーの機能をはたしたのは地域の産地問屋であり，それによって全国的な家具産地の地歩を築いたといわれている．これにたいして札樽地域は，それ自体が北海道の最大の消費地域であり北海道全体の流通の要に位置しているため，道外出荷もかなり存在するが，旭川に比べると特注家具など地域内需要に対応する割合が高くなっている．このため札樽地域ではいまだ旭川のような全国的な産地ブランドを確立するにはいたっていない．本章の課題の第1は旭川と並ぶ複眼的なまたは北海道として広がりを持った産地ブランドの確立の意義と可能性を検討することである．

また近年の動向として札樽，旭川共通して産地問屋の役割が低下しているといわれる．これは，産地の発展過程の中で職人的な小零細経営の時代には上の3機能を決定的に問屋に，特に身近な産地問屋に依存しなければならなかったものが，経営基盤の強化拡大とともにその機能の一部を自らがはたし，または消費地問屋や近年の流通構造の変化に伴って発展してきた大型小売店，家具チェーン店などと直接結びつくようになってきている．こうした中で，

課題の第2はこうした構造変化をとおして従来からの集団化論が現代的状況の中でどのように引き継がれまた見直されなければならないか，また家具工業の産地性の意義とそこで期待される産地機能について再検討することである．

そしてこれらを検討する上で重要な視点として，インテリア産業としての家具工業が，ある経営者の表現を借りれば，「トータルデザイン（インテリア）の一環として考えなければならない」存在であることから必然的に産業としての外延的広がりが展望されるとするならば，その現状と可能性があわせて考慮されなければならないであろう．

(2) 北海道の家具工業と産地機能

a. 札樽地区と旭川地区の家具工業

ここでは実態調査に基づいて札樽地区と旭川地区の家具工業の特徴について整理してみよう．

まず社歴についてみると，札樽地区も旭川地区もともに昭和20年代の創業が最も多くなっている．ちなみに今回の調査対象企業の年代別の創業年次を見ると，札樽地区では戦前が4社，昭和20年代が8社，30年代が1社であり，旭川地区では戦前が3社，20年代が4社，30年代が3社，40年以後が2社であった．また20年代の創業者のなかには多くの復員経験者が含まれている．旭川については戦前の特に早い時期の創業のものでは，師団の需要に対応して渡道した事例も多く，こうした人々が旭川の木工業の基礎を開いたといわれている．しかし昭和20年代に多く現れた創業者には近郊農家出身者が多く見られ，今回の調査事例でもT社の出身者が2人みられるなど，旭川の木工関連企業に勤務していたものが独立した事例がかなりみられる．また旭川の場合は昭和30年代から40年代以降の創業もいくつかみられ，現在旭川を代表する大手家具メーカーL社もその創業は昭和43年である．

ただし，近年は独立開業の事例はかなり少なくなっている模様であり，今回の調査でも「15年〜20年ぐらい前までは当社から独立して開業した人が

数人いたが，最近はいない」という声が聞かれ，その理由として「最近は腕一本という職人はいなくなった」，「昭和30年～40年代に工場に入った人であればひととおりの家具生産技術を覚えられたが現在は困難」といわれ，機械化分業生産体制のもとで技能的にも機械投資の面でも独立開業は困難になってきているという点では札樽地区，旭川地区ともに一致していた．

つぎに事業内容については，大きくいって次の4つの生産体系がありうると考えられる．第1は箱・柵物で，この両者には一定の技術的な違いがありそのどちらかにウエイトをおいて生産している例が多いが，1つの会社で両方を生産する場合その生産ラインはほとんど共通している．そして北海道の大手家具メーカーの多くはこの生産体系を中心にし，そこでは機械化量産体制も最も進歩している．第2は椅子のうちでもソファーである．これは張加工という木工以外の特殊な工程を持つため独自の生産体制を必要とする．第3はいわゆるダイニング用椅子で，布，皮等の張工程を持たない場合も多いが，木部が直接外部に現れているということから構造・デザイン，加工精度などの面でかなり独自な技術と生産体制を必要とする．第4は単品または小量の特注家具である．

いわゆる「特注家具」という場合，実際にはいくつかの内容が含まれている．まずホテル，リゾート施設などの収納家具を中心としたものは，第1の箱・柵物量産ラインが利用できる．これら「コントラクト物は本州の労働力不足と土地高騰で生産能力のある旭川への依存度が高まってきた」といわれ，「婚礼家具は3年後にピークになるのでコントラクトなどに対応していく必要がある」などとして近年かなり急速な伸びを示している．しかし，いわゆるバブル経済後の景気後退期に低迷のきざしが見えるなかで，コントラクトの不安定さを指摘し，これに対して慎重な姿勢を示す経営者も少なくない．

特注家具の2つ目の分野は，オフィス家具である．これは事務機器メーカーを通して販売されることが多いが，事務機器メーカー側の図面に基づいて生産される場合と，家具メーカーが開発した商品を事務機器メーカーが扱う場合とがある．札樽地区においてはオフィス向けソファーを生産する数社が

みられたがいずれも事務機器メーカーの図面に基づく生産であり，通常のソファーのラインを利用して生産を行っていた．これに対して旭川では家具メーカー側の開発商品を事務機器メーカーに販売するというケースがみられ，調査対象以外でも数社がこのような形の生産を行っているということであった．

特注家具の3番目の分野が単品または小量の特注家具で，他の量産体系とは異なった独自の生産体系となり，大消費地を抱える札幌においてはこのような形の事業所が多くみられる．また札樽地区，旭川地区ともに一般の量産既製品と並行してこのような小量特注家具を手掛けるところがあるが，その場合は量産ラインとは別の工場で手作り的な生産が行われている．特に特注専業工場の場合には注文に応じて作り付けまでするという点で建設業との関わりが強く，また室内インテリア全般に展開する傾向があり，その結果家具メーカーの枠からはずれていった事例もある．しかしこの分野では機械化量産体制をとることが困難であるため，従来からの職人的熟練が存続しており，現在でも一定程度従業員の独立開業をみることができる．

以上の4つの分野はその生産体系が異なることによって相互の移動は容易ではない．旭川地区では「脚物家具を含む製品のトータル的販売戦略を指向する企業と，従来製品を踏襲する企業とが，二極分化する傾向にある」（旭川家具産地診断報告書）といわれるが，実際には聞き取りの中で「脚物への転換は設備投資が可能かどうかの問題である」と指摘されたように，小規模企業にとってはトータル化の方向は資金的にも困難を伴うのが実態である．

つぎに販売先について検討してみよう．全体としてみると札樽地区の方が小売店に直接販売する企業の割合が高いといえる．聞き取り調査によれば，特注家具やベッドなどを除く札樽地区の既成家具8社のうち5社までが，各企業の既成家具の販売額のうちに占める小売店への販売が50％ないしそれ以上を占めている．これに対して旭川地区では小売店への販売を主体とするものは12社中3社にすぎず，逆に旭川では道内問屋の占める比重が相対的に高いことが特徴となっている．札樽地区では道内の問屋に販売するのは8

社中4社で，その販売量も10%前後から最大でも30%程度であるが，旭川地区では道内問屋への販売が50%ないしそれ以上の企業が2社あり，全体としても12社中10社と大部分が道内問屋への販売を行っており，その多くは20%ないしそれ以上の売上比率を持っている．

もともと旭川は地元需要が限定されているなかで，産地問屋が主導して本州市場を開拓し，共同化をも押し進めていった．こうしたことが当初から一定の地元市場を抱えた札樽地区との相違となったといわれている．その際の販売ルートは，旭川メーカー→産地問屋→消費地（本州）問屋→小売店というものであった．こうした構造が昭和40年代の半ばごろから大きく変化し，産地問屋が省略される傾向が強まった．この結果当時17軒あったといわれる旭川の産地問屋が現在4軒に減少している．さらに近年は消費地問屋も越えて直接に量販専門店，チェーン店へ結びつく傾向も現れてきている．こうした傾向は札樽地区の方が，もともと産地問屋への求心力が旭川に比べて弱く，価格帯も量販店に対応したレベルのメーカーが多いということもあって，より急速に進行したといえよう．しかし旭川においては，「本州に旭川の物を売りこむのが産地問屋の役割であり，これがしっかりしていれば利用するのが旭川家具工業のいき方だと思う」という大手メーカーの経営者の意見に示されるように，産地問屋はそのウエイトを低下させつつも現在も重要な機能を担っているといえよう．

最後に労働力について検討しよう．現在全国的に家具業界では労働力問題が重大な問題とされている．労働力不足と地価の高騰から「大都市の既成家具メーカーはほとんどなくなりつつある」（全国家具工業連合会）といわれており，こうした中にあって北海道の家具産地は相対的に労働力事情にはゆとりがあるとみられている．そして極言すると，全国の主要家具産地の中で「存続できるのは大川と旭川だけ」とすら言われている．今回の調査でも札樽地区の企業では人手不足はかなり深刻であった．それは特に札幌市内の企業について著しく，近年の全般的人手不足のなかでほとんど新卒採用ができない状況になっている．これに対して小樽の企業では若干事情が緩和され，

旭川の企業では差し迫った労働力不足を訴える企業はほとんどなく，新規学卒者もむしろ労働力の質が中心的な問題とされている．

b. 産地機能の展開

全国，北海道ともに家具工業は 80 年代に入って事業所の零細化，従業者数，出荷額の落ち込みが見られた．こうした家具工業の動向を『日本のインテリア産業』（国民金融公庫調査部，1989）では次のように時期区分している．つまり昭和 41 年から 49 年の成長期，50 年から 57 年の成熟期，58 年から 61 年の低迷期，そして 62 年以降の現局面を新成長期と位置づけている．たしかに 1 年前（1990 年）に調査した札樽地区の家具メーカーではひところの不況を脱して順調に業績を伸ばしつつあるものが多かったし，今年（1991 年）の旭川地区の調査でも景気のかげりは見られるもののやはり拡大基調にあったとみられる．しかし一方ではすでにみたように全国の家具産地の多くは労働力不足と特に大都市では地価問題によってかなり危機的な局面にあるといわれている．

こうした事態に対しては全国の家具産地では大手の家具メーカーを中心に海外進出が進んできている．今回の調査でも旭川に台湾の工場で部材加工を行い将来的に ASEAN 諸国へ完成品工場を建設することも検討している企業があった．この企業の場合外材を中心として利用し，生産の合理化も進んでいる．これまで日本の多くの中小企業分野で海外への生産の移転が進展してきたが，家具工業においてもその 1 つの方向として今後とも進んでいくと思われる．そのようななかにあって北海道の家具産地は，本州諸産地との競争だけではなく海外との競争に直面しつつ，発展の道が追求されなければならない．

北海道の家具産地，特に旭川の強みは従来良質な道産原料にあるとされてきた．また全国的な労働力不足，土地高騰の中で旭川や北海道の恵まれた条件を指摘する本州の家具関係者は多い．しかし，原木の枯渇や全国木材流通の進展のなかで原材料の面での優位性も低下してきたことはかなり以前から

指摘されてきたし，労働力，土地の面での優位性も相対的なものにすぎない．こうしたものだけに依拠しては国際的な競争に勝つことはできないであろう．現に，先の海外展開をしつつある旭川の企業は旭川に立地するメリットは現在では特に見あたらないとのべている．つまり原材料，労働力，地代のメリットを生かしつつもそのどれにも決定的に依存せずに発展しうる産地体制を作ることが課題であるといえよう．そのような中で産地の機能が再び問われなければならないであろう．

　旭川の家具は北海道における地場産業の1つの典型とされてきたが，全国的にも昭和30年代の共同化のモデルとして注目された（百瀬・北島，1969）．この共同化と本州市場への進出にあたって中心になったのが産地問屋であり，旭川は全国的な地場産業の中でも問屋がオルガナイザーとなって発展した事例として知られている．しかし先に述べたように，昭和45年ごろをひとつの転機として近年ではメーカーの「問屋離れ」が進んできている．かつて産地問屋KT社を中心にして行われた共同化，豊岡地区での団地形成は旭川家具工業のテイクオフをもたらした．それは個別企業の「設備面での近代化」と並んで，「職人的性格を脱したそれなりの近代的経営者群の創出」（旭川大学地域研究所，1978）をもたらしたと指摘されている．そして実は，このことが「問屋離れ」をもたらす原因ともなったのである．「問屋離れ」の原因について聞きとりではさまざまに表現されたが，基本的にはメーカーの成長と規模拡大がその底にあるという点では一致していた．そして個別メーカーの成長は同時に，共同化の意義のさしあたっての低下をももたらした．先の豊岡団地に続いて形成された永山団地では「『集団に甘えるな』ということが強力に打ちだ」され，「それぞれの企業で独自に仕入れ，販売を始め，従業員の福祉に至るまで遂行」（同上）するという状況になったといわれている．

　このような個別企業の成長はそれ自体極めて積極的なことであるが，同時にそれは集団化意識だけではなく，産地意識の希薄化をももたらした．今回の調査を通じても「産地としての旭川に積極的意義はみいだせない」とまで

いうのは例外としても，産地の意義について明確な示唆を与えられた回答は必ずしも多くはなかった．

　しかし先に指摘したように，現在の家具工業をめぐる全国的・国際的環境の中では産地の役割はますます重要なものとなってきている．それは従来の産地の機能を越えた機能が要求されてきているといえよう．従来の産地およびそこでの共同化は，主として小零細企業の経営力の弱さを補完する機能を中心とするものであった．それは共同仕入れであったり，共同販売，共同の従業員福利であったりした．こうした機能の必要性は現在も否定されるものではないが，重要なのはむしろ個別家具メーカーの経営との直接的関連を越えたところにある，いわば「地域的経営外部環境」とでもいうべき産地機能であろう．

　以下に述べるようなこの機能は実は新しいものではなく，これまでも多くの地場産業の産地では常に働いてきたものであるが，現時点ではこうした機能を産地を構成する企業全体によって意識的に追求する必要性が高まっているといえよう．

　この産地が果たすべき機能を列挙すれば，ブランド機能，ネットワーク的情報機能，教育・人材育成機能，生産機能，育成（Incubate）機能，開発機能などがあげられる．ここで例えば教育・人材育成機能という場合，真っ先に思い浮かぶのは従業員教育の共同化またはそれへの行政的援助であろう．これは当然重要な課題である．しかし「地域的経営外部環境」という観点からはより重要なのは地域の一般市民，青少年への教育である．そこでは地域全体に木材や家具といったものに対する認識と感性が深められるということが産地の長期的な発展にあらゆる面で重要な役割を果たすであろう．

　また，生産機能といった場合，地域内の分業構造が問題になることはもちろんであるが，それは同時に家具産業の外延的拡大が視野に入れられなければならないであろう．地域内分業それ自体について言うならば，北海道の家具工業は全国の他産地，例えば大川などと比べると下請分業体制による生産が進んでいないといわれている．これは確かに北海道の家具のコスト競争面

でのマイナス要因になってはいるが、それ以外にむしろ金具、ガラス、布などの関連工業、そしてさらにトータルインテリア産業として展開するためには繊維、建設、窯業などとの関わりが重要になろう.

さらに、育成機能とは、産地内に新たな担い手となる企業、経営者（またはその集団）を育てることである．旭川地区の調査事例に即していえば、昭和30年代から40年代の成長を代表する企業はG社であり、50年代から60年代のそれはL社であったといえる．全国の地場産業の研究によれば、いずれの産地でも、時々の飛躍的な発展を担う企業は常に交代するといわれている．つまり、それぞれの時代に適合して成長をとげる新たな担い手が常に現れることが産地としての安定的な成長の重要な条件であり、そうした企業は旭川でL社がそうであったように後発の小規模企業から出発する場合が多いといえる[1]．

そしてこのような産地機能には、個別の企業の自立性と相互の健全な競争関係が前提とされなければならないであろう．調査の過程を通じて、現在でも価格の「たたきあい」、デザインの「まねあい」が横行しているという話を何度か聞かされた．そこで決定的に重要なのは相互にレベルを高めあう競争か、低めあう競争かという区別であろう．先に旭川の家具産業はその発展過程を通して家具職人の集団から近代的経営に成長したと述べた．それが真に自立した近代的経営となりえているかいなかが重要である．それなくして自社の個別的経営に直接には貢献しない産地機能、見方によっては自らの競争者を作る育成機能などを、産地の立場に立って追求する見識は期待できないからである．

2. 北海道の印刷業

産業構造審議会印刷部会は昭和63年4月、「今後の印刷産業のあり方」という答申を通産大臣に対して提出した．そこでは印刷産業に対する期待として、第1に内需産業として「構造転換の一牽引車の役割を担うこと」が期待

され，第2に「情報分野での産業活動において枢要な一翼を担っていくことが期待」され，第3に「サービス産業ソフト産業としての性格を有し，いわば2.5次産業として次代を担う可能性を秘めている」と指摘している．

このように印刷業は，情報化，ソフト化の波の中で新たに注目を集めつつあるといえるであろう．例えば，北海道立高等技術専門学院への希望者の中でも，印刷業を「情報化時代の先端的で将来性のある産業」ととらえて入学して来る者が多くなってきているという．

しかし，他方では従来，印刷業は答申にも指摘するように「地味なイメージに止まって」おり，後にも述べるように零細企業が圧倒的多数を占め，そこにおける諸問題も多くかかえて，いわゆる情報化，ソフト化の先端産業分野というイメージと現実との間にはギャップが存在している．とはいえ，これら零細印刷業も，例えば謄写版→タイプ→写植といった幾多の技術変化を経てきたものであり，今後の，情報化，ソフト化の変化についてもこれに対応困難であると決めつけることはもちろんできない．

筆者は先に北海道のソフトウェア業・システムハウス業について調査し，北海道におけるこれら業種の発展の現段階と将来に向けての課題について検討した．そこで明らかになったいくつかの課題のひとつとして，ソフトウェア業・システムハウス業などが北海道の従来から存在する産業との結びつきを作ることの重要性を指摘した．上の産業構造審議会の答申に述べられるような情報化，ソフト化の流れの中に印刷業が位置づけられるとするならば，北海道におけるソフトウェア業・システムハウス業と印刷業の相互作用を通じた発展の可能性が考えられないか，ということが当然問題意識として表れてくる．

結論的にいうならば，現時点（1992年）においてはこの関係は極めて限られた局面に限定され，若干の例外を除いて道内企業同士が相互に交流しつつ発展するという状況にはいまだに至っていない．

こうした状況の中で本稿の目指したものは，そうした発展を展望する上で前提となる印刷業の基本的な現状把握を行おうとするものである．

(1) 印刷業の特徴と「情報」の物理的対象化

印刷業の特徴についてこれまでに述べられていることを列挙してみると, ①受注産業である, ②中小企業業種である, ③商圏が狭く地域的に取引対象が限定されている, ④都市型産業である, ⑤労働集約型産業である, ⑥多品種小量生産が主流, ⑦繁閑の差が激しい（計画生産が困難）, ⑧営業主導の傾向がある, ⑨産業イメージは地味である, などが挙げられている.

こうした特徴のうち最も基本的なものは, やはり最初の受注産業であるということであろう. 受注産業であるのはなにも印刷業に限ったことではなく, 例えば建設業は代表的な受注産業であるし, 製造業の中でも造船業はやはり受注が中心であるし, 繊維製品や家具などの消費財部門, 窯業・土石製品や金属製品等の建築関連部門, 産業用機械などの中にも受注を中心とした業態が広く見られる. また, 主に機械工業などに多く見られる下請企業もやはり受注生産を中心としている. もともと資本主義的工業は市場を対象とした商品生産（見込み生産）を原則とするものであるが, 需要量が限定されている場合や生産物に貯蔵性がない場合などでは受注生産にならざるをえない. また, 生産の対象や内容が買い手によって規定されるような場合にもやはり受注生産となる. これらの事情は多かれ少なかれ複合して作用する. 例えば, 消費財の注文生産は特注品という点で需要量が少なく, また買い手によって内容が規定されている. また, 造船業では需要量が限定されている上に単品で極めて高価な商品であるため見込み生産で在庫を持つには金利と危険負担が大きくなりすぎるという事情がある. さらに, 建設業はその本質に土地固着性があり, 買い手によって内容と同時に対象も規定されるという特質を持っている. そして, 下請工業では生産の内容が発注元企業によって規定されていることは言うまでもない.

このようにして印刷業を見た場合, その基本的な特質, 印刷業を受注産業たらしめている理由は生産の内容が決定的に発注者によって規定されているということであろう. 印刷業の場合, この生産の内容が他の工業と比べて決定的に異なっている. 印刷業の生産の内容は文字もしくは画像といった情報

であり，それらの情報を主に紙などの上に物理的に固定化し，対象化することである．そしてその文字や画像の情報は発注者に由来するものであるから当然受注産業とならざるをえない．ただ，同じ産業中分類「出版・印刷・同関連産業」の中でも新聞業と出版業は情報を自ら生産する，または生産を委託したり，選択したりする点で買い手から独立した生産を行い，受注生産の形態をとることは少ない．もっとも，印刷業が生産の内容について完全に受動的であるかといえば必ずしもそうではなく，受け取った原稿を整理し，定められた組版ルールに従って印刷したり，レイアウトや配色の企画に参画するといった過程を経る．こうした点で印刷業も一定の情報の生産・加工を担うわけであり，後に述べるようにこうした機能の拡大が印刷業の今後の発展にとっての重要な課題となっている．

(2) 北海道印刷業の課題

a. 構造的課題

印刷業は従来から大量の小零細企業が存在し，規模間格差も極めて大きい．そして重大なことは，この規模間格差が拡大の傾向にあるという点で関係者の意見がほぼ一致している点である．その要因は，小零細企業が，①後に述べるような急速な技術変化に，技術，設備共に対応できないこと，②納期，品質，その他の取引条件が多様化，高級化していることに対応できないことなどがあげられる．この結果，「小零細企業は停滞，衰退しつつある」とか「将来的には大量の廃業が出る危険性がある」といった指摘がされている．もともと，統計にも現れていたように印刷業の小零細企業ではかなり大量の新規開業がある一方転廃業も多く，いわゆる「多産多死」状況がみられる．しかも現在小零細企業のなかに世代交替期を迎えつつある企業がかなりでてきており，そこでは後継者問題から廃業に追い込まれる危険性もあるとの指摘もきかれた．

こうした問題点は必ずしも小零細企業だけに限ったものではなく，中大手といわれる部分もふくめて，いわゆる印刷業の過当競争的問題性が存在して

おり，現在進みつつある変化を前にして必要とされる機械設備の適正な償却と新規投資を行いうるだけの財務体質の強化がはかりえていないという指摘もあった．

さらに，下請外注構造の問題がある．先の事例でもみられるように，平均して約3割弱程度の外注発注があることはほぼ共通した認識である．そして，今回の調査では明示できなかったが，外注比率は増える傾向にあるとの見方があり，これは通産省の産業構造審議会答申の見解とも一致している．そこで問題となるのは，下請外注構造の拡大が社会的分業の拡大，いいかえればそれぞれの企業の得意な作業分野の専門化・多様化を通じて現れる前向きなものか，または単なる受注消化のための外注かという点である．現在，まるごと下請に出す場合でも前払い経費，流通経費等を考えると約15%程度のマージンとなるという．もしも，必要な投資，生産体制の整備を怠り安易に外注に頼るということになれば，長期的には業界の体質の弱体化につながる危険性があるといわなければならない．

b. 地域格差の存在と市場構造の変化

地域格差の問題は2つの観点からみなければならない．1つは，北海道内の地域格差であり，もう1つは北海道と東京を中心とした本州との格差である．もともと印刷業は，地域産業としての性格を持ち，それぞれの地域需要に対応するという要素があるため，例えば北海道内でも広い地域に存在が分布している．しかし同時に，印刷業は都市型産業としての性格を強く持ち，情報発信地としての大都市に集中立地しているというのも事実である．そしてこの両者の間に大きな格差構造が形成されているといえよう．

まず北海道内の地域格差についていえば，札幌とその他地域，特に郡部との間には大きな格差が存在する．昭和62年の工業統計によれば，北海道の出版・印刷・同関連産業の941事業所中400事業所，42.5%が札幌に立地している．そして，従業者数では17,634人中9,923人，65.3%，出荷額に至っては22,891,547万円中15,353,907万円，67.0%が札幌に集中している．製造

業平均の札幌のウエイトは，事業所数21.6%，従業者数23.4%，出荷額20.5%であるから，印刷業が札幌に強く集中している実態が理解できるであろう．さらに，量的な集積だけではなく，例えば従業員1人当たりの出荷額をみても，札幌1,547万円に対してそれ以外の地域の平均は978万円と，はっきりとした格差が存在する．このような格差はコスト構成の差となって地方企業の直接的な競争力を弱める一方，賃金格差，収益格差となって経営力全体の格差にもつながってくる．地方企業は上に述べた規模格差とともに二重の格差構造にさらされているといわなければならない．

　つぎに，北海道と本州との関係について検討してみよう．昭和30年代に本州の大手2社が北海道に進出し，主として道内市場に対応した仕事をしてきた．しかし，商用印刷部門での競合はあるが，包装資材などの部門をこの2社がほとんど独占するなど，道内企業との間に市場の「棲み分け」もある程度すすんでいる模様である．さらに，近年本州大手印刷企業の北海道進出がいくつかみられる．それらの多くは，30年代に進出した先の2社もそうであったが，道内の既存の印刷企業の買収，または提携といった形をとっている．このような形で進出する理由は1つには，道内市場に進出するために既存企業の取引関係を継続するという面と，もう1つには近年東京では不足の激しい労働力の確保という面がある．さらに，近年では東京においては地価高騰のあおりをうけて印刷業が都内から移転するという動きがみられるが，北海道における用地確保という要因も見逃せないであろう．そうした中で，従来のように北海道市場を目当てとした進出というよりも，北海道に生産拠点を設けるというタイプの進出が主になりつつあるという．

　以上のことは，従来地域産業であるといわれ，地域内の市場に対応して立地しているといわれた印刷業に変化が訪れつつあるということを意味するであろう．現実に，東京の印刷企業は文字組版，版下作成などを台湾や韓国に下請に出したという経緯もあるという．また特に，近年では土地問題と労働力問題から，関東近県への印刷企業の工場移転がすすむとともに，長野県が東京から大量の印刷需要を引き受けるようになっているといわれる．こうし

たことは，交通，通信の発達にともない写植文字，デザイン，製版などの移送が従来に比べて非常に容易になってきたことによる．そして，ニューメディアの普及はこれをさらに促進しつつある．この結果，例えばE社のように，独自の技術をもって対応するならば，道外の市場を開拓する可能性もある程度開けつつあるということができるであろう．

c. 新設備・新技術の展開

印刷業界は近年急速な設備，技術の更新，発展をみせている．それは，電算写植システムに代表されるような情報化，ニューメディアというだけではなく，製版部門におけるカラースキャナー，トータルスキャナー，印刷部門における新鋭オフセット輪転機の導入など，新たな高性能機械が次々に普及しつつある．

印刷業の中でも出版印刷部門，文字組版を主体とした部門では，中大手印刷企業は多かれ少なかれ，すべて情報化に対応するための開発体制をしいてきている．そこではE社の事例のように，先導的開発の果実を収穫しつつある企業も出てきている．この点では，「技術開発と教育は全国的にみてもまだまだ遅れており，北海道の企業が先発するチャンスはまだ十分残されている」という指摘があった．その際重要なことは，1つには従来からの印刷業の蓄積をどう生かすかということである．「従来の組版のルールを守りつつ，コンピュータ化する」という指摘に示されるように，単なるコンピュータ化ではなく，これまでの印刷文化の延長上にコンピュータを導入するという観点である．それが，印刷企業の特性を生かす道であろう．第2にそれを進めるためには，やはりE社が行っているが，全国的にみても一定の集積と発展をみせている北海道内のソフトウェア業，システムハウス業など，他業種との積極的交流を図ることであろう．また，文字組版と比較して，図形処理，CG部門では，コンピュータ技術そのものが数値，文字処理技術が先行して発展してきたこともあり，印刷業界における導入も相対的に遅れている．この点でもE社の関連会社が意欲的に導入を図りつつあるが，その動

向が注目されるところである．

　他方，留意しなければならないことは，こうした新設備，新技術の導入は，大きな投資負担となることはもちろん，そうした大規模投資ができない小零細企業にとって新たな格差要因となるということである．この点では「現在は大手のメリットになっているが，必ず形をかえて小企業向きのものがでてくる」という見方もある．そこで予想し得るのは，1つは従来の軽印刷分野のような住民サービス用のDTP地域サービスセンターといったものであり，もう1つは現在ワープロ入力ですでに進んできているように，入力，編集操作などでの分散化が進展するという可能性であろう．これらは，あらたな機器メーカーによる系列化や下請・内職問題などの可能性を内包し，今後とも注目すべき問題である．

d. 労働問題の新局面

　印刷業における人手不足問題は近年深刻化しつつある．東京では，87，8年頃から人手不足が深刻化し，それが地方にも波及してきているという．これは北海道でも程度の差はあれ例外ではない．そこで問題になるのは労働条件であり，なかでも労働時間が若年従業員の採用にとって大きな課題となってきている．中大手印刷業ではなんらかの形で週休2日制を導入しつつある．しかし，多くが平日実働8時間で，昔に比べて繁閑の差は少なくなったとはいえ繁忙期にはかなりの残業を必要とすることには変わりはない．最初に述べた「地味なイメージ」ともあいまって若年労働力の吸引には一層の努力が必要である．

　それとは逆に，印刷業労働者の高齢化の問題も存在する．中大手企業では一定の若返り策が成果を上げつつあるが，小零細企業では，退職金問題なども含めて重大な課題となってきているといわれている．

　これと関連して，技術変化とのかかわりも問題となってきている．それは，中高年齢者の新技術への適応の問題でもあるが，同時に労働内容の変化が重要である．そこでは，「技術内容が変化して機械に依存するようになったの

で熟練工はあまり必要なくなってきた.」「20年ぐらい前には労働者の技術の差が製品にはっきり出たが,最近はその差は極めて狭まってきた.」「むしろ柔軟な若い労働力が数多く欲しい」といった状況になってきている.ここでも,従業員のリフレッシュができる企業とそうでない企業との間にもう1つの格差要因が生まれているといえよう.

また重要なことは,旧来からの熟練の重要性が薄れつつあるとしても,人材問題は別の観点で非常に重要になってきているという点である.印刷業が直面している新しい状況の下では,企画力,営業力,開発力などが問われてきており,重要なのは結局は人であるということに変わりはない.

最後に,工業組合や行政に対する意見や要望もいくつか出された.代表的なものとしては,なんといっても仕事の確保であり,適正価格の実現ということであろう.そのために,北海道内の印刷需要を調査しそれを道内印刷業が受注できるようにするとか,道外向けに北海道印刷業をアピールしてはどうかといった意見もきかれた.また,他府県では工業組合が年賀状等の販売促進活動やコンピュータネットワークの形成,人材登録バンクの設置など意欲的な活動を行っているといった例も参考になろう.

そして基本的に重要なことは,第1に,印刷業が当面しつつある変化と可能性に着目してその発展の条件を生かすということであり,第2に,そうした中でも存続し拡大すらしている格差構造に留意し,それへの配慮を怠らないということであろう.中小企業分野においては企業の集積が地域の力となることを忘れてはならない.

3. 北海道の情報関連産業

(1) 地域経済と情報関連産業
a. 情報産業への期待

1987年11月に北海道が策定した「北海道新長期総合計画」(新長計)の冒頭には「低迷する経済」というタイトルが掲げられている.そこでは,

1980～84年の経済成長率が北海道では1.8%で全国（3.7%）の約半分であったこと，また従来から北海道経済を支えてきた鉄鋼業，造船，石炭工業，農林業，漁業などの諸産業が軒並みに極めて厳しい局面におかれており，鉄道路線の廃止などもあって地域の経済と社会が大きな危機に直面している実態が指摘されている．おそらくこうしたことは北海道に特に強く現れているとはいえ，全国の多くの地域に共通した課題となっているといえるであろう．それは「第4次全国総合開発計画」（4全総）の中で「東京圏への一極集中と人口の再集中」が生じ，「地方圏では急速な産業構造の転換による素材型産業や輸出依存型産業の不振等により雇用問題が深刻化」しているという指摘にも現れている．

　こうした事態に対して地方産業の振興のために期待されているもののひとつが情報関連産業である．4全総では，「ソフトウェア業については，市場からの遠隔立地可能性を生かし，……誘致，育成を図る」としつつ，例えば北海道地方整備基本方針の中で「札幌を核とする新たな広域都市圏の形成を目指す道央において，情報サービス業等を育成する……」と述べている．また，北海道開発庁の「第5期北海道総合開発計画」（88年6月）でも，「札幌テクノパーク」など「札幌を中心に我が国における北の情報拠点の形成を図る」としている．

　本節は，地域活性化の手段としてこのように期待されている情報関連産業が，はたして期待どおり地域に定着し，発展が可能であるか，また，そのためにはどのような政策的留意点が必要であるかを考えるための素材を得ようとするものである．そのためには，①地域経済との関わりで，②中小零細な企業の発生と経営の担い手，および③生産の担い手としての労働力に注目して検討することが必要であると考える[2]．

b.「情報サービス業」の地域比較

　表4-3は特定サービス産業実態調査の「情報サービス業」について，都道府県別に上位6位までを北から並べたものである[3]．項目によって多少の入

表4-3 6都道府県の情報サービス業

	事業所数		従業者数		年間売上高	
	実数	構成比	実数	構成比	実数	構成比
全　国	2,556	100.0%	162,010	100.0%	1,561,829	100.0%
北海道	132	5.2	4,468	2.8	34,619	2.2
東　京	770	30.1	76,375	47.1	842,536	53.9
神奈川	91	3.6	10,304	6.4	136,885	8.8
愛　知	171	6.7	6,833	4.2	61,145	3.9
大　阪	490	19.2	25,201	15.6	217,039	13.9
福　岡	66	2.6	3,561	2.2	26,456	1.7
札幌市	106	4.1	3,919	2.4	30,776	2.0

資料：1985年特定サービス産業実態調査報告書．

れ替わりはあるものの，北海道，東京，神奈川，愛知，大阪，福岡の6都道府県が事業所数，従業者数，年間売上高ともに上位を占めている．そして，この6都道府県で事業所数では全国の62.3%，従業者数では78.2%，年間売上高では84.4%と，圧倒的なウエイトを占めている．これらの事実は，先の4全総の記述にもかかわらず，現状では情報サービス業が大都市地域に偏在していることを示している．

また表4-4によれば，これら都道府県の販売契約先は神奈川を除いて圧倒的に自県内の販売が多くなっている．ここで神奈川については東京への販売が約6割を占め，しかも本社・支社間の取引の割合が高いなど，事実上東京と一体の地域と見ることができよう．さらに業務種類別に表4-5を見ると，全国平均でソフトウェア開発の割合は約4割強で，情報処理サービス等が6割弱となっている．しかもソフトウェア開発の中身を受注ソフトウェアとソフトウェア・プロダクト（不特定多数のユーザーを

表4-4 売上高の契約先地域別売上げ

	自県	同一地域	東京	大阪	その他	計
北海道	79.1	-	15.9	3.7	1.3	100.0
東　京	84.3	8.0	-	2.4	5.4	100.0
神奈川	31.0	1.5	62.4	1.4	3.4	100.0
愛　知	87.9	5.2	3.1	0.3	3.5	100.0
大　阪	75.6	8.1	10.5	-	5.8	100.0
福　岡	83.3	7.1	4.0	0.3	5.3	100.0

注：同一地域とは同一通産局管内で自県を除いたもの．ただし神奈川県は自県と東京を除く．
資料：表4-3に同じ．

対象とする製品）に分けると，受注ソフトの比率が圧倒的であることがわかる．

以上をまとめると，情報サービス業の現状は，独立した製品の開発・販売というよりも，情報処理サービスや受注ソフトの開発など，顧客からの発注や委託などに対応する形が大勢を占めており，その結果情報関連需要の集中している首都圏や地方中核都市に集中して立地しており，現時点ではまだ情報関連産業の地方立地展開が十分に進んでいるとはいいがたいといえよう．

表 4-5 売上高の業務種類別内訳

	ソフトウェア		その他	合計
	受注ソフトウェア	ソフトウェア・プロダクト		
全　国	34.3	7.8	57.9	100.0
北海道	27.6	11.9	60.5	100.0
東　京	37.8	5.8	56.4	100.0
神奈川	38.9	33.2	27.9	100.0
愛　知	30.1	3.8	66.0	100.0
大　阪	32.2	5.7	62.1	100.0
福　岡	22.1	5.8	72.1	100.0

資料：表 4-3 に同じ．

こうした中で北海道の特徴をみると，①表 4-3 から，北海道では規模は零細であるが事業所数については比較的多く，②表 4-4 から，他の府県と比較して東京をはじめとした地域外への販売の割合が高く，③表 4-5 から，ソフトウェア，プロダクトの比率が比較的高いことが指摘できる．こうしたことは萌芽的ではあるが，全国市場を対象としたソフトウェア業の展開が他の地方と比較して進んでいること，また今後の発展可能性をもつ事業所数の集積もある程度見られると解釈することが可能であろう．

(2) 北海道のソフトウェア業

以下は，具体的な北海道のソフトウェア業・システムハウス業の実態調査に基づく報告であるが，ここでは紙数の都合上大部分の記述をソフトウェア業にしぼることとする[4]．

a. 系列関係

ソフトウェア会社はコンピュータメーカーとの間に系列関係を持つケース

表 4-6 従業員 1 人あたり年間売上高の分布

	300〜	400〜	500〜	600〜	700〜	800〜	900〜	1,000万以上	不明	計	平均
ソフトウェア業	4	2	7	2	1	4	2	5	6	33	721万円

訪問調査.

が多いことが知られている．この点に注目して区分すると，まず(1)メーカーの出資企業がある．その目的は現地ユーザーに対するサポートまたはセールスバックアップが主要なものである．ただし，近年は，地域のソフトウェア人材を確保するという位置づけが大きくなってきており，将来的には各メーカーは全国の直系のソフトウェア会社の地域分業を推し進めていく方針である．

次に，(2)非出資系列企業は，①メーカーまたはより多くはメーカー直系ソフトウェア会社の下請を行っているもののほか②特定メーカーの販売代理店を兼ねてソフト開発を行っているもの，③特定メーカー機種のパッケージソフトを開発しているもの等がある．

最後は，現象的には特定メーカーとの系列関係が明確には存在しない(3)複数取引，無系列企業である．これは，①複数のメーカーの下請，機器販売を行っているものと，②限定された市場や技術などに基づく開発型企業が見られる．

b. 1 人あたり売上高の格差

表 4-6 は，従業員 1 人あたりの売上高の分布であり，そこでは 700 万円を境に上下のふたつの階層に区分される．このうち機器販売兼営など特殊な数事業所を除外してその業務内容を検討すると，699 万円以下では 14 事業所のすべてがオフコンを含む事務ソフトの受注を中心としており，逆に，700万円以上の 7 事業所のうち事務ソフトの受注は 2 事業所にすぎず，この 2 事業所を含めて FA，CAD，CAM，通信，その他の開発型の仕事を中心としている．ソフトウェア業の場合費用に占める労務費の割合が高く，受注単価も 1 人 1 月幾らという形が多いため，必要とされる技術水準が 1 人あたり売

表 4-7 従業者規模別設立年次別事業所数（ソフトウェア業）

	60~62 年	55~59 年	50~54 年	45~49 年	40~44 年	30 年以前	計
1~4 人	2	14	2	1			19
5~9	4	25	4				33
10~29	7	15	9	1		1	33
30~49	2	5	8	3			18
50~99	1	5	4	3			13
100~299	1	4	1	1	1		8
不明		1	1				2
計	17	69	29	9	1	1	126

道工業課名簿.

表 4-8 設立経緯と設立年次（ソフトウェア業）

創業型		60~62 年	55~59 年	50~54 年	45~49 年	40~44 年	30 年以前	計
	一貫して北海道	1	3	1				5
	Uターン		3	3	3			9
	道外から			1				1
分離独立等		3	1		1	1		6
他業種から参入			1		1			2
メーカー出資		1	5			2		8
非メーカー系支店				2				2
計		5	13	7	5	3		33

訪問調査.

上高にストレートに結びつく場合が多い．つまり上の結果は，従来からの事務ソフトの受注だけでは経営は伸び悩みとなり，新しい技術を導入することが要求されていることを示している．しかもその技術が，現状ではおもに従業員個々人の技術水準に依存していることから，後の労働力対策の課題とも関わって，重要な問題となっている．

c. 企業の設立と創業者

北海道のソフトウェア企業の設立時期は，表 4-7 のように，昭和 50 年代の後半に集中している．実は，この中でも 59 年が設立のピークとなっており，この年に，一方で零細企業が数多く設立されるとともに，他方では各メ

表 4-9　創業者の生年

(昭和・人)

9年	17年	19年	20年	21年	22年	23年	27年	不明	合計
1	2	5	1	2	2	3	1	2	19

訪問調査.

ーカーの直系ソフトウェア会社の設立が相次いだ年でもある．また規模別には，10人以下層が50年代後半に集中しているのに対して，数十人規模の，小さいながらも道内では中堅クラスに位置づけられる企業の多くは，より早い時期に設立されている例が多い．

また設立の経緯を見ると，表4-8のように個人による創業（仲間同士のグループを含む）が15ともっとも多く，他の情報関連企業またはその他企業の情報部門からの分離独立が6，他の業種からの移行が2，メーカーの出資設立が8，情報関連企業の支店進出が2となっている．また個人による創業型の創業者の多くは情報関連企業に勤務した経験を持つが，その中でも本州からのUターンが9人で一貫して北海道の5人を上回っている．しかもUターン創業者の企業はより早い時期に設立されており，規模についても創業者が一貫して北海道にいた企業の5事業所中4事業所が9人以下であるのに，創業者がUターンの企業は9事業所中8事業所まで10人以上と相対的に大きなものが多くなっている．また，これら創業者の生年を表4-9で見ると，そのほとんどが昭和17年から23年に集中していることが注目される．

以上のことをまとめると，北海道の中堅クラスのソフトウェア企業の創業者の1つの平均像として，昭和20年前後に生まれ，40年代の汎用コンピュータの普及期に首都圏でその関連業務に従事し，50年代前半にUターンして独立，相対的な先発のメリットを得て一定の規模に成長しているというモデルを描くことができよう．

d. 労働力の現状

ソフトウェア企業の従業員の年齢は非常に若い．表4-10によれば，プロ

表 4-10　職種別年齢構成（ソフトウェア業）

(人)

		～24歳	～29歳	～34歳	～39歳	40歳～	計
男	プログラマ	65	31	6	-	-	102
	SE	21	53	27	24	4	129
	その他	6	9	6	10	10	41
	計	92	93	39	34	14	272
女	プログラマ	28	7	1	1		37
	SE	7	8	1	1	-	17
	その他	17	6	4	2	1	30
	計	52	21	6	4	1	84

訪問調査.

表 4-11　職種別入社直前の職業と居住地（ソフトウェア業男子）

(人)

		札幌	その他道内	道内地域不明	道外	計
プログラマ	学生	40	16	4	7	67
	情報関連他社	3	4	1	6	14
	その他・無職	8	3	2	8	21
	計	51	23	7	21	102
SE	学生	40	8	-	13	61
	情報関連他社	13	3	5	24	45
	その他・無職	16	1	-	6	23
	計	69	12	5	43	129
その他	学生	6	-	-	8	14
	情報関連他社	4	-	-	3	7
	その他・無職	7	3	1	9	20
	計	17	3	1	20	41
計	学生	86	24	4	28	142
	情報関連他社	20	7	6	33	66
	その他・無職	31	7	3	23	64
	計	137	38	13	84	272

訪問調査.

グラマは20歳台の前半が圧倒的に多く30歳以上はまれである．また，SEは20歳台の後半が最も多く，30歳台もいるが40歳以上は極めて少ない．

　これら従業者の採用直前の職業は，表4-11のように学生が最も多いが，

これに次いで情報関連他社から採用された者も少なからずおり，特にSEについては約3分の1は情報関連他社である．また地域別には札幌在住者の採用が多いが，それに次ぐのは道外で，これもSEで多くなっている．このように特にSEでは道外を含めた広域的で流動的な労働移動が見受けられる．そして表4-12によれば，Uターンの経験者は全体で3割弱に達し，なかでもSEの30歳以上では半数近くがUターン経験者である．しかも，このような道外からの採用は増加傾向にあり，行政的にも道が「情報産業等技術者確保推進事業」（通称Uターン事業）を行うなど，こうした傾向を助長しようとしている．

次に，労働力の充足状況については，経営者に聞いた結果は表4-13のようにプログラマは「不足気味」が最も多く，SEは「不足」が多い．ソフト

表4-12 入社前経歴（ソフトウェア業・男子）

(人)

		一貫して道内	Uターン	道外出身	不明	合計
プログラマ		72	23	7		102
SE	～29歳	52	16	3	3	74
	30歳～	25	22	4	4	55
	計	77	38	7	7	129
その他		18	14	9		41
合計		167	75	23	7	272

訪問調査．
注：「一貫して道内」は義務教育終了時，最終学卒時，入社直前のいずれも道内に居住していた者．「Uターン」は義務教育終了時道内で他のいずれかが道外，「道外出身」は義務教育終了時道外の者．

表4-13 労働力の充足度

(事業所)

		余剰	余剰気味	過不足なし	不足気味	不足	計
ソフトウェア業	プログラマ	1	1	6	15	4	27
	SE	-	-	3	9	18	30
	電子技術者	-	-	5	2	1	8
	オペレーター	1	2	6	1	-	10
	キーパンチャー	-	1	8	-	-	9
システムハウス業	プログラマ	-	-	1	4	1	6
	SE	-	-	1	3	4	8
	電子技術者	-	-	1	6	2	9

訪問調査．

表 4-14 「35歳定年説」等をどう考えるか

(事業所)

		正しい	ある程度正しい	ほとんど正しくない	間違っている	計
ソフトウェア業	プログラマ	2	16	3	4	25
	SE	-	3	7	14	24
	電子技術者	-	3	1	5	9
	オペレーター	5	2	3	2	12
	キーパンチャー	5	1	4	2	12
システムハウス業	プログラマ	-	4	-	1	5
	SE	-	-	3	2	5
	電子技術者	-	-	3	2	5

訪問調査.

ウェア技術者の不足が一般的にいわれるが,確かに SE については深刻な不足がほぼ共通した見方であったが,プログラマについては一部に過剰であるとの見方すらあり,コンピュータ関連の専門学校が叢生している現在,特に量より質が問題になりつつあるという点で共通していた.

また,いわゆる 35 歳定年説についての経営者の意見は,表 4-14 のようにプログラマについては「ある程度正しい」,SE については「間違っている」が大勢である.

(3) 情報関連産業の課題

以上のような分析のうえに立って,北海道の情報関連産業の今後の課題のいくつかを指摘しておこう.

ソフトウェア企業の各層の課題としては,まず(1)相対的に先発した中堅クラス(せいぜい数 10 人規模でいわゆる中堅企業論でいう「中堅企業」ではない)の経営力と技術力の強化である.「地元独立系最大手」といわれた M 社が最近和議申請に踏み切るなど,このクラスの再編,本州大手企業による系列化の動きが目立ちつつある.また,(2)昭和 59 年をピークに叢生した零細ソフトハウスの定着と成長は北海道の情報産業の今後を左右する大きな課題である.さらに,(3)メーカー直系企業の進出は今後も続くと思われ

るが，そこでは，①メーカーの全国的分業態勢の中での北海道の位置づけ，②地元のソフトハウスとの取引関係の2点が地域にとって重要な意味を持つであろう．

次に，労働力問題に関しては，現時点では企業も従業員も若く，技術者不足という点を除いて大きな問題はあまり表面化していないが，今後，プログラマとSEおよびそれらの内部の分化，技術格差が進行するとみられ，それが企業格差として固定する可能性がある．この点で，中小規模企業の多くが再教育投資を行う余裕がないという現状を打開する必要があろう．それはソフトウェア業において将来現れる危険性の強い中高年労働者の不適応問題に対応するためにも重要である．

最後に，情報関連産業と地場の他産業との関連を重視する必要がある．そのひとつはユーザーとしてである．道内のソフトウェア業，システムハウス業の中で特徴のある製品を持つものの中には農漁業など道内ユーザーに対応した製品開発を行っているものが多い．他方，特にシステムハウス業に関しては，部品の調達や製品開発等の面で北海道の機械工業の発展の立ち遅れの克服が課題となるであろう．

注
1) 実はG社についても戦時中の合併企業から現社長の父が経営権を持つのが昭和29年であり，以後産地問屋のKT社の社長とともに共同化事業の中心を担いつつ急速に成長する．その意味ではやはり時代を担って成長した企業といえるが，興味深いのは昭和30年代にいくつかの関連会社を設立していくが，その過程を見ると現在叫ばれているトータルインテリアの思想がすでにその基礎にあったと思われる．
2) 本稿（1989年初出稿）は『北海道経済調査』第8号（北海道経済調査室，1988年3月）所収の奥田仁「中小ソフトウェア業・システムハウス業の経営と労働」をもとにして要約，再構成したものである．
3) 『特定サービス産業実態調査報告書』（通産省官房調査統計部1987年2月）．
4) 「中小ソフトウェア業・システムハウス業の経営と労働」参照．なお，ここでの実態調査は道工業課保有の名簿所載のソフトウェアハウス，システムハウス計172事業所のうち72事業所を対象事業所として選定し，うち44事業所に訪問面接調査を実施したものである．

第5章
北海道の建設業

1. 産業としての建設業

(1) 建設産業

　建設投資がGNPに占める割合は約2割であるといわれている．実際には時々の景気変動や公共投資をめぐる政策等によって変化し，昭和30年に11.9%であったものが高度成長期を通じてそのウエイトを高め，昭和48年には24.6%に達し，50年代以降低下傾向を示して現在は17〜18%程度となっている．この建設投資には建設産業に供給される原材料の価格等も含まれており，経済活動（産業）別国内総生産のうちの建設業に限ってみると，1995年度で10.4%となっており，北海道では14.5%に達している．

　建設産業が再生産構造のなかで果たしている役割は次のような点が挙げられる．

　第1に，建設産業が生産手段生産部門の中に占める位置である．民間企業設備投資の約半分が建設投資であり，公的資本形成の約8割が建設投資である．

　第2に，建設産業の生産物は消費手段としても重要な位置を占めている．民間住宅投資は，全国では1995年に約24兆2,000億円であり，北海道では約1兆円であった．このほかに，公的住宅投資が全国で約1兆5,000億円，北海道で8,700億円である．

　第3には，この両者を通じて，建設業がマクロ的な有効需要創出の重要な

柱をなしているということができる．建設業は，アセンブリ産業であるとも言われるように，大量の中間資材を投入し，労働力需要も大きい．これが建設投資と産業としての建設業の数値の差に現れてくるわけであるが，逆にいえばそれだけ経済的波及効果が大きい産業であるといえる．この波及効果については近年低下が指摘されてきているが，なお総需要調整政策の重要な柱として利用されつづけている．

　第4には，建設業の労働は，1995年に全国で約663万人で，北海道が約37万人であり，それぞれ就業者総数の10.3％，13.0％を占めている．このように，量的に大量であるだけではなく，建設業の労働は建設需要の変動に合わせてフレキシブルに増減する特性がある．これは，建設業が個別現場産業であるために，個別的に資材を調達するとともに労働組織も固定的ではなく仕事量に応じて編成されるということであり，いいかえれば不安定労働の受け皿となっているということが言える．そうした状況のもとで，建設業は多くの失業，半失業者の滞留の場となっており，社会政策，雇用政策上の役割を担わされている．

　さらに第5には，こうした景気政策，社会政策の手段となっているとともに，建設業は地域政策上でも重要な位置づけを与えられている．全国都道府県の県民所得水準と産業別の就業者構成比の相関性を比較してみると，第3次産業の相関係数が＋0.336で所得水準とかなり強い相関性を持っている．つまり，3次産業の就業者の多い都府県ほど所得水準が高い傾向にあるといえる．そして製造業も＋0.188と弱いながらも正の相関を示しているのに対して，同じ2次産業であっても建設業は－0.351で1次産業の－0.573よりは係数は低いながらも同様に県民所得と負の相関を示している．これは，相対的に所得水準の低い農村地域において建設業就業者の比率が高いことを示している．現に，北海道においても，過疎市町村にあっては建設業の就業者に占める比率は極めて高くなっている．

　内山尚三（内山・木内, 1983）は建設業が「請負業」から脱皮して産業として形成されたのは戦後のことであり，「建設産業」という言葉が登場した

のはより新しいと指摘している．そして「新たに登場してきた建設産業がどのような概念を含んでいるのか，必ずしも明確ではない．建設業と建設産業が同義語で用いられる場合もある．建設業とそれに直接関連を持つ測量業，建設コンサルタント，設計事務所，宅地建物取引業（不動産業）などを含めて建設産業とする定義もある．……鉄鋼，セメント，木材，建設機械など建設資材や生産手段の分野まで含めなければならないとする主張もある」と述べている．事実，戦後も長い間にわたって，建設業を産業政策の対象として取り上げる官庁はなかったといってよい．建設省が，発注官庁としてだけではなく，建設業を産業政策の対象として自らの政策守備範囲の中に明確に意識するようになったのは，70年代の半ば以降，つまり高度成長の終焉以後と考えられる．それまで産業としての建設業に対する施策は，通産省の管轄になる中小企業金融か，未払い賃金や労災などの労働行政の対象としてしか存在しなかったといってよいであろう．

(2) 建設業の特質

ではなぜ建設業が，上のように産業として十分確立しないままに今日に至っているのであろうか．また，工業が資本主義の成立以来「産業」の代名詞とされるほどの中心的役割を果たしてきたのに対して，同じ第2次産業に分類される建設業はどこが異なっていたといえるのであろうか．

建設業の特性については，多くの論者によってさまざまな点が指摘されているが，筆者はこれらさまざまな特性は，最も根本的な特質，生産対象の土地固着性という点から派生していると考える．この点こそが，工業が極めて多様な使用価値の加工生産を含んでいるのに対して，建設業が同じく加工生産でありながら工業の範疇から排除される原因である．

建設業にとって土地は，工業と異なった特別に重要な意味を持っている．工業にあっても，宙空での生産が不可能な以上，土地は生産にとっての必要な与件ではあるが，それは基本的に生産の場所という意味を持つだけであり，原料および市場との空間的関係は問題となっても，土地そのものが生産過程

における決定的要因となることは一般的にはないといってよい．これに対して建設業は，土木工事のように土地そのものが主要な労働対象であるか，または建築の場合でも基礎工事を含めて生産物は土地に固着している．

この土地固着性から建設業の場合は，建売住宅や，マンション建設などの例外はあるが，個別受注生産が一般的になる．このことは建設業に受身の生産計画を余儀なくさせ，生産の変動性，不安定性をもたらす．また，土地固着性は生産現場の移動を必然的にさせる．それは同時に，機械の利用に限界をもたらし，工業で一般化した大量生産技術の採用を困難にしている．そこで採用されている機械も，人間の熟練を機械化しているというよりも，人間の手による制御を基本にした動力機としての性格が強い．生産現場における熟練分解は，むしろ工法と材料の変化に負うところが大きいといえるであろう．

つまり，変化は進んでいるとはいえ，建設業の現場では労働者の技能に依存する側面がいまだに強く，他方では不熟練労働力を大量に充当するという面も依然として大きいといえる．そして特に北海道にあっては，屋外労働としての建設業の性格上，生産の季節性が克服されておらず，建設労働の不安定性を強めている．また，現場を移動する個別生産という性格上，そこにおける分業は生産物の移動によることなく，さまざまな労働者が現場に出向いて行う分業という形態を取る．労働力の一時的，季節的大量調達を必要とするということと，この分業の性格から，建設業では独自の重層的下請関係が形成されている．

2. 高度成長期以降の推移

(1) 高度成長と建設業の急拡大

高度成長期に入ってわが国の建設業は急激な増加をみる．1956年の全国の完成工事高は10,140億円であったが，60年には21,481億円と4年間で2.12倍，年率20.6％の伸びを示した．さらに70年には152,270億円に達し，

10年間で7.09倍，年率では21.6%の伸びであった．この間の北海道はそれぞれ，56年699億円，60年1,157億円，70年6,291億円で，56から60年は1.66倍，年率13.4%，60から70年は5.44倍，年率18.5%の伸びであった．

このように全体としてみるならば，北海道の伸び率は全国を下回ってはいたが，それでも年率で20%近くという極めて高い成長率を維持した．また，この完成工事高は事業所所在地別であって，道外企業による道内受注のかなりの部分はこの中に含まれてこないため，道外企業の北海道進出が増加傾向にある状況の下では，北海道の伸び率が相対的に小さく現れてくるということに注意を要する．

高度成長期は，周知のように「投資が投資を生む構造」のなかで経済が拡大してきた．つまり，公共投資が産業基盤に重点的に投入され，それが生産力の拡大とともに鉄鋼，機械，セメントなどへの需要を飛躍的に拡大し，それに対応する企業の設備投資がさらに他の産業の需要を増大させるといった，乗数効果のスパイラル的な波及があったといえる．このように，建設投資は

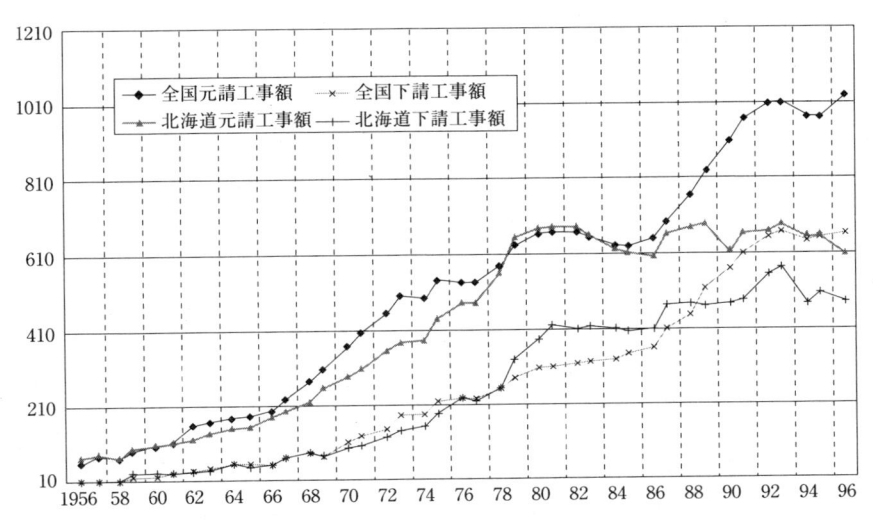

図5-1 完成工事額の推移
(1960年総額＝100，GDEデフレーター修正済)

表5-1 建設業の事業所数と従業者数の推移（事業所統計）

	事業所数(千事業所)		従業者数(千人)	
	全国	北海道	全国	北海道
1960年	196	7	1,700	126
1963年	241	8	2,184	177
1966年	292	10	2,807	214
1969年	346	12	3,282	231
1972年	410	14	3,981	275
1975年	447	16	4,161	273
1978年	495	20	4,616	303
1981年	550	23	4,949	328
1986年	576	24	4,789	295
1991年	603	26	5,282	314
1996年	647	28	5,774	340

高度成長の重要な動因となったのである．

図5-1は，1960年を100としたときの元請完成工事額の全国と北海道の推移を示している．この図では縦軸を対数にとっているが，全国では1973年に，北海道は74年に指数は1,000，つまり60年の10倍を超えており，このころまでの10数年間，ほぼ直線的な建設工事高の伸びがあったことが示されている．

これは事業所数や，従業者数についてもいえ，表5-1は事業所統計による建設業事業所数と従業者数の推移であるが，事業所数については現在までほぼ直線的に伸びており，従業者数についても70年代初頭と80年代初頭に曲折を見せながらも長期にわたって増加を続けてきたことがわかる．特に60年代について言えば，全国の建設業事業所は60年に19万5,000ほどであったものが72年には41万と2.10倍に増加している．同様に北海道に関しても，この間6,517事業所が14,488事業所へ2.22倍に増加している．従業者数についても全国が170万人から398万人，2.34倍，北海道が12万6,000人から27万5,000人へ2.18倍に増加している．

ちなみに，国勢調査による北海道の建設業就業者が全就業者に占める比率を見ると，1920年の第1回国勢調査の時点で3.5％，1930年3.7％，1940年4.4％，1947年3.8％と戦前来ほぼ4％前後で推移してきた．しかし表5-2

表5-2 北海道の就業者総数に対する建設業の割合
(％)

1955	60	65	70	75	80	85	90	95
6.0	8.3	10.8	10.9	12.4	13.4	12.3	12.4	13.0

に示されるように，北海道の建設業就業者の比率はその後一貫して伸びつづけ1965年には10.8%，80年には13.4%にも達している．この間1975年には12.4%と，製造業の12.3%を上回って現在に至っている．

このような高度成長期の建設投資の大幅な拡大は，全国的な現象であり，先に見た北海道と全国の伸び率の比較からいっても，必ずしも北海道が突出していたわけではない．しかし，製造業との対比で見ても，この時期に北海道が建設業への依存を深めていったということは間違いないといえる．

(2) 70年代後半以降の曲折

このような建設投資の拡大に転換が訪れるのが1970年代の半ば頃からである．オイルショックを経過し，高度成長から「安定」成長へと移行する時期に建設工事の伸び率も鈍化を示しはじめる．図5-2は元請完成工事額をGDEデフレーターで調整した後の対前年増減率を示している．ここに見られるように，建設工事額は景気変動や政府の政策を反映してかなり激しい年次変動を示す．そこで7カ年移動平均によってその傾向変化を見たのが図中の太い実線である．これを見てわかるように70年代の半ば頃から全国的に顕著に建設工事の伸び率が鈍化をしてきた．これは，高度成長期の「投資が投資を生む」構造が曲がり角に差し掛かってきたことを示している．ただし，北海道についてはいくつかの年次に突出して工事高の伸びが見られ，80年代の初頭まで北海道の伸び率が全国を上回っていた．そして80年代にはいると高度成長期以降はじめて，数カ年にわたって全国，北海道ともに工事額の減少を経験する．この現象は図5-1などでわかるように北海道のほうが深刻であった．こうした状況の下でこの時期は全国的に，そして特に北海道では強く建設業の転換が叫ばれた時期であった．ところがこの後一転して，80年代の半ば頃から工事高の増加が見られることになる．全国の1985年の元請完成工事高は48兆6,000億円であったが，92年には85兆5,000億円と76%もの伸びとなっている．これは明らかにバブル景気の影響によるものであり，土木工事高よりも建築工事の急激な拡大が中心であった．ただし北

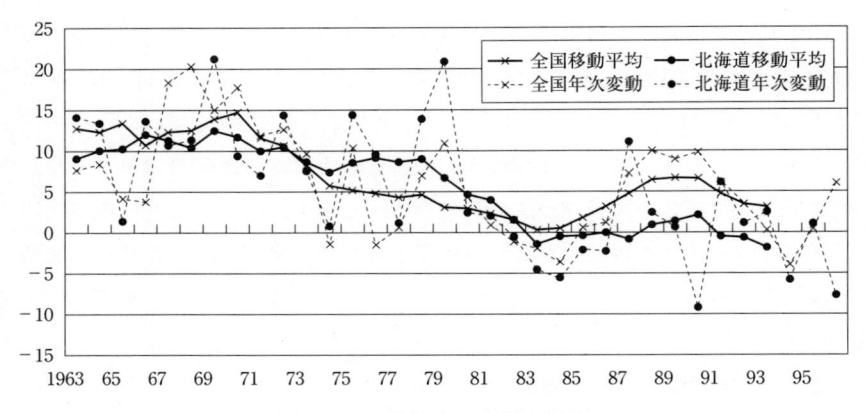

図 5-2　元請完成工事額の増減
（GDE デフレーター調整後の実質伸び率）

海道にあっては，85 年の 2 兆 3,700 億円から 92 年に 2 兆 8,900 億円に 22% の伸びにとどまっている．

　しかし，バブル崩壊後の 92 年を過ぎると，建築工事は一転して落ち込みを見せることとなる．これもやはり全国が顕著であって，北海道の落ち込みは相対的には小さいが，全体的に停滞的に推移している．

　ここで高度成長期以降の建設工事の推移を図式的にまとめてみると，① 70 年代半ば頃までの持続的拡大，② 70 年代後半から 80 年代前半の低落，③ 80 年代後半のバブル，④ 90 年代以降の停滞といってよいであろう．このうち，①の拡大は率としては北海道は建築工事の比率の小ささから全国平均を下まわり，②は全国の低落の開始との間に若干のタイムラグがあり，③については全国が建築を中心に大幅な拡大をしたのに北海道の拡大は比較的小さく，④の停滞は北海道がより深刻である．また，もうひとつ注目しなければならないのは図 5-2 に見られるように，特に 70 年代半ば以降北海道の工事額の年次変動が極めて激しいということである．特に 80 年代の半ば以降この傾向が顕著であり，北海道における建設業の不安定性が増大してきているといえよう．

3. 北海道建設業の特質

(1) 官公需要依存型構造

すでに指摘したように，建設工事を土木と建築に分けた場合，北海道では建築のウエイトが低く，土木のウエイトが高いことが特徴である．例えば1996年の全国の

表5-3 1996年の完成工事高の状況
（業者所在別）
(10億円，%)

		合計	うち官公需	割合
土木	全国	28,027	20,339	72.6
	北海道	1,179	1,037	87.9
建築	全国	50,364	10,518	20.9
	北海道	1,318	397	30.1
合計	全国	86,164	32,469	37.7
	北海道	2,579	1,454	56.4

資料：建設工事施工統計．

元請完成工事高合計約86兆円のうち，土木が28兆円で33%，建築が50兆で58%であるが，北海道では2兆6,000億円のうち，土木1兆2,000億，建築1兆3,000億で，それぞれ46%，51%である．そして，表5-3に示されるように，土木のほうが建築よりも官公工事の比率が高く，しかも土木と建築のそれぞれについても北海道の工事に占める官公工事の割合が高いから，必然的に北海道の建設工事額に占める官公需の割合が高いということになる．全国的には官公工事の割合は96年で38%であるのに，北海道では56%と過半数を大幅に上回っている．

公共工事の長期的推移について見ると，前節で建設工事全体の動向について行った時期区分は公共工事についても当てはまる．つまり，70年代半ば頃までの持続的拡大，80年代前半までの停滞，80年代後半からの急拡大，そして90年代に入ってからの停滞である．そうしたなかにあって，北海道は80年代のはじめ頃まで全国の公共工事の8%前後で推移していたが，80年代半ば以降一時10%を越えるまでになり，90年代にはいると再び急落し一時は7%を割り込むにいたっている．

(2) 中央資本の進出と下請構造

戦後になって本州から北海道への建設業の進出が大幅に増大した．それを工事額の面から見るために，元請完成工事高について北海道の業者の工事額

と，北海道内で施工された額を比較して見よう．例えば1989年の元請施工額は3.67兆円であったのに対して，道内の事業所の施工額は2.78兆円でその比率は75.7%であった．この差の8,900億円は道外業者によって施工されたと見ることができよう．もちろん道内業者の道外施工もあるので，これをもって直ちに道内外業者の施工比率を確定することはできず，実際には道外業者の比率はもう少し高くなっているであろうが，一応この2つの数字の比率によって近似的に道内業者と道外業者の関係を見ることができるであろう．これによれば80年代の半ば頃まで，全体としては75%前後で推移してきており，建築の道内業者比率が土木のそれを上回って，道外業者の進出が規模の大きな官公工事を目指して土木の分野により多く入ってきていたことが読み取れる．しかし80年代の半ばから土木についてはむしろ道内業者比率を増大させ，80%近くなったのに対して，建築の道内業者比率が急速に低下してきていることが目立った特徴となっている．

このように，従来から本州の大手業者の進出によって，北海道の中小建設業者はその下請の地位に甘んずる傾向が指摘されてきた．統計上は元請であっても，官公庁の指導に対応して本州大手企業が入札の方便として地元中小業者とジョイントを組むというケースが多く見られ，道外業者が主導権を持って落札し，道内業者が実質的に下請的な地位に立っているケースは統計に現れた以上に大きいと考えられる．

そこで，元請工事と下請工事の比率を見たものが図5-3である．これを見てみると明らかなように，高度成長期の始まるころには，おしなべて10数%であった下請比率が，高度成長期を通じて上昇を続け80年代には50%を越すようになっていった．この間に建設業においても分業関係が進み，下請関係が深化していったと見ることができるであろう．ただし，この時期を通じて全国的に建築の下請比率が土木を上回っていることが読み取れる．これは，建築のほうが工事内容が細分化されて下請分業が進んでいたことの反映であると考えられる．ただし北海道にあっては，このころ土木と建築の下請比率に大きな差はない．その理由は，後述のように北海道では零細な職人

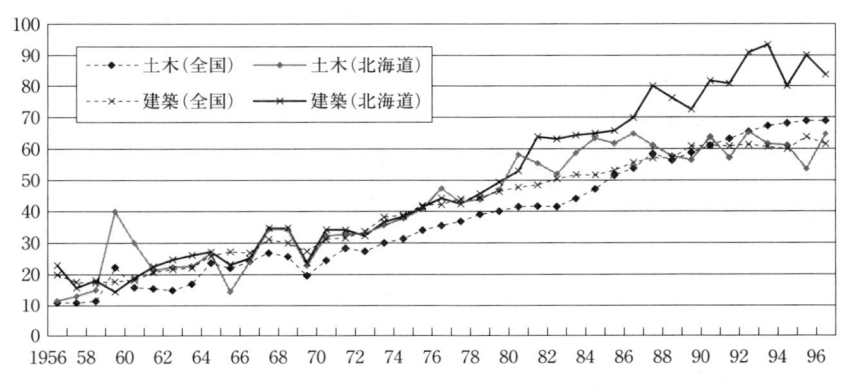

図 5-3 下請完成工事高の元請完成工事高に対する割合

的建築職種の層が薄いということ，またこれまで土木工事に本州からの進出が多く，土木部面で道内業者が下請に回るケースが多かったためとも考えられよう．

　こうした下請比率の動向に，80年代の半ば頃から大きな変化が現れてくる．それは，これ以降北海道の土木と全国の建築の下請比率は停滞的に推移したのに，北海道の建築と全国の土木が顕著に下請比率を増加させたことである．この変化は分業関係の深化という，技術的な条件によってもたらされたというよりも，むしろ受注関係をめぐる条件変化が背景にあると推定される．それはひとつは，先に見たように建築工事において道外からの参入が強まってきたということである．このことが道内業者の建築元請完成工事高を相対的に減少させ，道外業者の建築工事も含めた建築下請工事額の割合を高めたと考えられる．

　もうひとつ，土木工事の下請工事高の割合が全国的に高まってきている理由は必ずしも明らかではない．ただ，ひとつの仮説として，不況過程において公共事業が地域政策的な様相を強めるなかで，中央の大手建設会社が地方進出するに際して元請工事として受注量を大幅に拡大することが困難なため，先にふれた JV 工事などの形式を含め，いわば逆下請の形式をとって地方進

出を拡大している可能性が指摘できよう．

(3) 地域建設業の構造

ここでは，建設業の担い手について，建設業者の業種・規模別の構造と，建設業就業者について検討する．まず建設業事業所の規模別の構成を1960年と1996年について示しているのが表5-4である．この表からは次の2つの点が明らかになる．1つは1960年には全国の建設業事業所の4割以上が従業者1人であったが，1996年には5〜9人が約25％，10から19人が約15％となっており，この間に1人親方的，職人的経営が減少して小規模企業の割合が増加したといえる．第2点は，北海道について，もともと60年

表5-4 建設業者の規模別構成（1960年, 1996年）

(％)

		1人	2人	3人	4人	5-9人	10-19人	20-29人	30-49人	50-99人	100-199人	200-299人	300人-
1960年	全国	41.1	16.5	8.7	5.6	12.0	7.8	3.0	2.5	1.7	0.7	0.2	0.2
	北海道	18.7	12.1	8.3	6.6	17.1	14.4	7.2	7.4	5.1	1.9	0.7	0.6
1996年	全国	14.4	14.6	11.3	9.2	25.8	15.5	4.5	2.8	1.3	0.4	0.1	0.1
	北海道	6.9	11.1	9.2	8.5	27.5	20.9	7.4	5.2	2.6	0.6	0.1	0.1

資料：事業所統計．

表5-5 建設業就業者の構成

				建設作業者合計	大工	とび工	レンガ積工・タイル張工	屋根ふき工	左官	配管工・鉛工
就業者の職種別構成比	1965年	全国		100.0	30.5	2.8	2.3	0.9	10.2	6.0
		北海道		100.0	25.1	2.2	1.4	0.4	5.7	3.7
	1990年	全国		100.0	25.7	3.2	2.5	1.2	7.0	10.7
		北海道		100.0	23.6	2.7	1.8	0.1	3.9	9.0
建設作業者にしめる雇用者の比率	1965年	全国		77.3	59.4	81.0	75.7	49.7	65.1	88.9
		北海道		92.6	86.4	95.9	89.3	52.6	85.8	91.2
	1990年	全国		75.0	59.5	83.2	60.2	59.4	56.9	79.5
		北海道		91.0	86.3	95.4	84.4	75.3	76.5	88.2

資料：国勢調査．

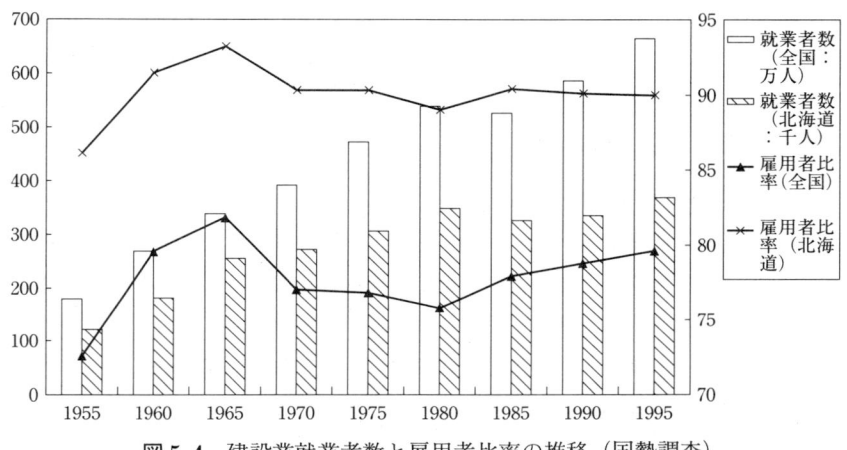

図 5-4 建設業就業者数と雇用者比率の推移（国勢調査）

の時点でも従業者1人の事業所は20％弱に過ぎず，5人以上の事業所の割合が高かった．1996年において，北海道の構成比は4人までは全国を下回っており，5人以上については全国を上回っている．このように北海道ではもともと職人的経営の層が薄く，その分だけ相対的に中小規模企業経営の比率が高いという特徴があるといえる．

これはひとつには，建設と土木の関係を反映しているとも考えられる．先に見たように建設業のほうが職種分業が細分化し，木造建築などを中心に旧来の職人的職種が多く残存していることから零細規模事業所の比率が高くなり，相対的に土木の比率の高い北海道で中小の企業的経営の比重が大きくなっている面もあろう．それは表5-5の職種別就業者割合で北海道では土木工・舗装工の比率が顕著に高く，大工，左官などの伝統的職人的職種の割合が相対的に低いことにも反映している．

(%)

畳工	土木工・舗装工	鉄道線路工事作業者	その他の建設作業者
1.8	28.4	2.6	14.6
1.1	43.7	4.4	12.3
1.2	28.9	1.1	18.4
0.6	40.9	1.1	16.3
31.7	97.8	100.0	81.4
52.9	99.4	100.0	86.6
25.1	90.7	99.4	80.1
41.6	98.0	100.0	86.5

第5章　北海道の建設業

しかし表5-5によれば，同じ職種の中でも雇用者の比率が北海道ではかなり顕著に高くなっている．図5-4によると高度成長の初期においては，雇用者上昇が見られたが60年代以降については全国，北海道ともに雇用者の比率を高めたが，それ以降全国では75～80％，北海道では90％程度で安定している．なお建設作業者数については，図に見られるように80年ごろまでかなり顕著に増加が進んだが，80年以降一旦減少を経験し，全国的には90年代に入って再び増加しているが，北海道では停滞的である．この就業者数は，建設業の事業所で働く事務や営業を含めた産業別の総数であるが，建設作業者だけに限ると，明らかに80年をピークとして，その人数は低下または停滞している．特に北海道においてその傾向が強く，全国の建設作業者に占める北海道の作業者の比率は1965年の7.6％から90年には5.7％と継続して低下をしてきている．

4. 建設産業の展望

北海道の建設業の歴史を整理すると，大きく分ければ北海道開発の3つの段階を見て取ることができると考えられる．第1の段階は，いわゆる開拓期であり，開拓使時代以来第1次拓計頃までである．この時期も詳細に見ると開拓使時代のいわば着手期，道庁時代から10カ年計画頃までの産業資本育成のための本格的推進期，第1次拓計頃の中央財閥資本の進出を背景とした拡大期と分けられるであろう．しかし，第1期拓計の終わり頃までに北海道の外延的または量的な開拓はほぼ終わりを告げ，道路などについても道内の隅々まで延長された．第2期拓計では，むしろその質的な向上が課題とされ，開拓の成果の定着化，ある意味では北海道の「内国化」が進められたといってよいであろう．その意味でこの時期を建設業にとっての第2段階と見るのであるが，実際にはこれが十分には成果を上げることなく，恐慌と戦争に突入することになる．

第3段階は，一時的な緊急避難的歴史回帰とも言える戦後開拓を経て，高

度成長期における特異な経済循環構造の中に北海道の建設事業も位置づけられることになる．日本の戦後復興はすでにその中に高度成長体制の苗を育てていたともいえるが，北海道でも戦後開拓期の理念を体現した北海道開発庁が，実際には高度成長期におけるスペンディングポリシーの担い手となっていくのである．

　第2次世界大戦の終了から1970年代半ばまでの期間は，世界的に「黄金の30年」と呼ばれ，この時期に先進資本主義国は共通して継続的な経済成長を経験したが，その秘密は，「需要創出型経済政策」の成功にあったと言われる．これは本質的には日本の高度成長にも共通していたが，日本の高度成長にあっては「投資が投資を生む」といわれる循環の中で，公共投資のウエイトが極めて大きかった．公共投資は，一方で生産力の拡大のためのインフラストラクチャーを強化するとともに，他方では乗数効果を通じて生産力の拡大に対応した有効需要を形成したのである．そして，それを実施するためには政府予算として承認されうる事業の正当性と，具体的に事業を実施するための空間を必要とする．これに対して，北海道開発法という大義名分と国土の20％を越える面積によって，建設事業実施の場を提供したのが北海道であったといえるのである．北海道は戦後日本型スペンディングポリシー実施の場と位置づけられてきたといえよう．

　こうした「需要創出型経済政策」の行き詰まりが明らかになってくるのが70年代の半ば以降である．全国的に建設工事額の増加率がじりじりと低下し，80年代にはいるとほとんど停滞または微減状態になる．と同時に，高度成長期以来過疎化の進展が進み，農基法農政の下で農民層分解の進んだ農村部に対して，建設工事が地域政策の手段として利用されるようになる．そしてそれは，農家票に代わって保守政治を支える地域集票機能としても位置づけられるようになる．同時に，財政再建や小さい政府が叫ばれる中で建設投資が押さえられる一方，構造転換と内需拡大路線の下では建設投資が拡大し，また90年代以降は不況対策も大きな位置を占めるようになる．このようにしてこの時期，特に北海道に顕著に見られるように，建設工事の年次変

動が大きくなり，不安定性が拡大した．しかも北海道は建設工事の全国比率を90年代以降低下させてきているのである．

このように見ると，北海道は，今後とも従来型の公共工事依存の経済を続けることは困難であると言わなければならない．そこで重要なことは，これまで政府は地域政策，特に地域格差是正政策を明確な形では位置づけることなく，政府発注の公共事業にその役割を担わせてきたが，今後は独自の地域政策を確立させる必要があるであろう．それは地域産業政策と人材育成政策の2つの柱から成り立つと考えられるが，小論の課題を超えるので詳述は避けることとする．

しかし一方で，今後地域にとって建設工事が不要になるのかといえば決してそうではない．それは3つの分野にわたって今後も重要である．

1つは，地域の基本的インフラストラクチャーの整備は今後とも重要である．ただしそこでは，たとえば北海道の道路のあり方を取ってみても，全国的な基準を機械的に適用するのでは有効ではないということを指摘しなければならない．北海道の交通事故死全国一の悲劇が継続しているという事態は，北海道には独自の交通政策，道路政策が必要であることを示しているといえよう．また，経済集積地から遠隔地にあるということ，それ自体でひとつのハンディキャップであるが，地域格差の是正という政策目標を明確にうちたてるならば，利便性の高い公共輸送機関の整備も引き続き重要な課題となるであろう．

さらにもうひとつは，住宅をはじめとした生活環境整備である．北海道開拓以来百数十年を経て，北海道独特の生活文化が風土に根ざして定着しつつあるのが現段階であるといえよう．それが，ここ20年ほどのめざましい住宅建築技術の伸びとなって現れている．しかし，これもまだ十分に確立しきっているとはいえない．環境と調和したsustainableな住まいのあり方が引き続き追求されるべきであろう．

そして最後に，重要なことは都市および自然環境の整備である．北海道は住宅と同じく，いやそれ以上に風土に根ざした環境整備の技術は十分には確

立されていないといえる．それは北海道の自然植生と人為との調和点を探るには長期にわたる自然の循環を体験する必要があることに基づいていると考えられよう．その意味で，北海道の農山村部の自然はもちろん，都市周辺の自然環境についても今後なされるべきことは多い．

　この場合建設業は，林業や農業などとの結びつきが必要となる．これは前の2つの課題とも共通するものであるが，これからの建設活動は，単に土木建築の枠内の出来合いの技術と規格で作業を行うというものでは対応できなくなるであろう．それは多様な分野の技術を統合しつつ，自ら研究開発を行う力量が要請されることを意味している．このことによって，今後，従来型の建設業のウエイトは低下することとなっても，実質的な国土と生活環境の保全向上は，よりいっそう進められていく必要があると考えられる．

第 III 部　労働市場と人口動向

第6章
北海道における工業資本展開の背景

　北海道の産業構造の中において工業の立ち後れが顕著であることは長いあいだ北海道経済の大きな課題とされてきた．例えば，北海道新長期総合計画では「北海道の産業構造の弱さは工業蓄積の遅れにあり，この点は，現在も改善されていない」（北海道開発調整部，1987，p. 4）と述べている．また，昭和35年に刊行された『北海道産業構造の分析』では，明治末期から大正，昭和にかけての北海道と全国の生産額構成表を比較し，「北海道では，工業の比重が全国の比重に比べて，はるかに低い水準にある」（北海道産業調査協会編，1960，p. 16）と指摘している．これは付加価値または生産所得の構成ではなく，生産額の構成であるという点で産業別の構成を必ずしも正確に反映するものではないし，また農林水産業や鉱業など北海道に特徴的な産業と並べているため必然的に工業の比重が低く現れるということもあるが，明治以降ほぼ一貫して工業の比重が本州と比べて低いということは読み取ることができる．

　こうした工業の立ち後れは2つの観点から検討される必要がある．1つは大企業，大工業の立地の問題であり，もう1つは中小地場企業の発達の問題である．中小地場企業はさらにその需要の性格に応じて，大工業に付随する下請工業と，主として地域（道内）市場を対象とする企業，そして全国市場を対象とする企業に区分して考えることができる．北海道における工業発展の遅れは，これらの企業が立地または成長する自然的・社会的条件の客観的状況の結果であると考えられる．自然的条件に関しては積雪，寒冷，遠隔性

などこれまでにもさまざまな検討が行われている．しかし本稿ではむしろ北海道の工業がおかれている歴史的・社会的条件の検討を目的としたい[1]．

この歴史的・社会的条件を検討するにあたっては，さしあたり次の3点の把握が重要であると考える．それは，第1に，北海道における資本関係の確立時点において形成された特質を把握し，その展開過程を追うことである．そして，それをふまえて北海道工業における主要な2つの担い手の構造すなわち，第2にそこにおける労働力と労働市場の特質を把握し，そして第3に労働力の給源の重要な一部分であると同時に資本主義的企業家の出身母体としての性格をあわせもちつつ北海道工業の基盤を担っている零細企業層の状況を把握することである．本章では，主に第1，および第2の課題について，主として既存の文献における諸先学の研究の検討を通じて接近する．そのさい共通して問題となるのは，北海道に関する研究にとって常に中心的な課題となる，北海道の歴史的特殊性と日本資本主義の中における地域としての一般性の関係であろう．

1. いわゆる「二極構造」論について

(1) 湯沢の規定

北海道の工業構造の原型については湯沢（1958a）の次の定式がほぼ定説となっている．すなわち，日露戦争後に確立したものとして，「北海道の産業構造の原型は，鉱工業では，一方の極に独占資本による鉄，パルプの近代的大工場および大炭鉱がそびえ，他方の極に地場資本による食料品，木材加工の小，零細工場がむらがり，この間高次加工の関連部門を欠いて断層をつくっており，一流地場資本は鉱工業を避けて運輸，商業にとじこもり，農業は地主制下の小商品生産として営まれていたと定式化できよう」（p. 85）というものである．そして第1次大戦以降も「……その構成は変わらず，地場資本中心の小規模な食品，製材と中央資本による大規模なパルプ，金属工業の二基軸を中心とし，この両極の膨張，収縮の過程としてとらえられる」

(p. 36) とし，この基本構造は戦後も，少なくとも湯沢がこの文献を執筆した昭和30年代の初めまでは基本的には継続しているとしている．これが「二極構造」または「両極構造」と呼ばれる定式であるが，田中（1986）も指摘するように，これに類似する論述は湯沢のほかにもその前後の時期に見ることができる（p. 56）[2]．

例えば，蝦名（1951）は，「……消費財部門たる食料品工業，製材木製品工業は……大部分は5人以下の町工場であり……ただわずかに存在する近代的工業のすべては，例えば大手筋炭鉱業を始めとして鉄鋼業，化学肥料工業，製紙工業に見られるように，道外の巨大資本によって経営支配せられている……」とし，また「さらに他面，これらの近代的大工業，例えば大手筋炭鉱業とこれに従属する道内中小企業たる機械器具工業の如き関連産業との関係をみても，また鉄鋼業と補助部門たる各種金属，機械器具工業との関係をみても，相対的に有機的関連性の希薄なことは周知のところである」（p. 17）と述べている．

また，伊藤（1958）は，「……北海道にはそうとう古くから大企業が進出してきている．それは主として第2次産業に限られるのであるが，……他の地域にみられるような系列化された中小企業を持たない特色があるので，『豊富な資源』に誘因を持つ『進出』であるといえる．そこで地元企業は『限界生産地』的地位に止められ，そのためにまた低次の段階から脱却し得ない原因をともなっている．それが工業部門でも，地元企業が食料品や木材・木製品に集中化する現象となっている」（p. 87）と指摘している．

以上を要約すると，北海道の産業構造の特色として，①道外資本と道内資本を区別してとらえ，②道外資本＝大資本，道内資本＝中小資本であり，③両者の業種分野が隔絶し有機的関連が希薄である，といったことがこの時点において経済研究者の間での共通した認識となっていたといえるであろう．

しかし，田中が指摘するように，湯沢はこれらの認識を，「論理的に整序し北海道史研究に定着させたのであって，ここで展開された論議はその後の北海道工業史研究の方法的基準ともなった」（田中，1986）のである．そし

てその論理的整序の基本視点は北海道における資本関係の成立・確立という点にあった[3]．そこでは北海道が日本資本主義の辺境＝経済的植民地として開発され，独占段階への移行に伴ってその辺境性を希薄化させていく過程のなかにこの原型の確立をみるという，いわば構造的把握を前提とした「二極構造」論であるということが注意されなければならない．

(2) 高度成長期以降の「二極構造」論

上述のように，日露戦争以後の原型確立期以降，湯沢が定式化を行った昭和30年代の初頭までは基本的に「二極構造」が継続してきた．そしてそれ以後，特に高度経済成長以降の北海道工業構造の分析に際しても，基本的にこの観点からの研究が進められてきている．それらの研究は高度成長以降のいくつかの特徴的な変化を指摘しつつも，基本的には「二極構造」が継続しているという点でほぼ見解が一致している．

まず，徳田（1969）は，「高度成長段階以降の構造変化のなかで，北海道の工業構造は，大資本工場と中小地場資本工場との2極分裂には基礎的には変化はない．しかし，若干変化している」として，①わが国工業の重化学工業化の過程で北海道工業が立ち後れたこと，②輸入資源依存の拡大などにより北海道の資源立地型工業の優位条件が薄れたこと，③中小地場資本工業の重化学工業製品との競合，④規模別の生産性格差の拡大などを指摘し（北海道立総合経済研究所，1972，p. 404），「全体として，わが国工業の中心的分野からはなれ，市場競争の激化の条件の中に投入される状態」（p. 118）となったとしている．

また，佐々木（1975）はやはり，重化学工業の大資本と中小主体の消費財工業が断層をもって対応し，資源立地産業が圧倒的に高い比重を持つということは基本的に不変であるとして「二極構造」の継続を認めつつ，「基礎資源型の地位後退と窯業土石を含めた地方資源型の比重増大という変化がみられ，この過程では道外法人企業の北海道工業に占める地位の若干の後退もみられた」（pp. 55-6）としている．

さらに，小田（1980）は1960年代に「北海道における生産と消費のアンバランスは急速に拡大し」たと指摘しつつ，「二極構造に関しては，60年代を通じて本質的な形態に変化はないが，サービス業を中心とする第3次産業部門はいくつかの業種で二極構造を形成しつつあるように思われる」（p. 277）と述べている．

　以上のように，戦後の推移について徳田，佐々木，小田の各氏は，わが国の重化学工業化が輸入資源に依存する形で飛躍的に推進される中で北海道はこれに立ち後れ，工業構造の中における地方資源型の相対的比重増大といった構成の一定の変化，および建設業や第3次産業部門の拡大とそこにおける中央大資本の進出を指摘しつつ，高度成長が北海道において「歴史的に形成されてきた地域の再生産構造を歪め『地域問題』としての根源を深め」（同上，p. 278）たという点での認識はほぼ一致していると考えられる．そして，このような高度成長期の大きな構造変化に注目しつつも，その変化を二極構造の展開の観点から把握しようと試みていること，そしてその結論としても原型としての二極構造は現時点でも基本的に維持されているという点での認識もほぼ共通している．

(3) 廣江の批判

　以上のように湯沢の規定したいわゆる「二極構造」論は多くの論者によって北海道工業研究の「方法的基準」とされてきた．しかしこれに対して一定の異論を唱えたのが廣江である．

　廣江（1988）は，湯沢の規定を引用しつつ，この定式化以来「北海道経済における金属・機械系工業の位置づけは『高次加工の関連部門を欠いて断層をつくって』いることのまさしく『断層』においてとらえられてきているように思われる．しかし，このような定式化を特殊『北海道的』という側面でのみ理解することは，わが国経済の高度経済成長期及びそれ以降における地方経済を分析するに際して有効な方法たり得ない」（p. 43）と述べている．これは従来「二極構造」を「方法的基準」としてきた北海道の経済研究者に

とっては極めて注目すべき発言である．しかし残念ながら，廣江はこのことについては氏の論稿の課題からはずれるとしてそこではそれ以上の論旨の展開を行っていない．また筆者の見る限り氏は他の場所でもこのことを中心的な課題として論じてはいないように思われる．

そこで廣江のいくつかの論稿を中心に筆者なりにこの点について検討してみたい．あるいは氏の本意を曲解することになるかもしれないが，あえてこれを行うのはそこに北海道経済を考える上で重要な契機が含まれているように思われるからである．

廣江の論述のポイントは①高度成長期及びそれ以降の地方経済分析の方法について，②(機械)工業を「断層」においてとらえることと，③特殊「北海道的」という側面で理解することに疑問を呈するという3点の内容を含んでいる．そして上述の論述に続けて「事実上業種構成，出荷額構成からのみ北海道工業の『二極構造』を指摘する見解」（同上，p. 43）を想定し，そのような二極構造は「多かれ少なかれわが国地方経済の内包する構造であるから，二極構造の存在自体を特殊北海道的とするにはあたらない」（同上，p. 35）と述べている．

ところで廣江の議論の最も特徴的な点は，地域の生産機能の集積に注目するということであると思われる．氏は別の論文で，地域経済を分析するに際して「巨大資本の集積した産業の中心＝『中央』に対する『地方』としての『地域経済』の持つ固有の発展法則と問題性とを検討する（廣江，1987，p. 130）ことを主張し，高度成長期の工場誘致と財政資金投下が「地域の生産力・生産連関の高度化をもたらさない，資本と技術蓄積に欠ける工業化であったために，地域経済の自立的な成長力，とりわけ工業生産力のポテンシャルを拡大すること」（同上，p. 132）がなかったのではないかと述べている．さらに北海道に即しては，「北海道の産業に決定的に欠けているのは『経済の発展力を高める』のに必要十分な，多層の生産構造に基盤をなす生産機能の集積に他ならない」（同上，p. 148）と主張している．

このような北海道の生産機能の集積の脆弱性に対する認識は廣江以前にも

存在していなかったわけではない．例えば伊藤（1958）が，北海道の大企業が系列化された中小企業を持たないことが地元企業を「限界生産地」的地位に止めているというとき，そこでは生産機能の基盤としての中小企業が意識されているといえよう．また筆者らも機械工業において「多様性と流動性をもって機械工業の基盤を担っている部分」（沓沢他，1983，p. 4）に注目しつつ「市場の狭さが部品加工工場の集積を妨げ，そこにおける雑多な小口需要に対応した生産のありかたがコストの低下を阻止し，それがまた加工需要の道外依存によって市場の拡大をはばんでいる」（同上，p. 71）構造を指摘した．しかし，加工工業の技術的連関に注目しそれを明確に「基礎的生産機能の集積」と定式化して北海道に適用したのが廣江である．

このような観点から廣江は，北海道の現状を業種・規模構成から二極構造ととらえるよりも，むしろそれらに対する基礎的生産機能の脆弱性を問題にすべきであると主張し，このことと合わせて中央大資本と地方中小資本の併存と競合という構図は，特に高度成長期以降の地域経済一般に見られることであって，特殊北海道的なものではないとしているわけである．

では「二極構造」論は現時点で無用なものとなっているのであろうか．確かに湯沢が一方の極として指摘した鉄，パルプ，大炭鉱のうち最初と最後は高度成長期に大きな打撃を受け，最近の構造調整政策のもとで半ば息の根を止められようとしている．その限りにおいて当初北海道の原料資源を基軸として成立した「二極構造」は大きく変化しつつあると言うことができ，また一般的な意味での中央大資本対地場中小資本という構図は北海道に限ったものではないという廣江の指摘も首肯せざるを得ない．

しかし，まず鉄鋼，石炭などの業種における構造変化についていえば，こうした変化は徳田，佐々木，小田の各氏がいずれも高度成長期の変化として指摘してきたところであり，それが構造調整期において一層激しく押し進められたと言うことができる．むしろそこで問題なのは湯沢が定式化した北海道経済の原型が現在までどのように展開してきたかということであろう．もともと湯沢は「二極構造」という用語で彼の議論を総括してはいないのであ

る．廣江は湯沢の規定を「すぐれて歴史的規定」と呼んだが，そのとおりでありそのことの意味と中身が検討されなければならない．

また「特殊北海道」的という用語に関しては，湯沢が北海道において辺境規定と独占の規定が交錯し，後者が主導的となったと指摘したが，それ以来日本資本主義の中における他の地域と範疇的に異なった「特殊北海道」という規定は存在しえないし，このことは湯沢も含めほとんどの論者の共通した認識になっていると考えられる．中央独占資本による地域支配が貫徹し，そして特に高度成長期を通じて急激な重化学工業化と，地方からの労働力の吸引，農業をはじめとした地域の1次産業の解体，産業の域内関連の希薄化が進行したが，こうした過程は全国に「地域問題」を生み出し，その意味で「地域問題」は「特殊北海道」的な問題ではないのは当然である．しかし，このような全国に共通した「地域問題」は逆に地域住民の主体形成を促し，地域の個別性の認識を要求するようになってきており，これをわれわれは「地域認識運動」と呼んだ（地域問題研究会編，1983）．このような意味での北海道の特徴，そしてその限りにおける「特殊北海道」的性格は解明されなければならないし，そうした特徴の淵源が湯沢の規定した「二極構造」的原型に求められることも確かであろう．

(4) 「二極構造」論の本質的意義

最初に述べたように，湯沢の規定は北海道における資本関係の確立過程に注目し，北海道における辺境性と独占段階におけるその希薄化の過程をとらえている．そこでの1つの重要な視点は「時を与えれば徐々にではあるが地場資本の大企業への自生的発展も期待できた．ところが，その時を与えずして，日本資本主義は独占への転化の段階にはいり，長期の恐慌，不況が始まり，更に財閥大資本が進出してきて目ぼしい業種を独占してしまい，地場資本の発展方向は，商業，運輸という流通部面と，道産原料の1次的加工に限られるに至る」（湯沢，1958a，p. 34）という指摘に含まれている．つまり，二極構造は地場資本の自生的発展が妨げられた結果として形成されたもので

あるという認識である．そしてこれを妨げたのは日露戦争後独占段階に移行しつつあった中央大資本の北海道への進出であったとされている．

　ここで重要なのは，湯沢の規定の本質的な意義は地場資本の自生的発展が妨げられたということを構造的にとらえたという点にあるということであろう．あえていうならば，湯沢の規定にとって本質的に重要なのはその業種構成ではない．永井信は糖業，乳業の確立の時期から北海道における工業の原型確立の時期を第1次大戦以後に置くことを主張している[4]．また田中（1986）は1909年から14年の間に「特徴的な構造――化学（製紙），食料品を基軸とし，金属・機械，木材木製品を縦とする――が北海道工業の型として定着した」(p. 74) としている．これらはいずれも北海道工業を構成する諸業種の具体的な展開について重要な整理を行ったものである．しかしまず永井については，金属・製紙対食品工業という業種構成を本質的な指標ととらえたために湯沢の原型確立の時期をずらして理解すべきであるとの主張に結びついてしまったといえよう．また，田中の所説は湯沢の規定を業種構成に即してより具体的に展開したものであるが，後にこの田中の所説を「二極構造論」に対置した「四極構造論」と受けとめ，つまりは北海道工業の原型そのものを業種構成の問題として理解する傾向が皆無ではなかったように思われる．

　先の湯沢の所説からすれば，北海道において辺境的工業が一定の形成を見つつあった時期に日本資本主義は独占段階に移行し，一方では中央の独占大資本が進出すると同時に地場資本の自生的発展が妨げられ，特定の業種に限定されるか工業以外の分野に押し込められたとしている．そこにおける具体的な業種展開は，第一義的にはともに原材料立地を大枠としつつ[5]，自然的，社会的条件のもとで決定されたと見るべきである．それは中央の独占資本にとっては立地政策上の問題であったと言えるであろう．現実にその後アジアへの植民地的進出に伴い北海道に対する立地政策は明白に変化した．こうした独占の立地政策の結果が一方の極における鉄鋼，製紙，大炭鉱であったと見るべきであり，その限りでは条件の変化に応じてその内容（業種構成）は

当然変化しうる．そして，湯沢（1958a）は「独占資本は，有利な原料資源に結び付き，かつ，高い有機的構成を要する業種をとらえたのであり，前記鉄，パルプ，石炭がその代表で工業構成の一極をなしたのであるが，その進出は右の業種に限られたのではなく食料品部門の中にもかかるものは存する」（pp. 85-6）と述べているが，ここには2つの重要な内容が含まれている．1つは，当時の北海道に対する独占の立地政策の2つの基準が明確に指摘されており，第2には，食料品部門の一部も鉄，パルプと並ぶ一極を構成すること，言い換えれば湯沢の規定は業種別の構成区分が本質的な内容ではないことを示しているのである[6]．

ではそうした中にあって中小の地元資本が自生的発展を妨げられたのはなぜであろうか．先に見たように，湯沢はその主要な原因を中央大資本の進出においている．そして，湯沢が「目ぼしい業種を独占してしまい，地場資本の発展方向は，商業，運輸という流通部面と，道産原料の1次加工に限られるに至る」と言うときの，独占された「目ぼしい業種」とは「有利な原料資源に結び付き，かつ，高い有機的構成を要する業種」であろう．このような業種を占拠されることによって地場資本の発展方向が限定されたということは，逆にいえば地場資本の自生的発展も「有利な原料資源に結び付いた」部門に限定されていたといえるであろう．つまり，北海道の「二極構造」の重要な内容である「高次加工の関連部門を欠く」（廣江の指摘では「生産機能の集積を欠く」とほぼ同じと考えられる）という構造は，北海道への独占資本の進出——これとの直接的競合——の結果として説明されるものではない．言い換えれば，独占資本の北海道への進出は原料立地型の工業のうちめぼしいものが中央独占資本によって占拠されたということは説明し得ても，それ以外の，例えば加工型工業の発展がみられなかったことを直接に説明することにはならないのである．

田中（1986）は植民地における工業発達を制約するものとして，①本土の要求が原料，食料中心であること，②本土工業製品との競争，③資本，技術の不足，の3点をあげている（p. 107）[7]．このうち資本と技術については短

期的には決定的要因であるが長期的にはむしろそれらが蓄積または移転されない構造的要因が問題となろう．また①と②はともに，全国市場，道内市場の差はあれ市場における本土資本との競争関係が問題となると言えよう．それは北海道市場の限界性，および全国市場に包摂される中での本州企業との競争の問題である．その原因は後発性の他に，従来から寒冷，積雪，距離的辺境性などが指摘されている．しかし，こうした地理的条件だけで北海道工業の原型を説明できないのは当然である．

そこで重要なのは労働力問題である．湯沢（1958a）は「本土の不徹底な階層分解の進行のみに依存せざるをえないことから生ずる労働力の不足，それに基づく労賃高（但し本土での低労賃を基準にした資本の採算上の労賃高で，労働力の価値を基準にして高労賃と言うのではない．土工部屋，監獄部屋の残存や，早くから労働争議が起こったことを想起されたい．〈カッコ内原文〉）というマイナスの側面が，原料の豊富低廉というプラスの側面と対抗する」(p. 33) とのべている．そして，このことが前述のように湯沢が中央大資本の立地政策の基準として原料資源との結びつきと並んで「高い有機的構成」を挙げた理由となっており，同時に地場資本の限界性の原因にもなっていると指摘している．

しかしながら湯沢自身はこのことを地場資本の自生的発展を阻害し，「二極構造」を形成した主要な原因とはみていない．この根本事情（労賃高）は「開拓期のものであって，開拓の進行と共にこの事情も変化している筈である」として，前述のように「自生的発展の可能性も期待できた」とし，これを阻害した根本原因を日本資本主義の独占段階への移行に求めるのである．

ここで２つの論点が浮かびあがってくる．

まず第１は，開拓の進展とともに変化したとされる労働力不足，北海道の労働市場構造の特質とその変化を検討することである．第２には独占段階における地場資本の自生的発展の阻害が，北海道に進出した中央独占資本との直接的競合だけでは説明されないとすれば，より広い観点で独占段階における地場資本の問題として，北海道における中小企業の存立構造の特徴を検討

することが必要となるであろう．

2. 北海道における労働市場構造の特質について

(1) 労働市場の辺境性とその希薄化

　前述のように，湯沢は北海道における資本関係の成立，確立過程において北海道における労働力不足とそれに基づく労賃高を指摘している．しかしながらこの時期においても「日露戦争後になると内地府県の下層流出に基づく移民が増え，更に北海道農村でも階層分解が始まって農民の流出も恒常化し」（湯沢，1958a, p. 34）ているとし，労働力不足と労賃高という事情も変化してきていると指摘している．これがさらに独占段階に至ると，「第1次大戦終了後の1, 2年は道内農家人口の流出部分をある程度吸収していた非農業部門も，それ以後は吸収しえず，結局樺太への移住やカムチャッカへの出稼ぎをはけ口たらしめていたが，昭和恐慌期になると今度は逆に非農業部門人口が流出しその一部は農業に吸収されるに至り，戦時経済に入って農家人口の流出分を非農業部門が吸収した．かくて，道内の農業部門と非農業部門との人口交流が行われ，恐慌不況期には農村が溜り場となり，好況期には農村から非農業部門に向うに至ったとみられる」（同上，p. 50）と農業部門と非農業部門との人口・労働力の交流を指摘し，この段階において労働力の主要給源が移民から道内農村に移ることによって，「『辺境』に基づく特殊性が失われて一般化している」（同上，p. 36）としている．

　このように，北海道の労働市場の変遷を辺境性とその希薄化の過程としてとらえる観点はその後も多くの論者によって引き継がれている．

　徳田は，北海道の開発の初期においては労働力の道内からの自給の条件が希薄であったために囚人労働，流亡民の利用が図られ，その後「明治末期になるとそろそろ本道の下層農からの労働力供給条件も生じてきた．しかし本道における労働力の供給条件は未成熟であって資本蓄積の槓桿は東北農漁村に滞留する過剰人口であった」としている．また第1次大戦後の独占段階に

おいては，労働力の大量の反発が行われ近代的産業部門の周辺に相対的過剰人口が集積し，他方で農民層分解が進んだとしている．そして，「以上二者と東北の農，漁村にうっせきする相対的過剰人口とが合して（東北農漁村の比重は圧倒的とみられるが〈カッコ内原文〉）これが労働力給源プールとなった」（徳田，1959，p. 39）と述べている．

　また大沼は，日露戦争以前においては北海道内の労働力のほとんどが流入移民に依存していたとして，その移民を「定着的移民」と「漂泊的移民」にわけて論述し，これが，「日露戦争後，府県における農民層分解による相対的過剰人口の創出がすすみ，その余波として北海道への移民もすでにみたように増加する．一方，道内農・漁村からの下層分解も二三男・婦女子労働力の補充的賃労働という限定づきであるが漸次進行する．その結果辺境労働力の特性たる囚人労働は消滅し，移民層を中核とし，萌芽的な道内分解による賃労働者を補完とする労働力供給構造が形成される」としている．そしてこれが第1次大戦以降，「従来の東北諸県の過剰人口の出稼形態に加えて本道農・漁業部門から分解・析出される層によって漸次代位され……本道において自生的な賃労働の給源構造が明確に形成され，かつその上にくりひろげられる労働市場が，原型的に独自的に成立」し，「この過程は，本道の辺境的性格が希釈化され，日本資本主義の一般的規定性がより貫徹する賃労働形成側面での重要な変化である」と指摘している（大沼，1969）[8]．

　さらに筆宝（1967）は「資本制生産に不可欠の『自由な賃労働』は農業開拓地にあっては強制型賃労働と出稼型賃労働とを2つの原型として生み出されざるをえなかった．それが又原蓄期不熟練労働の辺境的特質であった」と述べ，明治30年代の労働事情を，①男子単身不熟練労働を主軸とする労働市場，②労働力不足を主因とし，季節的制約がこれに加わることによる産業資本の生成展開の阻害，③本州から移入された「下からの前期的」労使関係が辺境的に消化，変質しつつ利用，残存した，とまとめている．そして独占段階において，炭鉱を中心に家族持ちとして定着した「永住者」が形成され，「こうした賃労働の『辺境性』の解消過程は，基本的には農業恐慌と合理化

による慢性的過剰人口，炭鉱資本の労務管理体制確立，社会政策など独占段階の資本の賃労働支配の強化を意味し，それは個別産業部門における日本資本主義に共通の賃労働型への接近過程でもあった」と述べている．

みてのとおり論者によって展開に差はあるが，北海道の資本主義確立期に内部からの労働力供給条件が未確立であったものが，およそ第1次大戦以降の独占段階において道内農民層などからの供給が行われるようになったと認識し，こうした過程を辺境性とその希薄化と理解するという点で，ほぼ四者の意見は一致しているといってよいであろう．ただし，湯沢が主要給源が移民から道内農村に移るとしているのに対して，徳田は第1次大戦後も東北農漁村からの出稼労働力の比重は圧倒的と見，大沼は東北農村から道内農民層分解へ給源が漸次代位される過程としている．

なお，ここでは主に給源の点から検討されているが，いわゆる「高賃金」という点については，本稿や上記諸論文とは異なった観点からではあるが，小華和 (1968) が長期統計の整理を行っている．そこでは，北海道の賃金は「明治初期から中期にかけては他府県に比し著しく高く，大正初期になると明治のごとき格差はなくなり，職種別では全国・東京府等の賃金が上昇傾向を示すのが多くなった．大正中期から北海道は低くなり，昭和2年では東京に比しかなり低い」(p. 134) としている．後に述べるようにこの記述については若干の留保は必要であるが，基本的に資本主義確立期における辺境性のもとでの高賃金と，独占段階での辺境性の希薄化に伴うその解消という点でこれまでの諸論と整合するといえよう．

このように，給源面からも賃金面からも北海道における賃労働の辺境性とその希薄化が検証されるわけであるが，そこにはまだ若干の残された問題点が存在すると思われる．上の論者はそれぞれに，たとえば湯沢は「『辺境』に基づく特殊性が失われて一般化している」とし，大沼は「日本資本主義の一般的規定性がより貫徹」，筆宝は「日本資本主義に共通の賃労働型への接近過程」と述べている．これらの表現からは論者の真意が必ずしも確定できないが，辺境性の喪失＝賃労働の面における日本資本主義一般との同質化，

と主張しているようにもみえる．しかし日本資本主義の賃労働の型は，周知のように，ある特殊性を持っている．したがって辺境性の喪失，その主要なメルクマールが自由な土地の消滅と農民層の分解に求められるにしても，そのことが同時に北海道も日本資本主義の賃労働の型の特殊性を共有するに至ったかどうかということは一応別のものとして検討されるべきであろう．

(2) 日本における賃労働論の枠組と北海道の労働市場

周知のとおり，日本資本主義の賃労働の型については戦前期，「講座派」によって1つの定式が確立され，それは戦後大河内によって「出稼型賃金論」として継承されたといわれているが，これらはその後下山，高木らによって批判されている（下山，1966；1968：高木，1974）．ここではその詳細について論ずることはできないが，北海道の賃労働の特質を検討する上で必要な限りで理論の枠組を整理しよう．なお，ここでは主に高木の論旨を中心に整理する．まず，講座派の規定は次の有名な定式に示されている．すなわち，「賃金の補充によって高き小作料が可能にせられまた逆に補充の意味で賃金が低められるような関係の成立」があり，「かかる関係の成立こそは半隷農的小作料と半隷奴的労働賃金との相互規定関係存立そのものを意味する」というものである（山田，1934，p. 89）．細部の論点を捨象するならば，「家計補充的賃労働」と呼ばれるこの構造が賃労働の「特殊日本型」とされているが，まずこの点で北海道の賃労働が同質化したのかどうかという点の検討が1つの課題となろう[9]．

しかし，上の講座派賃金論では戦後の展開を説明することができない，ということが批判の1つの要点となっている．講座派賃金論は小農家族を給源とする家計補充的賃労働を主要なものと見なし，そこにおける労働力再生産条件をもって特殊日本的な賃労働の型とみる．それは確かに当時の日本における賃労働の中心的な型をとらえてはいたが，これと並んで近代的大工業の男子熟練労働力の再生産，および都市雑業層の再生産条件が特に独占段階以降確立していった点を見逃していたために，戦後の過程を連続的なものとし

てその理論の中に位置づけることができなかったとされている．

要約するならば

第Ⅰ型相……(a)　重工業大経営男子熟練労働力
第Ⅱ型相……(b)　繊維産業等不熟練女子労働力
　　　　　　(c)　不熟練男子労働力　　　　　　⎫
　　　　　　(d)　停滞的過剰人口　　　　　　　⎬……都市雑業層

講座派賃金論ではこのうち(b)と(c)の給源が当時主として零細小作農の家計補充的労働力にあったことから上の規定を行い，(a)の部分も基本的に同様の規定があてはまるものと見たわけである．これに対して批判者は，独占段階への移行にともない(a)部分は独自に労働力再生産が行われ，それに伴って独自の労働力価値が形成されるようになったこと，また急速に堆積が進んだ(d)と(c)が都市部において独自の労働力再生産を行うとともに，そこに労働力給源としての比重が移行していくことによって，やはり労働力の価値規定が変化していったことを指摘している．

このように整理すると，北海道における賃労働の展開は次の3つの観点から検討される必要があるであろう．

第1は，講座派賃金論的な意味での家計補充的賃労働が北海道内の農家からどの程度析出し，それによって北海道内の第Ⅱ型相の労働力需要がどのように満たされていたかということである．そこでは単に農家出身の労働力が検出されただけでは不十分である．なぜなら例えば，(a)の労働力もその出身という点からだけは農家である場合が，特に時代を遡るほど，大きな割合を占めているからである．そこで問題にしなければならないのは基本的な労働力の再生産がどのような形で行われているのかという点である．また北海道の特性としていうならば，仮に農家出身の労働力であっても，入植後農家家族としての再生産条件を十分に確立・定着することなく流出した場合，これを本州府県の農民層分解による労働力供給と同一視することはできないであろう．

このことを前提にした上で，第2の課題は，(a)のつまり第Ⅰ型相の労働

力の再生産条件の確立が北海道内においてどの程度進んでいたかという点である．そして第3には，(c), (d)の都市雑業層がどの程度形成され，やはりそこにおける再生産条件がどの程度確立していたかという点が問題となろう．

ここで注意しなければならないのは，北海道における辺境性の希薄化が進む時期は，同時に日本資本主義の発達の中で上の第2，第3の課題が問題となる時期，つまりいわゆる家計補充的賃労働の規定と並んで第Ⅰ型相および都市雑業層の賃労働規定が発生し拡大していく時期でもあるという点である．しかし第2，第3の規定性が拡大しても，小農家族からの家計補充的賃労働という規定性は，途中農地改革という機構的変化をへながらも，戦後の一定の時期まで有効性を保ったのである．

北海道の産業構造と労働力需給の推移を見るときに最も注目されるのは，繊維工業の欠落であろう．この点は多くの論者が指摘している点であるが，上述のように特殊日本型であった「家計補充的賃労働」の中心が繊維産業をはじめとした不熟練女子労働力であったこと，そしてその低賃金労働が日本の産業資本の発達の中核を担ったということからするならば，その欠落は極めて重大である．ただし，北海道においても製麻業を中心に一定の繊維工業が存在したが，その量は極めて限られており，またそこにおける女子労働力も本州繊維工業とはかなり異なった性格をもっていた．三好（1951）の研究によれば，北海道製麻会社設立以降の女子労働力の推移は日華事変ごろまではそのほとんどを東北農村に依存していたといわれている[10]．そして，三好が調査を行った昭和26年時点では北海道出身者が圧倒的多数を占めていたが，そこでは第1に農家出身者の割合が全国と比較してはるかに少なく，第2に仕事についた動機も全国で主流であった家計補充的理由の割合が極めて小さいという特徴が示されている（同上）[11]．

ここに見られるように，北海道に部分的に展開した繊維産業である亜麻工業において，長期にわたって東北労働力に依存し，また道内労働力に移行して後も農家出身労働力の割合は極めて僅かであり，むしろ炭鉱都市や道内大

都市に堆積した第II型相の労働力，または停滞的過剰人口層にその給源を仰がざるをえなかったといえよう．このことは逆に，地理的立地上の問題は別として，特殊日本型の低賃金労働を最大の武器として発達した繊維産業が北海道において展開しえなかった理由の一端を示唆していると考えられる．

以上のように，繊維産業の女子労働については家計補充的賃労働の北海道における形成は極めて不十分であったことが明らかになった．そこで同じく日本における家計補充的賃労働のもう1つの柱とされた第II型相の男子不熟練労働力はどうであったであろうか．この点に関しては，前述のように徳田氏が第1次大戦以降も東北農漁村からの出稼労働力の比重が圧倒的であったことを指摘していたことが思い起こされる．この指摘は裏返すならば北海道内の農家から道内の需要に対応できるだけの供給がなされなかったことを意味するであろう[12]．

このことは北海道において「監獄部屋」が長期にわたって再編・温存されたことと無関係ではないであろう（和泉，1956）．湯沢は囚人労働の廃止をもって基本的に「労使関係は近代的形態が支配的になったとみられる」（湯沢，1958a, p. 17）としている．しかし田中は「やはりこの囚人労働に関しては，本土窮迫民の監獄部屋，納屋制度への強力的編成による直接的補充代位が基本」（田中，1986, p. 140）[13]とし，囚人労働から監獄部屋制度への連続性を指摘している．このような経緯は，上述のように北海道において長期にわたっていわゆる家計補充的・出稼的賃労働の供給条件が本州のように潤沢には展開しなかったことがその背景にあると考えられる．

こうした点は賃金面ではどのように現れているであろうか．先に北海道においては辺境性のもとで高賃金であったものが，辺境性の希薄化に伴ってそれが解消されていったことが指摘された．確かにこのように言えるわけであるが，そこでは2つの留保条件が必要である．1つは，先の小華和の分析は東京，大阪などの本州大都市地域との比較において述べられているということであり，もう1つは北海道の中での地域別賃金構造の特殊性という点である．第II型相の男子労働力を代表する日雇人夫の賃金を日本帝国統計年鑑

と北海道庁統計書によって見たものが表6-1である．まず全国についてみると，大正9年の時点で上位にある都市は福岡，下関，東京，横浜等の大都市または港湾都市であり，これに対して東北，北陸等の農村地域の賃金はかなり低くなっている．そして北海道の小樽，函館の2都市はほぼこれらの中間にあるといえるであろう．これに対して，北海道内についてみるならば，小樽を例外として，道内の農村地帯において相対的に賃金が高くなっていることがわかる．つまり北海道の賃金は，この時期日本資本主義が独占段階へ移行し，第Ⅰ型相の労働力と並んで都市雑業層の再生産条件が形成されていった本州大都市地域との比較においては高くはなくなっていたが，本州農村部と比較しては依然として高く，特に北海道内の農村部の賃金の高さが目立っていたということである．これは表6-2の農作日雇賃金を見るとより明瞭である．そこでは北海道の特に農業中核地（湯沢，1958b, p. 121）の賃金が相対的にかなり高くなっていることが示されている．こうしたことは，やはりこの時点でも北海道の農村からの家計補充的・出稼ぎ型の労働力の供給は十分ではなかったことを意味するであろう．

これに対して，第Ⅰ型相の労働力は北海道ではかなり早くから展開していたと考えられる．これは湯沢が指摘したように，本州大資本による「有利な

表6-1　日雇人夫の賃金（大正9年）

(円)

全国	福岡 3.0	下関 2.8	東京 2.5	横浜 2.5	広島 2.3	京都 2.2	神戸 2.2	名古屋 2.2	富山 2.1	松本 2.0
	大阪 2.0	高崎 2.0	小樽 2.0	函館 2.0	長崎 1.9	徳島 1.9	高知 1.9	熊本 1.8	松江 1.7	金沢 1.7
	青森 1.7	新潟 1.6	秋田 1.6	宇都宮 1.6	仙台 1.5	水戸 1.4				
北海道	小樽 2.4	網走 2.3	倶知安 2.3	旭川 2.3	釧路 2.2	帯広 2.1	浦河 2.1	稚内 2.0	根室 2.0	函館 2.0
	岩見沢 1.9	江差 1.8	札幌 1.7	室蘭 1.7	留萌 1.7					

資料：全国は第41回日本帝国統計年鑑，北海道は第32回北海道庁統計書．
　　　小樽，旭川，釧路，函館，札幌，室蘭は前期，後期の平均．

表 6-2 農作日雇賃金（大正 9 年）

(円)

全国	神戸 2.00*	名古屋 1.80	広島 1.70	新潟 1.65*	水戸 1.60	大阪 1.50	松本 1.50*	仙台 1.50	高崎 1.50*	高知 1.50
	秋田 1.25	金沢 1.20*	青森 1.15*	徳島 1.15*	松江 1.10*	宇都宮 1.00				
北海道	旭川 2.25	岩見沢 2.10	稚内 2.00	網走 2.00	倶知安 2.00	帯広 2.00	留萌 1.80	室蘭 1.38*	浦河 1.30	函館 1.25
	札幌 1.15	根室 1.00*								

資料：表 6-1 に同じ，＊印は賄い付．

原料資源に結びつき，かつ，高い有機的構成を要する業種」において必然的に近代的な熟練労働力を必要としたからである．このことについて，徳田 (1974) は「北海道の辺境開発によって規定された産業構造の基礎原型によって生じた労働力の需給構造は，一方において北海道における前期的労働の広汎な残存を許したが，その労働力の需給条件に大きく規制され，近代的労働者階級の形成展開が，本州府県より比較的に早く進展したのではないかと思われる」(p. 13) と指摘している．ただし注意する必要があるのは，徳田が強調するように，こうした大資本大工場においても近代的な熟練を要する部門に並んで，これを補完する労働集約的な不熟練労働を充用する部門が存在していたことであり，この部分の労働力は先の第 II 型相の労働力とつながっているということを見逃すことはできない．

以上のように，北海道においては一方で第 I 型相の，近代的大工場の熟練労働者層の形成は比較的早い時点で進んだが，他方で，北海道の辺境性は希薄化しつつも，日本資本主義の原型の基礎をなした家計補充的・出稼的賃労働の形成・供給は十分に進展せず，戦後に至るまで労働力の重要な部分を東北農村の出稼ぎ労働力に依存し続けたということができる．こうした状況が最終的に変化したのは昭和 30 年代以降の高度経済成長期におけるいわゆる労働力の南下現象においてである．この過程について徳田 (1969) は次のように述べている．「35 年以降わが国の拠点工業化地域への人口流出が進み，

従来その人口交流が激しかった東北地方との関連比重が低下し，さらに38年以降，東北が拠点的な重化学工業地域の労働市場圏に包摂されるにしたがい，東北よりの人口流入は激減，昭和42年からは東北へ道内より流出超過現象さえ生じている．北海道も30年代末には完全に全国的労働市場に包摂され，労働力の供給地域に転化している」(p. 46)．また渡辺(1973)は「……〈北海道は〉30年代前半までは京浜地帯を除いて他地域に対して転入超過であったが，35年近畿，36年東海・北陸，42年東北，さらに45年青森を含む東北全県に対して道外流出超過となったのである．伝統的に東北は北海道への人口供給地帯であったことから大きな変化といえよう」(p. 119.〈 〉内引用者)と指摘している．表6-3に見られるように，圧倒的な関東への人口の吸引が東北，北海道の労働力の急激な南下をうながし，従来存在した東北から北海道への北上の流れを呑みつくしてしまったということができよう．

　この過程を通じて北海道は二重の意味でその特殊性を解消する．1つは，その発達の未熟さが北海道の特殊性であったいわゆる出稼的賃労働の構造が本州においても解消していったということである．もちろん出稼自体は東北及び北海道南部などを中心にその後も存在し，むしろ高度成長期の独占支配の農村への浸透を契機としてより重大な社会問題としてクローズアップされてくる．しかし全体としてみるならば，重化学工業化と都市化の進展を通じて第Ⅰ型相労働力および隅谷のいう都市雑業層の集積とそこにおける再生産が確立し，その結果小農家族における労働力再生産が全国的な賃金を規定するような構造は解消したといってよいであろう．もう1つは，この過程が北海道においては全国的な重化学工業化に乗り遅れ，「有利な原料資源に結び付いた」大資本の停滞または撤退と重なっている点である．その典型は炭鉱資本であり，「この炭鉱労働力の大量失業化は……吸引と排出の激しい流動性を現出し若年層の道内外大都市，工業地帯への流動と中高年層の炭鉱への再吸引と再排出そして炭鉱地帯への滞留をもたらしたのである」(渡辺，1973, p. 131)といわれている．この結果，全国的な大都市への非大都市地

表 6-3　北海道と他府県の転出入人口の差

		S 35	36	37	38	39	40	41	42	43
転出	総数	59.9	70.1	75.6	90.4	88.2	94.7	85.9	98.9	111.4
	東北	11.5	10.6	11.8	13.3	12.9	13.7	13.3	13.4	14.1
	関東	30.1	38.7	42.2	50.8	49.8	54.5	47.5	55.7	64.3
	東海・北陸	6.4	8.0	9.4	12.9	12.0	13.6	12.5	15.9	18.3
	近畿	4.5	5.4	5.8	6.2	6.4	6.5	6.1	7.3	8.4
	その他	7.4	7.4	6.4	7.2	7.1	6.4	6.5	6.6	6.3
転入	総数	53.8	50.0	54.8	62.0	63.9	66.1	64.9	65.2	68.7
	東北	18.0	17.2	18.2	18.4	17.5	16.5	14.8	13.0	13.7
	関東	15.6	16.7	19.4	23.4	25.1	28.1	27.9	29.9	31.9
	東海・北陸	6.8	6.3	6.7	7.9	8.3	8.7	9.0	9.4	10.4
	近畿	3.6	3.2	3.5	4.3	4.3	4.7	4.9	4.9	5.3
	その他	9.8	6.6	7.0	8.0	8.7	8.1	8.3	8.0	7.4
転出入差	総数	6.0	−20.0	−20.8	−28.3	−24.3	−28.5	−21.0	−33.7	−42.6
	東北	6.5	6.5	6.3	5.0	4.5	2.7	1.5	−0.4	−0.4
	関東	−14.5	−21.9	−22.6	−27.4	−24.6	−26.4	−19.5	−25.8	−32.4
	東海・北陸	0.4	−1.7	−2.8	−5.0	−3.6	−4.9	−3.5	−6.4	−7.9
	近畿	−1.0	−2.2	−2.5	−1.8	−2.1	−1.8	−1.2	−2.3	−3.0
	その他	2.4	−0.8	0.6	0.8	1.6	1.7	1.8	1.4	1.1

注：渡部貞雄（1973）第2表より．ただし，明らかな誤植と思われる数値は一部訂正した．

域からの人口の吸引という構造の中で，北海道も労働力供給地帯としての性格を明確にしたといえるであろう[14]．そしてこの過程を通じて賃金の面でも北海道の地位が低下していった．表6-4に示されるように高度成長期を通じ

表 6-4　全国と北海道の賃金格差の推移

(円，％)

	男子			女子		
	全国 (A)	北海道 (B)	B/A	全国 (A)	北海道 (B)	B/A
昭和26年	12,142	11,903	98	5,448	5,334	97.9
30年	18,523	18,616	100.5	8,208	8,521	103.8
35年	23,395	23,430	100.1	10,174	9,893	97.2
40年	36,861	36,448	98.9	18,038	17,414	96.5
45年	67,754	63,097	93.1	33,360	27,099	81.2
50年	151,668	144,906	95.5	86,058	77,565	90.1

資料：奥田仁（1978）．原資料は毎月勤労統計．

	（千人)
	44	45
---	---	---
	128.6	154.3
	14.9	15.0
	74.5	91.3
	20.5	26.1
	10.2	11.3
	8.8	10.6
	72.1	74.5
	12.6	12.0
	34.3	37.0
	10.8	11.7
	5.8	6.3
	8.6	7.5
	−56.4	−79.8
	−2.3	−3.0
	−40.2	−54.3
	−9.6	−14.4
	−4.3	−4.9
	−0.2	−3.1

て，当初は全国平均をむしろ若干上回っていた賃金の相対的水準が低下していった（奥田，1978）。このように，北海道はそれまでの日本資本主義の都市と農村という枠組から相対的に独自の地位において労働力を吸引し，賃金も一定の水準となっていた特性をこの時期に解消していくのである．

ただし，ここに指摘したような点での北海道の特殊性の解消は，北海道の特色のすべてが失われたことを意味するものではない．例えば北海道の農村部における2種兼業率の低さという特色が存在し，それは地域労働市場の構造にも反映している（奥田，1991）。それらの特色の中でもこれまで十分に議論される機会が少なく，かつ北海道における地場企業の自立的発展の立ち後れと重要な関わりがあると思われる小零細企業の状況については別に検討したい[15]．

注

1) ただし大企業，特に独占的大企業の立地に関しては後にも指摘するように，北海道の側の条件とは別に全国的または世界的戦略展開に規定された立地政策によって左右される．こうした条件の下ではこれら独占的大企業分野の工場立地に関して地方の側は受身の立場に立たざるをえず，地方の側が行えることは多くはない．
2) なおこの部分の初出は「北海道工業史の時期区分について」北海学園大学『開発論集』第25号，1978，p. 19.
3) 湯沢の研究をうけ，北海道の資本賃労働関係の歴史を整理したものとしては，徳田（1959；1974）がある．
4) この点に関しては田中（1986）が，「ここで重要なのはこれらの工業特に前二者（製糖・乳製品，筆者注）は農業の再編（畑作地力造成農法へ再編）過程で政策による支持を得てはじめて定着できたという点であろう．このことは植民地＝辺境北海道がすでに自由な辺境の域を脱しつつあることの証左と見るべきであって，北海道産業が工業を含めて政策の支持を得ながら再編の途を歩みつつあったと見たいのである．いわゆる辺境としての性格を失いつつあった時期に，氏のいう『辺境的工業』の確立を言うのはどうであろうか」（p. 85）と批判している．

5) 田中修は植民地工業の条件として，①使用原料が原則として現地産であること，②本土工業に対し競争者として現れるのではなく，それを補完するものとして成立するものであること，③有力企業に対する資本投下は，主な部分を本土資本が占めるか，あるいは本土・地場資本の共同出資であることの3点をあげ，それが北海道においても適用されることを論証している（田中修，1972）．ただし，日本資本主義の軍国主義的性格とそこにおける北海道の「北門の鎖鑰」としての位置づけから，ここでいう①②の条件以外に軍事的性格が存在した側面のあることも指摘しうる．
6) この点については，小池勝也がこの部分を引用して「このような湯沢氏の指摘自体が，その前段で展開されている氏の二極構造論に一定の変更をせまるものに思える」（小池，1982）と述べているが，これも二極構造の本質を業種構造としてとらえることからくる誤解であると思われる．なお湯沢の問題意識のひとつの中心が資本の出自とその展開に置かれていたことは前掲書に先立つ詳細な実証的研究に見てとることができる（湯沢，1957）．
7) なお先の田中の植民地工業の条件は，この制約条件のもとで導かれている．
8) このうち「定着的移民」と「漂泊的移民」についての分析は，北海道立総合経済研究所（1963, pp. 44-6）の論述を承けたものである．
9) 「家計補充的」賃労働という表現は高木氏によって日本資本主義の構造的把握と切り離す経済主義的な誤りであると批判されている（高木，1974, p. 17）．この構造的把握という視点は北海道経済の発達過程を考える上でも重要な視点ではあるが，ここでは限定された本稿の論旨の展開上，便宜的にこの「家計補充的」という用語を用いることとする．
10) ここでは「明治23年設立当時は，鹿児島県を中心に，同県下の子女を募集し……」，「明治40年当時は，給源は殊に宮城県に集中し，以後日時の経過と共に之に加えて青森，山形県等より募集するに至った．即ち，東北の農村より移入したのである」，「かかる内地よりの労働力移入は，以後も継続せられ，労働力の主部分は悉くこれであった」，「かかる内地よりの労働力の移入形態が終焉したのは，日華事変に伴う国家的労働力統制による職業安定法の制定以来のことである」と述べられている（pp. 4-5）．
11) ここで三好は氏の調査と昭和24年の婦人少年局の製糸工場女子労働者の調査を比較して次のように述べている．「内地においては農村出稼労働型が圧倒的に多いのに比し，本道においては都市及び炭鉱の賃金生活者からの出身たる純然たる女子労働者型及び漁・農村出稼労働型の二型をもって構成せられていることが知られるであろう」（p. 17）．また同様にして，「北海道では自己一身の生活，それは口べらしであるにせよ，家庭への送金を第1目的としていないもの……は実に52％であったが，内地においては約10％にすぎず，〈内地では〉家計補助のものが49％であることは注目すべき点であろう」（p. 32，カッコ内引用者）．
12) 和泉（1951）は「本道の工業は，その労働力造成のための経済的必然性を最近

まで客観的条件として与えられていなかった。即ち逆にいえば，農業・水産業・林業の第1次産業及び鉱業等の経済的有利性が最近まで残っており，これらの面において発展の余地が残されていた。従って本道工業労働力のすう的発展は……第1次産業を圧倒・さん食して伸びるという方向をとらずに，むしろそれらの発展に付随して徐々に伸びていった」としている (p. 23)．

13) なおこの部分の初出は田中 (1955)．
14) この点については高度成長後半以降「人口移動構造の転換」といわれる現象がおきる（黒田，1976)．いわゆるUターン現象であるが，その後再び「一極集中」が問題となるのは周知のところである．こうした人口移動構造の変化をめぐる議論は本稿の課題を外れるが，基本的に資本の側の蓄積行動の変化を反映したものであるという点を指摘しておきたい．
15) この点については紙数の都合上割愛したが，本章の初出論文である奥田 (1992) の第3章を参照されたい．

第7章
北海道の労働市場

　労働市場は，基本的には労働力の需給関係の場である．しかしながら労働力の需要構造と供給構造は社会構造全体の中で相互に深く関わり，規定しあっていることに注意しなければならない．特に労働力の需要構造を検討する場合，資本の地域との関わりに2つの側面があることに注目する必要がある．
　1つは資本の普遍的性格が全面にでるものであり，大資本ほどこの傾向が強い．そこでは資本は地域性を持たず，資本の立地配置は，①土地・水を含めた原材料・資源，②労働力，③販売市場によって基本的に規定され，これに政治的・社会的諸条件が加わってくる．この場合，資本は立地優位を求めて容易に地域間移動を行うことになる．これに対して現実の資本が持つもう1つの側面は，特に多くの中小資本に現れる，地域的・地場産業的性格である．ここでは先の立地諸条件も，産地の形成の段階などで重要な役割を果たすが，それだけに規定されるのではなく地域における企業集積とその背景をなす歴史・伝統などをふくめた，いわばFertility（豊饒度）がより重要な意味を持ってくる．そしてその担い手である労働者や中小企業の経営者層は地域の社会的関係（「しがらみ」）の中にあり，これを捨てて移動するには大きな摩擦が伴うのである．そして，この後者の側面は地域住民の生活構造，つまりは地域における労働力の再生産構造，ひいては賃労働の給源のあり方とも深く関わっている．
　しかし，労働市場は一般商品とは異なり需給曲線で表されるような直接的な需給関係のみによって決定されるものではない．そこでは併せて，労働力

の内部において必ずしも労働力の使用価値の相違に帰着しない格差構造，過剰人口が存在することが問題となる．

　ここでまず，労働力の過剰または不足といった場合それがなにを意味しているかを明らかにする必要があろう．これらは資本の蓄積欲求との関係で理解されなければならない．つまり，過剰人口の理論が示すように，資本の蓄積にあたっては常に過剰人口が再生産される必要があり，このことは北海道でも当然例外ではない．もし何らかの事情で過剰人口が減少し，労働者間の競争が弱まり，賃金水準が上昇するような事態が起きた場合，資本は労働力多用型の投資をおさえ，労働節約的な生産方法を採用するか，または当該地域から資本を撤退させることによって労働力需要を低下させ，再び一定の過剰人口を生み出し，賃金水準を資本の蓄積欲求の範囲内に押し下げるであろう．このように，過剰人口は資本の蓄積過程において果たす機能に着目して理解されるべきである．だからこそ，いわゆる労働力不足と過剰人口は同時に存在しうるのである．そして過剰人口の機能は，完全失業者という形態に限定されないのはもとより，明確な境界線によって区分された特定の労働者集団によって担われるというよりも，むしろさまざまな階級階層間の格差構造のなかに存在していると考えられる．したがって地域労働市場の分析の課題は，資本の分析と並んで，地域における労働力の給源構造と階級階層構造に集約されるといってよいであろう．

　なお，これら格差構造の下におかれた労働力——過剰人口の機能を担う労働力——の中にも多様なレベルと形態が存在していることは注意を要する．例えば，女子労働についてはM字構造に示されるように若年層と中高年層が存在することは周知のことであり，それぞれ別の性格の単純労働力として格差構造の中に位置づけられている．しかし，中高年労働力と一口にいってもその内部にはさらに細かな差異が存在することは後の各章で示される農村労働市場の実態からみても明らかである．例えば，中高年女子労働者の中にはよく言われる「家計補充的」な労働力と並んで，後に随所で述べられる北海道に特徴的な専業季節労働者世帯の主婦のような「家計分担的」と呼ぶに

ふさわしい，したがってより高い労働強度とそれに対応して一般の主婦パートよりは高い賃金を得ている層も存在している．さらに「家計補充的な」主婦労働に関しても，スーパーパート，農協選果場，農場作業など，相互に流動しつつも，仕事の内容に即した労働者集団の相対的な差異が「亜労働市場」として分化しているのである．

1. 雇用・就業の現状

(1) 労働力需給と賃金

北海道の労働市場の現状は，慢性的な供給超過とみることができる．図7-1からわかるように，北海道の有効求人倍率はほぼ一貫して全国を大きく下回っている．しかも臨時季節と常用に分けると，常用労働者の有効求人倍率がきわめて低くなっており，また表7-1に示されたように失業率も全国を上回っている．

これを男女別にみた場合，特に厳しいのは女性である．職安では男女別の労働市場の存在を前提としない雇用機会均等法の建前から男女別の労働力需

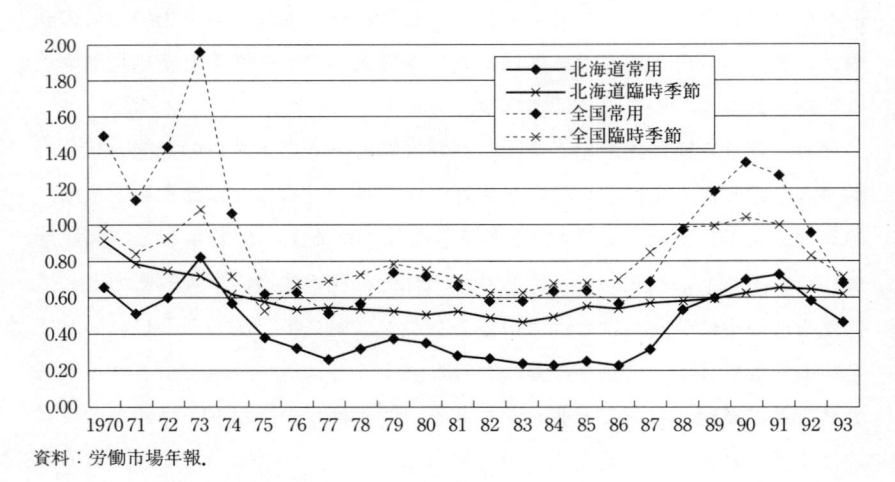

資料：労働市場年報．

図7-1 有効求人倍率の推移

給状況のデータを公表しなくなったが，実際には企業から出される求人票の多くが男女別であり，女性の多くが制約された労働市場に押し込められている．性別に公表してい

表7-1 労働力の状態

	北海道			全国		
	男子	女子	計	男子	女子	計
労働力化率	75.6	45.0	59.4	77.8	50.2	63.6
完全失業率	2.9	3.6	3.2	2.8	3.0	2.9

資料：労働力調査報告1994年．

た過去の職安統計をみると，例えば北海道の1990年の有効求人倍率は，男子の常用が0.82，男子臨時季節0.62，女子常用0.35，女子臨時季節0.54で，特に女子常用の求人倍率の低さが目立っている．この時期は図7-1にも示されたように全国的に求人が増加した時期であったにもかかわらず，北海道では女子常用の求職者3人に対して1人の求人しかなかったことになる．こうしたことは失業率にも反映し，表7-1で，北海道における女性の失業率が特に高いことがわかるであろう．

　そうした中で，もう1つ注目されるのは，労働力人口の15歳以上人口に対する比率である労働力化率である．同じ表7-1にみられるように，北海道の労働力化率は男子も全国を下回っているが，特に女子の労働力化率が低いことが指摘できる．

　北海道における労働力のこうした需給関係は，賃金水準にも反映している．賃金構造基本統計によって北海道と全国を比較した表7-2によれば，北海道の時間当たりの賃金水準は全国平均と比べて，ほぼ1割またはそれ以上低く，反対に労働時間は北海道のほうが長くなっている．そして月間賃金の12倍に賞与等を加えて算出した推定年間賃金の格差はおおむね時間賃金の格差よりも小さくなってはいるが，その主な原因は長時間労働による手取り賃金の増加であると考えられる．年間賞与等の北海道と全国の格差は，中小零細規模の男子では時間当たり賃金の格差よりも小さくなっている．しかし賞与等は規模別の格差が大きく，もともと中小企業ではその絶対額が少ないうえに，特に北海道で特徴的な燃料手当もこの中に含まれていることに注意する必要があるであろう．

表 7-2 北海道と全国の企業規模別賃金（常用

		男子					
		10人以上規模計	1,000人以上	100～999人	10～99人	5～9人	10人以上規模計
時間当たり賃金（円）	北海道(a)	1,682	2,087	1,662	1,526	1,418	1,106
	全　国(b)	1,930	2,303	1,873	1,657	1,574	1,221
	a/b	0.871	0.906	0.888	0.921	0.901	0.905
月間実労働時間（H）	北海道(a)	192	181	193	196	201	178
	全　国(b)	185	177	186	192	194	175
	a/b	1.038	1.023	1.038	1.021	1.036	1.017
年間賞与その他特別給与（円）	北海道(a)	1,090	1,644	1,129	808	599	584
	全　国(b)	1,288	1,835	1,251	808	630	680
	a/b	0.847	0.896	0.903	1.000	0.952	0.859
年間賃金（千円）	北海道(a)	4,965	6,178	4,978	4,398	4,019	2,946
	全　国(b)	5,573	6,727	5,430	4,627	4,293	3,244
	a/b	0.891	0.918	0.917	0.951	0.936	0.908

資料：1994年賃金構造基本統計．

さらに賃金に関して注目されるのは，女子の小零細規模層や表7-3に示されるパートタイマーにおいてより大きな率の賃金格差が存在している点である．このことは，賃金水準の低い層においてより大きな賃金格差が存在していることを示唆している．本来最低生活費によって規定されるような低賃金層では大きな内部格差が生まれる余地も小さいと考えられるが，現実にはそ

表 7-3 女子パートタイマー賃金

		10人以上規模計	製造業	卸売・小売業	サービス業	5～9人
時間当たり賃金（円）	北海道(a)	755	679	699	863	707
	全　国(b)	848	783	836	951	800
	a/b	0.890	0.867	0.836	0.907	0.884
年間賃金（千円）	北海道(a)	1,144	1,143	1,075	1,213	1,114
	全　国(b)	1,265	1,311	1,155	1,344	1,134
	a/b	0.904	0.872	0.931	0.903	0.982
1ヵ月実労働時間（H）	北海道(a)	119	133	120	112	126
	全　国(b)	116	128	108	111	111
	a/b	1.025	1.039	1.111	1.009	1.135

資料：表7-2に同じ．

労働者）

	女子			
	1,000人以上	100〜999人	10〜99人	5〜9人
	1,351	1,135	975	930
	1,461	1,213	1,079	1,069
	0.925	0.936	0.904	0.870
	167	178	184	187
	165	176	181	181
	1.012	1.011	1.017	1.033
	808	609	462	345
	954	676	498	445
	0.847	0.902	0.928	0.776
	3,517	3,034	2,615	2,433
	3,847	3,238	2,842	2,767
	0.914	0.937	0.920	0.879

うした低賃金層により大きな地域格差がみられるのである．実際に北海道と東京の賃金格差を職種別に比較してみると，相対的に低い時間賃金の職種において格差が大きく現れており，特に女子においてこの関係はより明瞭である．

こうした事実は，次のような仮説によって解釈可能である．比較的熟練度の高い高賃金職種においては地域間の労働移動の可能性がより大きく，いいかえれば労働市場がより広域的であり，したがって広域的により均等な賃金水準が形成されるのに対して，単純労働分野では労働移動の可能性が小さく，労働市場の範囲が狭く，より地域性を反映した需給関係が形成されると考えられる．特に女子の単純労働についていえば，①主に夫の就業によって居住地が定まる傾向が強いため，賃金格差による地域間移動は通勤可能圏を除いてほとんどなく，②家計補充的性格から，生計費によって供給価格が決定されるという意味での価値規定性が相対的に希薄であると考えられる．このため女子の単純労働は，最低賃金法にも反するような低賃金が日常的にみられ，そうした低賃金でもなにがしかの追加収入を求めて就業しているのである．

もちろん，労働市場の地域性は熟練度だけではなく他のさまざまな要素に規定される．例えば，医師の賃金は東京よりも全国平均が高く，北海道はさらにこれよりも高くなっている．これは過疎地の医師給与水準の高さを反映したものと考えられる．また，必ずしも熟練を反映しなくても安定的な雇用階層，例えば公務労働者やそれに準じて賃金が決定されるような職場の労働者は，相対的に賃金の地域間格差は小さいと考えられるであろう．

最後にもう1つ北海道の労働市場構造について指摘しておかなければなら

ないのは季節・不安定雇用の問題である．1985年の職安統計によると，北海道の年間有効求職者数のうちの臨時季節は延べで約99万人であり，これは常用を含めた全体189万人の過半数である．またこの数字は全国の臨時季節求職者数180万人の実に55%までが北海道にいることを示している．もちろん臨時季節労働は常用と比べて繰り返し頻繁に職安に登録されるが，それでも北海道の労働市場における臨時季節労働のウエイトがきわめて大きいことが理解されるであろう．

北海道労働部の資料によると，北海道の季節労働者数は1980年の約30万人をピークとして漸減傾向にあり，1994年時点では約21万人となっている．しかし，それでもこの数字は北海道の全就業者の7.8%，雇用者に対しては10.4%を占めるものである．その産業別の構成は建設業が7割近くを占めて圧倒的に多いが，職安管内別に見ると，紋別，稚内，留萌，根室などでは漁業や水産加工業などの製造業，紋別，帯広，北見，名寄などでは林業，夕張，帯広などでは農業など，地域の第1次産業との関わりの深さもうかがえる．そして特に近年はサービス業において季節労働が増加傾向にあることが指摘できる．

さらにこれらの季節労働を市町村別に分析してみると次のように分類することができるであろう．1つは札幌や他の中核都市における専業的な季節労働者である．ここでは，地域の就業者全体に占める季節労働者の比率は全道平均に比べれば低い．例えば札幌市の季節労働者は就業者総数の4.6%であり，室蘭，小樽，函館，釧路，旭川などもほぼ同様である．しかしこれら都市部の季節労働者は絶対数ではきわめて大きく，北海道の市部全体で約12万人と全体の過半数を占めている．

季節労働者の2番目の形態は，特に道南地方と日本海沿岸に特徴的な漁業との兼業，多くは農業も含めて半農半漁プラス季節労働という形で存在しているものである．これらは絶対数は必ずしも多くはないが，例えば松前町の季節労働者2,695人は松前町就業者の45.1%，雇用者に対しては実に62.4%を占めて，地域労働市場の中軸をなしている．就業者に占める季節労働者の

割合の高い順に道内212市町村を並べると，上位には渡島，桧山管内の町村が並び，30位までのうち16市町村までがこれら道南市町村で，残り14のうち10までが後志以北の日本海沿岸市町村となっている[1]．

そして3番目は，上の2つをのぞいた農村地域の季節労働である．これらは都市部よりも就業者に対する比率は高いが，道南漁村部ほどには高密度ではない．そしてこの中にはさらに2つの類型があると考えられる．1つは，特に米作地帯などに多い農業との兼業季節労働であり，もう1つは農村地域の中の市街部である地方小都市に専業的に堆積している部分である．この後者のほうが量的にはより大きいと考えられるが，この類型は専業的季節労働であるという点で第1番目の形態と連繋した存在であると考えられる．

(2) 就業構造

ここでは北海道の就業構造，ひいては階級階層構成上の特質について検討してみよう．表7-4は，国勢調査の労働力状態，就業上の地位，産業別構成などを用いて北海道と全国の就業構造（階級構成）を表示したものである[2]．なお，この表の右端の特化係数が1.0を上回るものは北海道の就業者の割合が全国平均を上回っていることを意味し，1.0以下のものは下回っていることを意味する．ただし，当然のことながら，あるカテゴリーの特化係数の高さは就業者構成比率で全国平均を上回ることを意味しても，絶対数としてはごく少数であることもあり得るということを念のために確認しておく．

まず労働力人口に対する就業者数の比率は，男子が96.1%，女子96.8%で，北海道の完全失業率の高さから，全国の96.7%，97.5%よりもそれぞれ低くなっている．また，就業者のなかでは，会社役員と雇用者の特化係数が1を越えているのに対して，自営業者層と家庭内職者の特化係数が1以下になっている．ここからまず，就業者の中にしめる自営業者の比率が低く，逆に雇用者の比率が高いことが北海道の特徴となっているといえよう．

自営業者のうち，農林水産業の自営業主は北海道の男子で労働力人口の5.3%，女子が0.5%であり，全国の4.6%，1.1%と比較すると特化係数は男

表7-4　北海道と全国の就業構造

(千人)

	北海道 男子	北海道 女子	同左構成比 男子 a	同左構成比 女子 b	全国 男子	全国 女子	同左構成比 男子 c	同左構成比 女子 d	特化係数 男子 a/c	特化係数 女子 b/d
15歳以上人口	2,188	2,412	-	-	48,956	51,842	-	-	-	-
労働力人口	1,694	1,102	100.0	100.0	38,523	25,073	100.0	100.0	1.00	1.00
（就業者総数）	1,628	1,067	96.1	96.8	37,245	24,436	96.7	97.5	0.99	0.99
A 役員	119	32	7.0	2.9	2,642	713	6.9	2.8	1.02	1.02
B 自営業者	272	234	16.1	21.2	7,021	5,531	18.2	22.1	0.88	0.96
I 自営業主	226	64	13.4	5.8	6,147	1,641	16.0	6.5	0.84	0.89
a 農林水	89	6	5.3	0.5	1,762	267	4.6	1.1	1.15	0.47
b 非農林水	137	59	8.1	5.3	4,385	1,374	11.4	5.5	0.71	0.97
(1) 雇い人のある業主	67	19	3.9	1.7	1,773	414	4.6	1.6	0.86	1.06
a 農林水	10	1	0.6	0.0	78	6	0.2	0.0	2.87	2.06
b 非農林水	57	19	3.4	1.7	1,969	408	4.4	1.6	0.76	1.04
(2) 雇い人の無い業主	160	45	9.4	4.1	4,273	1,228	11.4	4.9	0.83	0.83
a 農林水	79	5	4.7	0.5	1,684	261	4.4	1.0	1.07	0.44
b 非農林水	80	40	4.7	3.6	2,689	966	7.0	3.9	0.68	0.94
II 家族従業者	46	170	2.7	15.4	874	3,890	2.3	15.5	1.20	0.99
a 農林水	35	101	2.0	9.2	359	1,596	0.9	6.4	2.19	1.44
b 非農林水	12	69	0.7	6.2	515	2,294	1.3	9.1	0.51	0.68
C 雇用者	1,237	795	73.0	72.1	27,547	17,705	71.5	70.6	1.02	1.02
I 農林水	37	19	2.2	1.7	267	115	0.7	0.5	3.16	3.80
II 非農林水	1,199	776	70.8	70.4	27,279	17,590	70.8	70.2	1.00	1.00
a 鉱・建・製・運・電	540	171	31.9	15.5	14,337	5,555	37.2	22.2	0.86	0.70
b 卸小・金・不・サ	530	578	31.3	52.5	11,188	11,459	29.0	45.7	1.08	1.15
d 公務	125	23	7.4	2.1	1,607	455	4.2	1.8	1.77	1.13
e 分類不能	5	4	0.3	0.3	148	120	0.4	0.5	0.72	0.72
D 家庭内職者	0	6	0.0	0.5	34	484	0.1	1.9	0.22	0.28
E 完全失業者	66	35	3.9	3.2	1,277	636	3.3	2.5	1.17	1.27

資料：1990年国勢調査より作成．

子1.15に対して女子は0.47と，男子は高く，女子は顕著に低いことが読みとれる．これをさらに表7-5によって，第1次産業内の内訳をみてみよう．

水産業の自営業主層は男女とも特化係数が3をこえて北海道で非常に高い比率を示しているが，農業の場合は1を割ってむしろ低くなっている．しか

表 7-5　農林水産業の就業者

		北海道		全国		労働力人口に対する特化係数	
		男子	女子	男子	女子	男子	女子
自営業主	農業	74,473	5,009	1,865,492	263,428	0.908	0.433
	林業	612	20	21,195	436	0.657	1.043
	水産業	19,798	537	141,885	3,057	3.174	3.996
	計	94,883	5,566	2,028,572	266,921	1.064	0.474
うち雇い人のある業主	農業	5,905	348	59,124	5,075	2.272	1.560
	林業	349	8	5,499	77	1.443	2.363
	水産業	4,085	156	18,836	494	4.932	7.183
	計	10,339	512	83,459	5,646	2.817	2.063
うち雇い人のない業主	農業	68,568	4,661	1,806,368	258,353	0.863	0.410
	林業	263	12	15,696	359	0.381	0.760
	水産業	15,713	381	123,049	2,563	2.904	3.381
	計	84,544	5,054	1,945,113	261,275	0.989	0.440
家族従業者	農業	113,988	85,668	1,850,751	1,524,220	1.401	1.278
	林業	234	173	9,109	6,620	0.584	0.594
	水産業	21,615	15,459	95,130	65,240	5.168	5.390
	計	135,837	101,300	1,954,990	1,596,080	1.580	1.444

資料：1990年国勢調査．

し，自営業主のうちでも雇い人のある業主に関しては農林水産業を通じて特化係数が1を大幅に上回っており，さらに，家族従業者については林業をのぞき，農業，水産業では特化係数が顕著に1を上回っている．このことは，北海道の農漁家は本州と比較すれば相対的に規模が大きく，雇用労働を利用する率も高く，したがって家族労働力を賃労働として外部に流出させずに経営内で燃焼させうるような経営が多いことを意味しているといえよう．このことは反面，農業においては専業と第1種兼業を合わせた主業農家が多いが，本州に大量に存在している零細農家または2種兼業農家が少なく，このことが雇い人のない業種の特化係数の低さに現れているといえよう．このことは，特に女子経営主の比率が低いことにも反映していると考えられる．

　非農林漁業の自営業者の比率は北海道が全国に比べてかなり低いが，特に雇い人のない業主および家族従業者に大きな差がみられる．そしてすでに述

べたように，役員層はむしろ北海道で多くなっており，この中には法人格を取得してはいるが事実上自営業者層と連続するような小企業経営者が大量に含まれていると考えられる．また，自営業者の下層または名目的自営業者（江口，1980，第7章参照）に連続した性格を持つと考えられる家庭内職者層の特化係数が男女ともに0.3以下ときわめて顕著に低くなっている．こうしたことから，北海道の非農林自営業者層は全体として層が薄いが，なかでももっとも零細な自営業者層の比率が特別に小さいことが指摘できよう．

この点は例えば表7-6の事業所統計によるデータからも確認できる．表7-6は札幌市と北海道，および東京都と11大都市，そして全国の規模別の事業所数と従業者数の構成比を示している．一般に都市部と郡部では規模構成が異なり，郡部において小規模な事業所のウエイトが高いから，大都市とそれ以外を分けて考えてみる必要がある．そこでこの表では，札幌市と11大都市，北海道と全国を比較し，規模階層別に構成比が高く現れている方にアンダーラインを付してある．ここから明らかなように，札幌と北海道の事業所数，従業者数はともに，11大都市，全国より10人未満層と200人以上層では構成比が低く，10人から199人までの各層では構成比が高くなっている．これは，就業者に占める自営業者の比率の低さとあわせて考えれば，中

表7-6 事業所数と従業者数の規模別構成

(％)

		1～4人	5～9人	10～19人	20～29人	30～49人	50～99人	100～199人	200～299人	300人以上	合計
事業所数	札幌市	62.8	18.9	9.5	3.3	2.7	1.7	0.7	0.2	0.2	100.0
	北海道	65.6	17.3	9.1	3.2	2.5	1.5	0.6	0.1	0.1	100.0
	東京都	61.4	20.6	9.5	3.1	2.6	1.6	0.7	0.2	0.3	100.0
	11大都市	63.4	19.5	9.2	3.0	2.4	1.5	0.6	0.2	0.2	100.0
	全国	67.1	17.3	8.6	2.8	2.2	1.3	0.5	0.1	0.1	100.0
従業者数	札幌市	14.3	13.1	13.7	8.5	10.8	12.4	10.6	4.6	12.0	100.0
	北海道	16.9	13.6	14.8	9.3	11.3	12.4	9.1	3.6	9.1	100.0
	東京都	14.1	13.1	12.4	7.3	9.7	10.8	9.0	4.9	18.8	100.0
	11大都市	15.3	13.4	13.0	7.6	9.7	10.9	9.1	4.8	16.2	100.0
	全国	17.8	13.8	14.1	8.2	10.0	11.0	8.4	4.0	12.9	100.0

資料：1986年事業所統計．

規模の事業所が多く集積しているというよりも，北海道にあっては大企業の立地が少なく，かつ零細企業の層が薄いということを意味しているといってよいであろう．

つぎに労働者階級については，すでに述べたように北海道の雇用者層は相対的に大きな比率を示しているが，なかでも農林水産業と公務の特化係数が顕著に高い反面，2次産業部門が低くなっているのが特徴的である．表7-7によると，2次産業のなかでも鉱業と建設業の特化係数は高い．なかでも建設業の雇用就業者は男子で26万，女子で4万近くを擁し，男子では製造業をも上回って，相対的にも絶対的にも極めて大きな位置を占めている．これに対して製造業の男子雇用就業者の特化係数は0.5を割り込んでおり，北海道における製造業の大幅な立ち遅れを示している．これにたいして，運輸，卸小売，サービスの3次産業分野では就業者の比率が高くなっている．

表7-7 雇用者の産業別構成

(千人)

	北海道		全国		北海道の特化係数	
	男子	女子	男子	女子	男子	女子
農業	10	13	99	87	2.40	3.34
林業	14	3	64	10	4.89	5.63
水産業	13	4	104	18	3.00	4.48
鉱業	8	1	48	7	4.12	2.62
建設業	226	39	3,479	563	1.51	1.55
製造業	143	107	7,687	4,446	0.43	0.54
電気ガス水道	13	2	285	46	1.08	1.03
運輸通信	149	21	2,838	494	1.23	0.97
卸小売	216	238	4,707	4,622	1.07	1.15
金融保険	30	43	840	995	0.83	0.97
不動産	9	6	232	156	0.87	0.83
サービス	275	291	5,409	5,686	1.18	1.14

資料：1990年国勢調査．

以上の分析から北海道の就業構造の特色の要点だけを概括すると以下のようにいえるであろう．①農業については兼業農家が少なく，比較的少数の規模の大きな経営によって担われている．②非1次産業の自営業者の層は薄く，零細企業の少なさとなって現れている．③その分労働者階級の比率が高いが，生産的労働分野の中軸である製造業の比率はきわめて小さく，公共工事に依存した建設業や商業・サービス業分野に労働力が堆積している．

こうした特徴は，一見すると北海道において階級分解が進んでいることを意味しているように見えるかもしれないが，後に示すように，実際にはむし

ろ階級分解以前の問題として，北海道では歴史的に自営業者層の形成が遅れてきたことを反映していると考えられる．

2. 労働市場の歴史的展開

以上のように北海道の労働市場はいくつかの特異性を持っているが，こうした特異性が生まれてくる前提として北海道労働市場の歴史的な展開過程を検討しよう．

北海道の歴史的特性を要約すれば，①時期的には日本の資本主義化の過程と並行しつつ，②政府の主導のもとに開拓が進展した，ということができるであろう．このことが，当時の北海道に産業資本主義段階における辺境または内国植民地としての性格を付与した．ここでいう辺境とは，さしあたり①まだ占拠されていない，比較的容易に入手できる自由な土地の存在，②世界市場との結びつきにより，農業生産に特化できることの2つがあげられる[3]．このような当時の北海道の条件は，ひとつは移民が容易に生産手段＝土地と結びつくことができる（その多くは小作形態ではあったが）ことを意味し，もう1つはそこで展開された農業が本州と比べて前期的な自然経済を継承する度合いの少ない，商業的農業として展開したことを意味する．この辺境性，特にその第1の特徴が北海道の労働力不足とそこからくる相対的な労賃高をもたらしていた．実はこのような生産手段を獲得することが容易であることからくる労働力不足は，産業資本主義段階の新開植民地であるアメリカやオーストラリアなどでも歴史的に見られた現象である．

こうした労働力不足と相対的高賃金に対応して，当時北海道に進出してきた中央の財閥大資本は，北海道の有利な原料資源を利用しつつ相対的に高い有機的構成を要する事業，つまり労働集約的であるよりも機械設備に依存する度合いの高いタイプの事業を展開することとなった（湯沢，1958a, p. 85）．このため，北海道では当時の日本にあっては相対的に大規模で資本集約的な，いわば先進的な工業が立地したが，同時にその周辺に加工型の関連

工業（大量の労働力に依存するような中小企業群）を立地させることがほとんどなく，原料依存型の大工業が孤立的に存在することとなった．

　このような原料の優位性と労働力不足が対抗する立地条件は，北海道の地場中小工業においても同様であって，それらの発展は基本的に原料立地型の低次加工分野に限定され，より多くの労働力を要する高次加工分野は立ち後れることとなった．このことは現在に至るまで北海道の移出産品における地域内の付加価値生産の不十分さとしてしばしば指摘されるところである．

　以上のように，従来の論議は北海道の労働力不足をその辺境性から説明してきたが，他方ではその辺境性はほぼ1920年頃をもって希薄化して本州と一般化するとしてきた（同上，p. 36）．確かに，このころをもって北海道内の開拓は一段落して移住者数も激減し，さらに賃金水準も東京などと比較してむしろやや低くなってくる．しかし賃金水準についていえば，それは都市雑業層の定着を通じて独自的な労働力再生産構造を形成しつつあった東京や港湾都市などとの比較において低くなったのであって，本州農村部と比較すれば北海道の賃金水準は依然として高く，特に北海道にあっては農村部が労働力の需要地帯としてむしろ都市部よりも相対的に高い日雇賃金水準を示す傾向も見られた（奥田，1992，本書第6章）．

　以上にのべた農村における労働力需給構造の本州との相違は，長期にわたって北海道の労働市場構造の特質となっていったと考えられる．それを端的に反映しているのは本州において産業の主導的役割を果たした繊維工業が北海道に立地しなかったという点である．本州にあっては紡績，製糸，または織物などの繊維工業は，農村に豊富に存在する「家計補充的」または「出稼ぎ的」労働力に依存して成立していたことは周知のところである．しかしこれら農村労働力に多くをあてにできない北海道にあってはこれら繊維産業の立地はきわめて限られていた．北海道に立地した繊維産業として亜麻工業があげられるが，これは北海道内で栽培される亜麻を加工する原料立地型の工業であり，その労働力も戦前までは東北に，戦後も都市部や産炭地，あるいは漁村部などに多く依拠したものであった[4]．

このように北海道で本州のような繊維工業が発達しなかったことは，北海道の戦後の産業構造にも大きな影響を与えたと考えられる．戦後，特に高度成長期に発達した日本の多くの加工組立型工業の集積地は，その前身を繊維工業によって工業集積を果たしてきた地域が多く見られる．加工組立型工業，その代表である機械工業は地域的集積が特に重要な意味を持つ産業であるが，北海道にあってはその出発点としての工業集積を繊維工業によって準備することができなかったことが，現在に至るまで，北海道における機械工業の立ち後れの1つの要因となったと考えられる．

こうした労働市場の特異性は，高度成長期においてふたたび大きく変化する．まず第1に，高度成長期に「民族大移動」と呼ばれたような，全国的に大規模な人口の大都市圏への集中が進み，農村が従来のように労働力の主要な給源としての地位を失っていった．さらに，北海道に関しても「労働力の南下現象」といわれる，東北労働力の関東への吸引とそれに伴う北海道への出稼ぎの激減，また北海道の農村部自体が機械化と規模拡大に伴って大量の離農を伴う労働力の流出地帯に転化していった．つまり，高度成長期にはそれまでの北海道の労働市場の本州と比較した特殊性が，本州の側の変化と北海道の側の変化という，二重の意味で失われていったのである．

では高度成長期以降，北海道の労働市場の特殊性は失われ本州と完全に同質化したのであろうか．確かに労働力給源としての農業・農村の位置が低下し，その点での北海道の特殊性も希薄化してきた．しかし，そこにはこうした歴史的延長上にさまざまな地域労働市場の特異性が今も存在していることも事実である．以下そのいくつかを検討してみよう．

3. 北海道の労働市場構造

農業部面における労働力需給についてここで詳述はできないが，すでに見たように北海道にあっては農業自営業者層が人口比で少なくなっている．このことは，1つには上に述べた戦前来の北海道の農村の特質にもよるが，同

時に高度成長期以降の農民層分解のあり方が北海道と本州で大きく異なっていたことが原因となっている．例えば全国では1960年から90年の30年間の農家減少率は36%であるが，北海道では59%と全国を大きく上回っている．この結果，1戸当たりの耕地規模は全国が同じ期間に0.9haから1.1haに微増したにとどまったのに対して，北海道は4.1haから12.7haと3倍以上に増加している．これは，本州の農民層分解が第2種兼業への転化という形態をとることが多かったのに対して，北海道では離農→周辺農家への農地の売り渡しという形が多かったことによる．その結果，全国の農家のうち2種兼業農家の比率は70.4%（1992年）であるのに対して北海道は17.3%にすぎず，兼業形態での地域労働市場の広がりは限られたものとなっている．

　農民層分解のこのような差異は，1つは農業内部の要因によるものが考えられよう．北海道において兼業農家の比率が高いのは稲作地帯においてであり，道東，道北などの畑作・酪農地帯においては，労働過程の技術的条件からみても労働力を農外に流出させる余地は小さいといえる．しかし，もう1つ見落としてならない要因は，地域労働市場そのものが北海道にあっては限定され，安定的な兼業機会がきわめて限られているということがいえるであろう．

　一方，非1次産業部門を見ると，上に見たように，北海道では歴史的に見て相対的に早く石炭，鉄鋼，パルプなどの装置型産業が展開し，それに伴って当時としては先進的，近代的労働力の堆積と再生産も見られるようになった（徳田，1974）[5]．しかし，北海道の高度成長期以降の推移は，これら大手資本の地盤沈下の過程と見ることができる．周知のように日本の高度成長期の重化学工業化は輸入原材料に依存することによって太平洋ベルト地帯への集積をもたらしたが，このことは北海道の原料資源とこれに依存する大工業の意義を著しく低下させることとなった．これを挽回すべく計画された苫小牧東部開発計画は高度成長の終焉とともに挫折し，引き続く企業誘致政策も，いくつかの立地はあったものの北海道経済の地盤沈下をカバーするものとはなりえていない．そして現在，こうした外部資本の導入に依拠する政策

そのものがいわゆる空洞化現象の中で見直しを強いられている.

これに対して中小地場産業については，ニシン漁業の衰退，200カイリ規制，農産物や木材の海外との競争などが進展し，従来から地場産業の基盤となってきた原料供給面での優位性は低下しつつある．このため北海道の地場産業は，原料依存型低次加工分野からの脱却とより高次の加工分野への展開を模索しつつあるというのが現状であろう．上に述べたように，これからの北海道は道外資本の進出に依存する発展は多くを期待できないことが明らかになりつつあり，その意味で1次産業と並んで本来の地域経済の担い手である地場中小企業の発展を本格的に支援する政策の重要性があらためて認識されつつあるといえよう．その際には地場中小企業の発展の苗床となる企業集積，特に小零細自営業者の層の薄さが問題となるであろう．

こうした状況の下で，現在の北海道は全体として日本資本主義における国内市場であると同時に，労働力プールとして位置づけられているといえよう．このことは，高度成長期以降の景気動向に対応した人口の大都市圏への流出と還流の推移からも明らかである．それは，典型的には好況期には学卒若年層の大量の吸引として現れ，不況期には30歳前後の年齢層を中心とするUターンという形を取った労働力の反発およびその地方建設業などへの滞留として現れてきた（奥田，1993，本書第8章）．

こうした中で北海道の労働市場は，大きくはほぼ3層の構造からなりたっていると考えられる．この3層とは，第1に公務労働者や大企業労働者など，実態的移動の程度は別としても全国的労働市場と結びついてその賃金や労働条件が規定されてくる部分である．そして第2は，地域の中小零細企業の労働市場であって，これはすでに見たようにより地域性を強く持った労働市場を形成し，第1の層と比較してより大きな賃金格差が見られる部分である．そして第3は季節労働を典型とする不安定労働者の労働市場である．そして北海道にあってはこの季節不安定雇用の大きさが突出していることが大きな特徴となっている．この背景は，上に見たように北海道の中小地場産業の発達が十分ではないことと並んで，小零細企業，特に小商人や職人層などの伝

統的自営業主または名目的自営業主の層がきわめて薄いということがあげられよう．このため過剰人口がこれら自営業の中に吸収される度合いも少なく，北海道の雇用の季節性と相まって，むき出しの形で不安定雇用として堆積してきていると考えられる．

そしてもう1つの北海道の特徴は札幌への人口・労働力の集中である．これは資本と経済力全般の集中を反映したものであり，その結果として労働市場も札幌へ集中している．他方，地方についてはすでに見たように地方中核都市，地方小都市，農村部といった階層的構造が存在するが，共通しているのはいずれも労働市場の層そのものが薄いということである．北海道の地域労働市場は，季節不安定労働という形での過剰人口が堆積し，賃金水準も低いにもかかわらず，労働市場の底は浅い．

ここでいう労働市場の底の「深さ」とは，条件の変化に応じて動員可能な労働力の量といってよい．これは人口の総数とその地域の過剰人口の広がりに依存する．ただし最初に述べたように，こうした過剰人口は多様なレベルと形態を持っており，柔軟なプールを形成している．それはむしろ「プール」という表現より，「海綿」や「コンデンサー」のイメージがより妥当であろう．つまり，労働力の動員可能性の背景には，平常時における別の形態による雇用の吸収力が前提となるということである．北海道にあっては，定期的に「失業」する季節労働者や完全失業者の数は多いが，それはむしろそうした労働力を吸収し，潜在化させるメカニズムが弱いことの反映であると考えられるのである．

労働市場の底の「浅さ」の最大の原因は，北海道の地方ではもともと人口密度が小さかった上に，さらに乾いた雑巾を絞るような過疎化が現在も激しく進行し続けていることにあるといってよい．しかし同時にその背景には，農家兼業の少なさ，中小地場産業，自営業者の層の薄さからくる労働力の保持機能の弱さが指摘される．このため，一見して失業率が高く，有効求人倍率も低く，労働力が豊富にありそうな北海道に進出してきた本州の企業が，意外に地域の労働力供給余力が小さく，労働力の調達が困難であるという事

態に直面するのである.

　この労働力の保持機能は，別の観点からすれば過剰人口の収容力である．しかし，「過剰人口」という概念そのものが，日本経済の中軸にある大企業の労働力需要の立場から見たものであるといってよい．しかし，地域の立場からすればそれは決して「過剰」ではなく，多くの具体的問題を含みつつも「地域定着住民」であり，地域の担い手である．その意味からも，より労働力保持機能の高い農業とその関連産業の構築，より加工度の高い中小地場産業の集積，発展性を持った自営業者層の拡大が北海道に求められているということができるであろう．

　　注
1)　具体的な30位までの順位は以下の通り．
　　更別村，松前町，福島町，熊石町，恵山町，椴法華村，上ノ国町，大成町，南茅部町，乙部町，古平町，浜益村，瀬棚町，砂原町，鹿部町，奥尻町，知内町，雄武村，神恵内村，島牧村，遠別町，積丹町，小平町，厚田村，戸井町，蘭越町，西興部村，厚沢部町，南幌町，東利尻町．
2)　この表は水野一宇氏の階級階層構成表の作成方法に準拠して作成した．大沼他（1990, pp. 132-3），水野（1977；1978；1973）がある．
3)　北海道の辺境論については多くの議論があるがさしあたり，田中（1986）第1章参照．
4)　北海道の亜麻工業と本州繊維工業の相違については第6章参照．
5)　なお徳田も指摘するようにこれら大工場の周辺に縁辺的不熟練労働力が堆積していたことも見逃すことはできない．

第8章
北海道における人口動向の推移

　1990年に実施された第15回国勢調査によると北海道の人口は564万3,647人となり，第14回国勢調査の567万9,439人を約3万6,000人下回った．国勢調査ベースで北海道の人口が前回を下回ったのは1920（大正9）年の第1回調査以来初めてのことである．ちなみに昭和2年から出発した第2期拓殖計画では目標年次の昭和21年の人口を600万人と設定していた．これ以後，戦後昭和32年から37年までの第1期第2次5カ年計画で設定した550万人を例外として，どの計画の目標人口にもその計画期間中はもちろん現在にいたるまで到達したことはない．

　周知のように，地域の人口動態は自然動態と，社会動態に分けて観察される．このうち自然動態については，戦後のベビーブームとその後の出生率の低下によって日本の人口構造に重大な影響を与えた．また，地域的にも，高度成長期以降の過疎化の進展の中で地域における人口の自然的再生産そのものまでもが脅かされる事態が生じてきている．さらに近年特に話題とされる合計特殊出生率の持続的低下が日本の長期的な人口再生産に脅威を与えるにいたっており，それは今後地域において特に重大な問題となってくることは必至であろう．しかし，地域の人口問題を考える場合，こうした全国的な自然動態の枠に規定されつつも，社会動態，つまり地域間の人口移動がやはり極めて重大な意味を持ってくる．その際，これまで人口移動は地方から中央へ，農村から都市へ，1次産業から2・3次産業へという枠組でとらえられることが多かったといえよう．たしかに大枠としてはそのとおりであるが，

地域における人口移動の実態はさらに多様で複雑な展開を示している．

　北海道に即していうならば，例えば，従来「札幌貯水池論」といわれてきたように，本来なら首都圏をはじめとした本州に流出したであろう人口を，札幌が吸引することによってこれを道内に引き止めることができてきたという考え方が存在する．この考え方は，現実に存在する「道央中心主義」——地方圏の反発に配慮してむき出しの形で語られることは少ないが——の根拠の1つとなっているものである．

　この「札幌貯水池論」によって札幌圏の人口増加を肯定する立場は次の2つのことを暗黙に前提している．1つは道内地方圏の人口を流出させるものと札幌の人口吸引力をもたらすものがそれぞれ独立の要因によっているということであり，そうでなければ首都圏が吸引したであろう人口を札幌が代位して吸引したとする考えである．このことは札幌の人口吸引力をより強化することが地方圏の人口流出を促進することにはつながらないということになる．もう1つの前提は，札幌の人口吸引力の源は他の地域とは独立した札幌独自のものであり，したがって道内他地域の人口減少の進行にかかわらず札幌の人口吸引力——人口増加——は今後とも継続しうるというものである．

　こうした考え方は人口の流出と吸引をひとつの全体的な人口現象の一部として捉えるのではなく切り離して捉えているところに問題があるといえよう．ともあれこれは地域間の人口移動の現実をもう少し詳細に分析するなかで検討されなければならない．そこでは首都圏との対比だけでは不十分なように，道内についても郡部と札幌とを対比するだけでも人口移動の構造は見えてこないであろう．またさらに重要なことは，そうした人口移動構造は時間の経過の中で大きく変化していっていることである．高度成長期における人口移動と現在の人口移動には質的な違いが見られる．このような地域的な構造とその歴史的な展開の認識の上に立って初めて未来を展望することが可能になるといえよう．本稿は，そのために北海道における戦後の人口構造の推移を総括し，そこにおける幾つかの特徴点を取りまとめることを目的としたものである．

本章ではまず最初に北海道の人口現象を分析する前提として，まず北海道の人口の長期推移を概観し，次いで戦後日本の人口構造の大枠を理解するために2つの「人口転換」理論を手がかりとして戦後日本の人口問題の諸局面を整理する．さらに，この日本人口問題の諸局面を北海道にあてはめて北海道における戦後の局面展開を整理し，それを受けて北海道の人口問題の若干の論点を提示したいと考える．

1. 北海道における人口の長期推移

　北海道の人口動向の長期的な推移を概観すると，表8-1に見るように，1886年（明治19年）の北海道庁設置を契機として1880年代の後半に人口が急速な伸びを見せ，1900年まで5年ごとの人口の伸び率はそれぞれ約50%前後に達していた．特にこの時期の初期には道内における人口の拡大再生産がまだ十分に行われるにいたらずに自然増の割合が低く，社会増が人口増加の圧倒的な部分を占めていたことが特徴的である．これに対して20世紀に入るとともに，自然増加率が5年間で10%を越える一方，社会増は絶対数としては依然大きなものがあるが率としては10～20%台におちついてくる．そしてこうした社会増はほぼ1920年，第1次大戦の終了ごろまで続いたが，以後一転して社会増はほぼとまり，年次によっては一定の曲折はあるもののむしろ社会増減では微減という状況が1945年の第2次大戦終了ごろまで続くのである[1]．これは，田中修が指摘したように1920年ごろをもって北海道が日本資本主義にとっての「自由な植民地（辺境）」としての性格を喪失したことが基本にあげられよう[2]．同時に北海道への中央独占資本の支配にともない北海道地場資本の自生的発展の芽が押さえこまれたこと，さらには帝国主義列強の驥尾に追随するに至った日本資本主義の外延的発展の方向がアジア植民地に向けられたことなどがこのような変化をもたらした原因としてあげられるであろう．特に昭和恐慌期には北海道の農業部門が過剰人口の吸収を行うという事態も見られるようになった[3]．そして，こうした状況に

表 8-1 北海道の人口社会・自然増減の長期動向

(千人,%)

	期首人口	5年間人口増減数	自然増減数	社会増減数	人口増減率	自然増減率	社会増減率
1885～90年	287	140	14	126	48.9	4.9	44.0
90～95年	427	251	29	222	58.8	6.8	52.0
95～1900年	678	307	63	244	45.3	9.3	36.0
1900～05年	985	207	106	101	21.0	10.7	10.3
05～10年	1,192	418	146	272	35.1	12.2	22.8
10～15年	1,611	301	188	112	18.7	11.7	7.0
15～20年	1,911	448	197	251	23.4	10.3	13.1
20～25年	2,359	139	251	−112	5.9	10.6	−4.7
25～30年	2,499	314	266	48	12.6	10.6	1.9
30～35年	2,812	256	281	−25	9.1	10.0	−0.9
35～40年	3,068	204	260	−56	6.7	8.5	−1.8
40～45年	3,273	246	276	−30	7.5	8.4	−0.9
45～50年	3,518	777	473	304	22.1	13.4	8.7
50～55年	4,296	478	433	44	11.1	10.1	1.0
55～60年	4,773	266	319	−53	5.6	6.7	−1.1
60～65年	5,039	133	311	−178	2.6	6.2	−3.5
65～70年	5,172	12	297	−284	0.2	5.7	−5.5
70～75年	5,184	154	313	−160	3.0	6.0	−3.1
75～80年	5,338	238	254	−17	4.5	4.8	−0.3
80～85年	5,576	103	190	−87	1.9	3.4	−1.6
85～90年	5,679	−36	121	−157	−0.6	2.1	−2.8

出所：北海道統計協会「北海道統計百年の歩み」から作成，1950年以降は国勢調査および厚生省人口動態統計から算出．
注：1) 人口増減数から自然増減数を差し引いて算出．
　　2) 1920年以降は1945年をのぞき国勢調査人口，それ以前は公簿調査による常住人口．ただし1885～90年の期首人口は1886年の1月1日人口による．

再び大きな変化をもたらしたのが第2次大戦による日本資本主義の壊滅的な打撃と戦後の再版原蓄ともいわれる復興過程である．

2. 日本における戦後人口動向の5局面

ここでは戦後北海道の人口動向の検討に先立って，日本の人口動向の戦後の局面展開の大まかな流れを確認する．

黒田俊夫（1976）によると，戦後日本の人口はほぼ20年間に3つの人口学的局面をもったとされる．第1は，敗戦後数年間の人口激増の局面であり，それは620万人にのぼる引揚げ人口と年平均270万人の出生ブームによって特徴づけられる．第2は，人口動態革命の局面であり，出生率と死亡率の大幅な低下の局面であり，第3は人口動態革命の完了と重複して始まった劇的な人口移動の局面である．そしてこれに加えて，第4に「人口移動の転換」またはUターン現象といわれる局面があり，一旦は地域間の人口移動が沈静化するかに見えたが，さらに再び一転していわゆる「東京一極集中」の時代と言われるような第5の局面に入ったと考えることができるであろう．

　これらの局面を年代別に分けるとほぼ次のように整理することができる．ここでは統計的検討の便に配慮して画期をいちおう5年毎の国勢調査年次においている．

　第1局面，終戦〜1950年．上述のように終戦による復員からいわゆる戦後ベビーブーム期までであり，過剰人口問題が深刻な国家課題とされた．

　第2局面，1950〜55年．出生率の急速な低下局面で，ベビーブーム期の最高時1947年の34.3‰が55年には19.4‰に低下する．30‰台から20‰を割るまでにフランスでは78年，イギリス，アメリカでもほぼ30年を要していることと比較してこの5年間は日本における急激な人口転換の時期として特筆される（大淵，1977）．また，表8-2に見られるようにこの時期には5年間を通してはまだかなり高かった自然増加率に支えられて，人口が減少した県は7県にすぎなかったが，社会増減としては全体で38県が社会減となっている．しかも，関東，北陸，中部などの大都市地域に近い10県では1950年から90年までの40年間を通じてこの時期にもっとも高い社会減少率を示している．この時期北海道は東京，大阪，神奈川，沖縄，愛知に次いで6番目に高い人口増加率を示し，社会増減でも1950年以降の40年間を通じて唯一社会増を記録している．

　第3局面，1955〜70年．高度経済成長の開始に伴い地方圏から大都市圏への急激な人口移動が進展する．これに伴い50〜55年の人口減7県から，

表 8-2 都道府県別の人口増減率, 社会増減率

	人口増減率								社会			
	1950~55	1955~60	1960~65	1965~70	1970~75	1975~80	1980~85	1985~90	1950~55	1955~60	1960~65	1965~70
北海道	11.1	5.6	2.6	0.2	3.0	4.5	1.9	−0.6	1.0	−1.1	−3.5	−5.5
青森	7.8	3.2	−0.7	0.8	2.9	3.8	0.0	−2.7	−2.5	−4.3	−7.1	−5.1
岩手	6.0	1.5	−2.6	−2.8	1.0	2.6	0.8	−1.2	−3.3	−4.9	−7.7	−7.2
宮城	3.8	0.9	0.6	3.8	7.5	6.5	4.5	3.3	−5.1	−5.3	−4.3	−1.0
秋田	3.0	−1.0	−4.2	−3.0	−0.7	2.0	−0.2	−2.1	−5.3	−6.7	−8.3	−6.3
山形	−0.3	−2.4	−4.4	−3.0	−0.4	2.6	0.8	−0.3	−7.2	−7.2	−7.8	−5.7
福島	1.6	−2.1	−3.3	−1.9	1.3	3.3	2.2	1.1	−7.1	−8.3	−7.8	−5.5
茨城	1.2	−0.8	0.4	4.3	9.3	9.2	6.5	4.4	−6.0	−5.9	−3.7	−0.2
栃木	−0.2	−2.2	0.5	3.8	7.5	5.5	4.1	3.7	−7.6	−7.3	−3.6	−0.4
群馬	0.8	−2.2	1.7	3.3	5.9	5.2	3.9	2.3	−6.0	−6.8	−2.4	−1.3
埼玉	5.4	7.4	24.0	28.2	24.7	12.4	8.2	9.2	−1.5	2.2	17.3	19.0
千葉	3.1	4.6	17.2	24.6	23.2	14.1	8.7	7.9	−3.1	0.0	11.5	17.2
東京	28.0	20.5	12.2	5.0	2.3	−0.5	1.8	0.2	21.1	14.5	4.8	−2.8
神奈川	17.4	17.9	28.7	23.5	16.9	8.2	7.3	7.4	10.0	11.9	20.6	14.1
新潟	0.5	−1.3	−1.8	−1.6	1.3	2.5	1.1	−0.2	−6.6	−6.0	−5.6	−5.4
富山	1.2	1.1	−0.7	0.4	4.0	3.1	1.4	0.2	−4.3	−2.6	−4.2	−3.6
石川	0.9	0.7	0.7	2.2	6.7	4.6	3.0	1.1	−4.4	−3.2	−3.1	−2.3
福井	0.2	−0.2	−0.3	−0.8	3.9	2.7	2.9	0.7	−5.7	−4.5	−4.3	−4.6
山梨	−0.5	−3.1	−2.4	−0.2	2.8	2.7	3.6	2.4	−7.3	−7.7	−6.4	−4.0
長野	−1.9	−2.0	−1.2	−0.1	3.1	3.3	2.5	0.9	−7.1	−5.7	−4.5	−3.6
岐阜	2.5	3.5	3.8	3.4	6.2	4.9	3.5	1.9	−3.7	−1.4	−1.3	−1.7
静岡	7.2	4.0	5.7	6.1	7.1	4.2	3.7	2.7	−0.5	−1.8	0.1	0.2
愛知	11.2	11.6	14.1	12.2	10.0	5.0	3.8	3.6	4.8	6.3	7.1	4.5
三重	1.7	−0.0	2.0	1.9	5.4	3.7	3.6	2.6	−3.9	−4.0	−2.3	−2.3
滋賀	−0.9	−1.3	1.3	4.3	10.8	9.6	7.0	5.8	−6.0	−5.0	−2.3	0.3
京都	5.6	3.0	5.5	7.0	7.8	4.2	2.3	0.6	0.8	−0.6	1.0	1.5
大阪	19.7	19.2	20.9	14.5	8.6	2.3	2.3	0.8	13.0	13.5	12.9	5.7
兵庫	9.4	7.9	10.3	8.3	6.9	3.1	2.6	2.4	3.0	2.9	4.5	1.9
奈良	1.7	0.5	5.7	12.6	15.8	12.2	7.9	5.4	−3.7	−3.0	1.8	7.4
和歌山	2.5	−0.5	2.5	1.5	2.8	1.4	0.0	−1.2	−2.8	−4.4	−1.5	−2.6
鳥取	2.3	−2.5	−3.2	−1.9	2.2	3.9	2.0	−0.0	−4.2	−6.9	−6.3	−4.3
島根	1.8	−4.3	−7.6	−5.8	−0.6	2.1	1.3	−1.7	−4.0	−8.0	−10.0	−7.7
岡山	1.7	−1.1	−1.5	3.8	6.3	3.1	2.5	0.5	−3.4	−5.0	−4.6	0.1
広島	3.2	1.6	4.4	6.8	8.6	3.5	2.9	1.1	−2.4	−2.5	0.4	1.8
山口	4.5	−0.5	−3.7	−2.1	2.9	2.0	0.9	−1.8	−1.9	−4.7	−7.2	−5.7
徳島	−0.0	−3.5	−3.8	−2.9	1.8	2.5	1.2	−0.4	−6.5	−7.5	−6.6	−5.4
香川	−0.2	−2.6	−2.0	0.8	5.9	4.0	2.3	0.1	−5.6	−6.3	−4.8	−2.3
愛媛	1.2	−2.6	−3.6	−2.0	3.3	2.8	1.5	−1.0	−5.9	−7.4	−7.4	−5.4
高知	1.0	−3.2	−4.9	−3.2	2.7	2.8	1.0	−1.8	−4.3	−6.5	−7.3	−5.0
福岡	9.3	3.8	−1.0	1.6	6.6	6.1	3.6	1.9	1.1	−1.6	−5.7	−3.5
佐賀	3.0	−3.2	−7.5	−3.8	−0.1	3.3	1.7	−0.2	−5.3	−8.8	−11.5	−7.4
長崎	6.2	0.7	−6.8	−4.3	0.1	1.2	0.2	−1.9	−3.6	−6.2	−12.0	−8.9
熊本	3.7	−2.1	−4.6	−4.0	0.9	4.4	2.6	0.1	−4.2	−7.6	−8.6	−7.3
大分	1.9	−2.9	−4.2	−2.7	3.0	3.2	1.7	−1.1	−4.7	−7.4	−7.5	−5.6
宮崎	4.4	−0.4	−4.8	−2.7	3.2	6.1	2.1	−0.6	−4.6	−7.0	−9.5	−6.7
鹿児島	1.2	−4.0	−5.6	−6.7	−0.3	3.5	1.9	−1.2	−7.5	−10.3	−9.7	−9.5
沖縄	14.6	10.2	5.8	1.2	10.3	6.1	6.6	3.7	1.1	−2.0	−4.0	−7.4
減少県	7	26	25	20	5	1	1	18	38	40	36	35

資料：国勢調査, 人口動態統計より算出. 社会増減の算出方法は表 8-1 に同じ.

増減率			
1970~75	1975~80	1980~85	1985~90
−3.1	−0.3	−1.6	−2.8
−2.7	−0.7	−3.3	−4.7
−3.4	−1.3	−2.1	−2.9
1.8	1.4	0.4	0.6
−4.1	−1.3	−2.5	−3.1
−3.7	−0.6	−1.6	−1.8
−3.1	−0.8	−1.1	−1.1
3.5	4.6	3.0	2.1
1.7	0.8	0.6	1.3
0.1	0.9	0.8	0.3
14.5	6.0	3.9	6.2
14.5	8.1	4.4	5.1
−5.0	−4.9	−1.3	−1.8
7.4	2.2	3.1	4.3
−3.0	−1.3	−1.5	−1.8
−1.1	−0.5	−0.8	−1.0
0.8	0.3	−0.0	−0.8
−0.8	−1.0	0.1	−1.3
−1.3	−0.5	1.2	0.7
−1.2	−0.2	0.2	−0.6
0.3	0.7	0.5	−0.1
0.4	−0.7	0.1	0.2
1.5	−0.6	−0.4	0.6
0.4	0.2	1.1	0.9
5.0	4.7	3.2	2.9
1.5	−0.1	−0.5	−1.1
−0.0	−2.9	−1.3	−1.7
−0.0	−1.6	−0.6	0.4
9.3	7.8	4.7	3.3
−1.7	−1.5	−1.9	−2.1
−1.3	0.8	−0.6	−1.5
−3.1	−0.1	−0.5	−2.6
1.2	−0.4	−0.1	−1.1
2.2	−0.9	−0.2	−0.9
−1.5	−1.0	−1.2	−2.7
−1.5	−0.1	−0.9	−1.5
1.3	0.5	−0.1	−1.2
−1.0	−0.5	−0.8	−2.3
−0.1	0.8	−0.4	−2.2
0.9	1.4	0.1	−0.2
−4.0	−0.3	−1.3	−2.2
−4.5	−2.6	−2.8	−4.0
−2.6	1.0	−0.3	−1.7
−0.8	−0.1	−0.5	−2.3
−1.4	1.7	−1.4	−2.7
−3.0	0.8	−0.6	−2.6
1.3	−1.5	−0.2	−1.9
27	28	31	33

55~60年には26県が人口の絶対減少に転じ，過密・過疎問題が重大な社会問題化する（濱，1983）．このうち南東北，北関東，中国，東四国などの16県が55年から60年にかけて最も高い社会減を記録し，北東北，西四国，九州などの14県が60年から65年にかけて最大の高い社会減を記録する．このように第2局面，第3局面を通じて社会減が中心地から周辺部に波及する形を取っていることが特徴的であり，北海道と沖縄はもっとも遅く第3局面の最後の1965年から70年の5年間に社会減が最大になる．この65年から70年にはすでに東京の社会増減は減少に転じ，いくつかの県でも顕著な社会減少率の低下がみられるなど，次の第4局面の特徴が現れはじめている．

第4局面，1970~85年．70年不況からニクソンショック，オイルショックを経ていわゆる安定成長期への移行が語られた時代である．また，高度成長に伴う地域問題の激発への反省から，地域主義の主張をはじめとして地域への関心が高まり，「地方の時代」といわれた時期に対応する．表8-2にみるように1970年から75年に人口減少を記録するのは5県，75から80年は東京都のみであり，80から85年も秋田県のみが人口減少を記録する．もちろん，この期間にも30前後の都府県が社会減少を示していることからみても過疎化が全面的に解消したわけではない．しかしともかくもその社会減が自然増の範囲内に収まるようになり，東京，大阪は都市スプロール現象の要素が大きいとはいえ社会減に転じた

ことが注目される．

　第5局面，1985年以降．実際には1982, 3年頃から進展した現象であり，この間東京圏域への人口集中が再び増加し，この結果，自然増加率の減少ともあいまって再び18道県の人口が減少に転ずる．もっとも国土庁によれば，東京圏への転入超過は1987年をピークとして減少に転じており（国土庁，1993），オイルショック以降の低成長期をへて産業構造の転換をとげる過程で現れたものであることはまちがいないが，長期的に見てこれを第5局面とみることが妥当であるかは現時点ではまだ疑問の余地がある．しかし北海道としてはこの局面で初めて人口の絶対減という重大な転換を経験する．

3. 北海道における戦後人口動向の5局面

　北海道の人口動向もほぼこの日本の人口動向の諸局面に対応した局面をたどって展開してきたと考えることができるが，上でもみたようにその画期や展開のしかたは日本全体の動向と微妙に異なった部分も存在している．以下，上の5局面を基本にしつつも，北海道における現れに沿って時期区分をしなおし，その間における道内人口の動向を整理しょう．

(1)　第1局面（1945～50年）

　先の表8-1によるとこの時期の北海道の人口自然増加率は13.4%，社会増減率もプラスの8.7%と極めて高い人口の伸びを示した時期であり，この結果45年時点の人口約352万人が50年には約430万人と22.1%の増加となった．これらはいずれも第1次大戦以前の大正中期以来の高い率である．5年間の自然増加率13.4%は北海道にあってはこれまでの最高を記録している．この間の北海道と全国の人口の自然動態を比較すると，表8-3に見られるように，北海道の出生率が顕著に全国平均を上回っていることが見て取れる．

　さらに社会動態についても第1次大戦後の1920年以降，前述のように社

会増減が停滞または微減で推移してきたのに対してこの時代には一転して大正初期の伸び率に匹敵する率を示し，実数では5年間で30万人強とこれまでの最大の社会増加となっている．

戦後日本経済がかかえた課題は，ひとつは先に述べた人口問題，食料問題であり，もうひとつは経済復興に必要な原料資源の確保であった．これを解決するための政策が戦後開拓と傾斜生産方式の採用であったといえよう．戦後開拓は，全体の累計で約4万5千戸が入植したが，このうち1945年から50年の間に約3万戸が入植している．また周知のように傾斜生産方式は石炭と鉄鋼の相互循環的生産の拡大を図ったものであるが，その重要な舞台の1つとなったのが北海道であった．こうしたことを反映して，表8-4のコーホート増減に示されるように1945年から50年にかけて50歳以下のすべての年齢コーホートが増加しているが，中でも25⁺〜35⁺の基幹的な労働年齢層の増加が顕著に見られ，これに付随して児童の増加も極めて多かった．

このように戦後北海道は，アジア植民地を失い壊滅的打撃を受けた日本の復興にとっての切り札として位置づけられ，大幅な人口の増加を見る．しかし，戦後開拓についても決して順調に推移したわけではなく，1950年時点ですでにそれまでの入植者の3分の1は離農し，1970年代初頭までに約7割が離農している（森岡・小野寺，1984）．このように戦後復興期に脚光を浴びる北海道も，その内実は「棄民の場」ともいえるような過剰人口の一次

表 8-3　北海道と全国の自然動態

(‰)

	北海道			全国		
	出生率	死亡率	自然増加率	出生率	死亡率	自然増加率
1946	33.6	17.6	16.0	25.3	17.6	7.7
1947	36.7	13.4	23.4	34.3	14.6	19.7
1948	38.1	11.7	26.4	33.5	11.9	21.6
1949	39.3	11.5	27.9	33.0	11.6	21.4
1950	34.2	10.0	24.3	28.1	10.6	17.2
1955	21.7	6.9	14.9	19.4	7.8	11.6
1960	18.6	6.3	12.4	17.2	7.6	9.6
1965	18.7	6.1	12.5	18.6	7.1	11.5
1970	17.7	6.2	11.6	18.8	6.9	11.9
1975	16.8	5.8	11.0	17.1	6.3	10.8
1980	13.5	5.8	7.7	13.6	6.2	7.3

出所：北海道，表8-1に同じ．全国，森岡仁「日本の人口問題」（『人口経済論』）および『経済要覧』．

表 8-4　北海道におけるコーホート人口増減の推移 (1945〜60)

	増減数			増減率		
	1945〜50	1050〜55	1955〜60	1945〜50	1050〜55	1955〜60
0+	663,628	578,015	455,213	—	—	—
5+	26,954	−11,523	−1,785	5.4	−1.7	−0.3
10+	24,256	−4,078	−2,069	5.4	−0.8	−0.3
15+	19,096	6,610	−11,296	4.4	1.4	−2.2
20+	16,451	22,493	−12,439	4.1	4.9	−2.6
25+	37,800	2,605	−21,092	12.8	0.6	−4.4
30+	25,704	−3,025	−10,452	10.2	−0.9	−2.5
35+	23,410	−4,805	−5,746	10.3	−1.7	−1.7
40+	6,994	−5,571	6,647	3.4	−2.2	−2.4
45+	1,605	−6,942	−8,396	0.9	−3.3	−3.4
50+	−3,987	−9,223	−9,974	−2.7	−5.1	−4.9
55+	−3,839	−8,827	−10,823	−3.3	−6.1	−6.3
60歳〜	−60,965	−78,209	−88,375	−19.4	−21.4	−20.9
合計	777,178	477,520	266,119	22.1	11.1	5.6

注：国勢調査各年の5歳コーホート人口から前回国勢調査の対応コーホート人口を差し引いて算出．表則の年齢は表頭の期末時点の年齢．例えば1945〜50年の5+とは1950年時点における5〜9歳のコーホートを示す．

的退避所として，また当時海外資源の入手が困難な状況のもとでの原料資源の供給地または原料立地型産業の立地地域として位置づけられたといえよう．

(2) 第2局面 (1950〜60年)

戦後の人口動向の第2局面は全国的には1950年から55年までと考えられ，基本的には出生率の低下過程であるとともに，高度成長期の人口の急速な大都市地域への吸引の開始する前の段階と特徴づけられる．北海道にあっても先の表8-3に示されるようにこの期間に急速に出生率の低下が見られるが，しかし全国に比較すると若干高い出生率と低い死亡率からくる自然増加率の相対的に高い状態がこれ以降も1960年代の半ばごろまで続く．また55年以降全国的に第3局面への移行を特徴づけた大都市地域への人口の急激な吸引

現象は，北海道では55年から60年の段階ではまだそれほど現れてこない．この期間に全国47都道府県のうち26県が人口の減少に転じたのに対して，北海道は表8-1に見られるように1950年から55年の11.1%という非常に高い増加率からは低下するものの，依然として55～60年に5.6%の人口増があり，これはこの時期の全国の人口増加率4.7%を上回り47都道府県中，東京，大阪，神奈川，愛知，兵庫，埼玉の3大都市圏，そして米軍占領下の沖縄などに次いで第7位の増加率である．したがってここでは北海道の第3局面への移行の遅れ，第2局面の期間の延長を特徴として指摘することができる．ただし前述のようにこの間北海道の自然増加率は比較的高く1955年から60年に6.7%であったから，社会増減率としては−1.1%と若干の社会減に転換している．

また，表8-4によるとこの時期の前半，1950～55年は20^+歳層を中心に前期に引き続いてコーホート人口の増が見られる．また，55～60年にかけてはすべてのコーホートが減少に転ずるが，15^+, 20^+層の減少はいずれも2%台にすぎず，次の第3局面のような大規模な新卒流出はまだほとんどみられない．さらに表8-5に示されるように，1955年から60年にかけての当時の市町村数225のうち，人口が減少しているのは122にすぎず，郡部においても198町村中80町村と半分近い町村が人口を増やしており，郡部の純計でも3万人近いプラスになっている．同時に，都市部でも札幌市のこの間の増加が10万人弱であるのに対して札幌以外の市部が約14万人の人口増を見せている．

以上のように，この局面での北海道は，前半には第1局面での人口受入地域としての性格を残し，後半になっても道外への人口流出や道内の農村部から都市部への移動も少なく，全体としては自然増によって多くの地域が増加または安定した人口推移をたどっていたと結論できるであろう．

(3) 第3局面（1960～70年）

この時期になると北海道でも人口の流出が顕著に現れるようになってくる．

表 8-5 北海道における人口増減別の市町村数

			1955〜60年		1960〜65		1965〜70		1970〜75	
			人口増減数	市町村数	人口増減数	市町村数	人口増減数	市町村数	人口増減数	市町村数
人口増加市町村			338,911	103	400,064	52	354,554	29	403,296	34
人口減少市町村			−72,792	122	−267,470	168	−342,067	186	−249,377	179
純　　計			266,119	225	132,594	220	12,487	215	153,919	213
上の内訳		札幌市	97,219	1	193,757	1	188,906	1	230,436	1
	札幌を除く市	人口増加市	143,490	22	144,997	17	125,642	13	140,760	15
		人口減少市	−3,839	4	−94,753	10	−105,376	16	−89,746	16
		純　計	139,651	26	50,244	27	20,266	29	51,014	31
	町村	人口増加町村	98,202	80	61,310	34	40,006	15	32,100	18
		人口減少町村	−68,953	118	−172,717	158	−236,691	170	−159,631	163
		純　計	29,249	198	−111,407	192	−196,685	185	−127,531	181

出所:各年国勢調査より集計算出.

表 8-6 北海道における5歳階級コーホート人口増減の推移

	1960〜1965		1965〜70		1970〜75		1975〜80		1980〜85	
	増減数	増減率	増減数	増減率	増減数	増減率	増減数	増減率	増減数	増減率
0+	451,390	-	438,566	-	462,080	-	407,498	-	352,073	-
5+	−8,670	−1.9	−14,966	−3.3	−11,562	−2.6	3,197	0.7	−2,272	−0.6
10+	−12,040	−2.1	−12,046	−2.7	−12,897	−3.0	−1,455	−0.3	−4,617	−1.0
15+	−50,926	−7.8	−64,778	−11.5	−37,225	−8.6	−13,427	−3.2	−13,070	−3.1
20+	−57,493	−11.3	−84,878	−14.2	−56,264	−11.3	−20,452	−5.1	−33,913	−8.3
25+	−22,649	−4.9	−18,767	−4.2	798	0.2	16,900	3.8	−4,088	−1.1
30+	−12,145	−2.7	−20,859	−4.7	−5,710	−1.3	5,607	1.1	−4,613	−1.0
35+	−11,283	−2.8	−23,799	−5.4	−14,054	−3.3	−2,324	−0.5	−8,705	−1.7
40+	−10,406	−3.2	−22,345	−5.7	−15,931	−3.8	−6,843	−1.7	−9,836	−2.3
45+	−9,516	−3.6	−15,833	−5.0	−14,426	−3.9	−9,674	−2.4	−11,064	−2.8
50+	−11,298	−4.8	−14,761	−5.8	−15,192	−5.1	−10,991	−3.1	−12,591	−3.2
55+	−11,509	−5.9	−17,958	−8.0	−14,176	−5.9	−10,861	−3.8	−13,397	−3.9
60歳〜	−100,861	−20.3	−115,089	−19.8	−111,522	−16.6	−119,392	−15.2	−130,457	−13.9
合計	132,594	2.6	12,487	0.2	153,919	3.0	237,783	4.5	103,450	1.9

注:表8-4に同じ.

　再び表8-1を見ると,1960年から65年にかけての人口増加は2.6%に落ち込み,自然増加率6.2%を差し引くと社会増減では3.5%の減少となっている.また65年から70年にかけては社会減が5.5%に拡大し,自然増を含

及び増減数

1975～80		1980～85		1985～1990	
人口増減数	市町村数	人口増減数	市町村数	人口増減数	市町村数
346,976	50	222,372	41	173,849	23
−109,193	162	−118,922	171	−209,641	189
237,783	212	103,450	212	−35,792	212
161,144	1	141,222	1	128,763	1
129,349	16	52,889	11	26,161	6
−37,415	15	−54,652	20	−109,650	25
91,934	31	−1,763	31	−83,489	31
56,483	33	28,261	29	18,925	16
−71,778	147	−64,270	151	−99,991	164
−15,295	180	−36,009	180	−81,066	180

1985～90	
増減数	増減率
291,820	−
−6,247	−1.8
−8,621	−2.1
−17,293	−3.8
−47,545	−11.5
−20,981	−5.6
−11,475	−3.1
−12,586	−2.8
−16,509	−3.2
−15,297	−3.7
−15,207	−3.9
−15,026	−3.9
−140,825	−12.3
−35,792	−0.6

めた全体の人口増減でも僅かに0.2％の増加にすぎなくなっている．そして，他の地方圏域の諸県がこの時期に人口の絶対減に至ったのに対して，北海道は69年単年に絶対減を経験したのみで全体として絶対減には至らなかったということが特徴的である．

年齢別には表8-6に示されるように，この時点になると明白に15$^+$歳層，20$^+$歳層（それぞれ期末年齢が15～19歳，20～24歳のコーホート集団）の減少が顕著になり，新規学卒者の道外流出が大幅に拡大したことを示している．また表8-5によると市町村別には郡部において60～65年には約11万，65～70年には20万人近くの大幅な人口減少がみられる．これに対してこの時期に札幌市の人口増加が顕著となり，5年間でそれぞれ20万人近くの増加を見た．また札幌以外の市については60～65年に人口が減少した10市のうち小樽，士別以外はすべて産炭都市であり相次ぐ閉山の影響は明白に現れてくるが，全体としてはこの期間純計では人口増加を維持している．

この時期の最も典型的な人口移動状況を，1970年を例としてまとめたのが図8-1である．その特徴をまとめると，第1に1970年には北海道全体で年間8万人という大きな道外への流出超過があったが，そのうち札幌から道外への流出超過は7千人にすぎず，その他市部から4万人，郡部から3万3千人という道外への流出超過が見られた．第2に札幌市は，その他の市から1万7千人，郡部から1万6

千人という大きな流入超過になっている．そして3番目には，郡部からその他の市への流出超過が2万3千人と，地方中核都市，地方中小都市が周辺部から人口を吸引していることが見てとれることなどが指摘できる．

　以上のように，この第3局面は全国の動向と少しタイムラグをおきつつも，北海道が若年労働力の供給地としての性格を持つに至ったことがその最も大きな特徴である．これは実は，開拓以来北海道が労働力の供給地として日本の中で初めて本格的に位置づけられたことを意味している．また同時に，農村部からの人口の流出は，高度成長期に深化したヒエラルヒー的地域構造を反映して，道内でも札幌，および他の中核，中小都市にも多くが流入した．

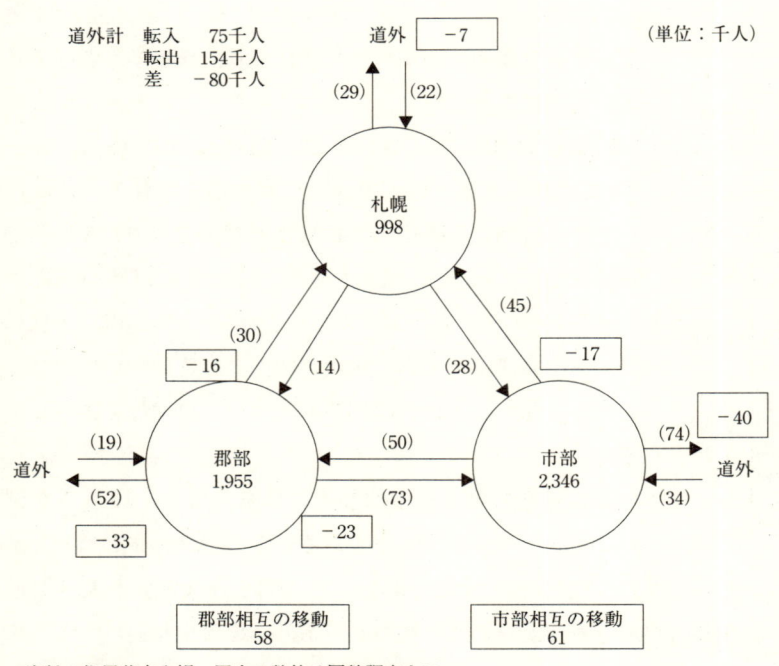

道外計　転入　　75千人
　　　　転出　154千人
　　　　差　　−80千人

道外　−7

(単位：千人)

(29) (22)

札幌
998

(30) (14) (28) (45)

−16　　　　　　　　　−17

(19)　　　　　　(50)　　　　　　(74)　　−40
道外 ←　郡部　←──　市部　→ 道外
　　　1,955　　　　2,346
(52)　　　　　　(73)　　　　　　(34)

−33　　−23

郡部相互の移動　　市部相互の移動
　　58　　　　　　　　61

資料：住民基本台帳．円内の数値は国勢調査人口．

図8-1　地域間人口移動状況（1970年）

(4) 第4局面（1970〜85年）

　この第4局面への移行も，北海道にあっては若干のタイムラグを見せているようである．それは，1970年が単年度としては第3局面の特徴を明瞭に現していたことにも示されている．ともあれこの時期の特徴は社会減の低下である．表8-1によれば，1975年から80年の間の北海道の社会減は僅かに－0.3％であり，自然増を加えて4.5％の人口増を記録した．これを表8-6によってコーホート別にみれば，ひとつは15^+, 20^+歳層の学卒対応年齢層の流出がかなり低下したことが指摘できる．それと同時に注目されるのは，25^+, 30^+歳層における流入である．これはもちろんすべて道内出身者とはいえないが，前期の学卒時に流出したものが還流して来た部分がかなりの比率を占めていると考えられる．しかもこれを道内地域別に分析するならば，札幌市ではこうした若年環流がコーホート増減上ではほとんど見られず，むしろ他の市や郡部において広範に見られたことが特徴的である．こうしたことを反映して，表8-5によれば1975年から80年に郡部における人口減少は1万5千人程度に止まり，札幌以外の市部では約9万人の人口増が見られた．ただしこの時期においても，新卒年齢の流出が減少はしているがなおかなりの規模で続いていることには変わりはない．

　1980年の地域間の人口移動状況を図8-2でみると，まず道外との流出入は札幌，その他市，郡部それぞれがほぼ均衡し，また郡部からその他市，札幌への流出も1970年時点に比べれば大幅に減少している．このようにこの局面の人口移動の特徴は全体として人口の移動が小さいことが指摘しうるが，その中にあってその他の市から札幌市への転出超過が約1万3千人とかなりのレベルで継続していることが注目される．

　以上のように，この局面の特徴を要約すると学卒時流出をふくむ人口流動全体の低下と若年還流ということがいえよう．こうした変化をUターン現象，または人口移動構造の転換とみなす見方が一般的であった（黒田，1976）．確かに高度経済成長の終焉に伴い人口の地域間流動のパターンが大きく変化したことはまちがいないが，この間の動向をすべてそのような変化

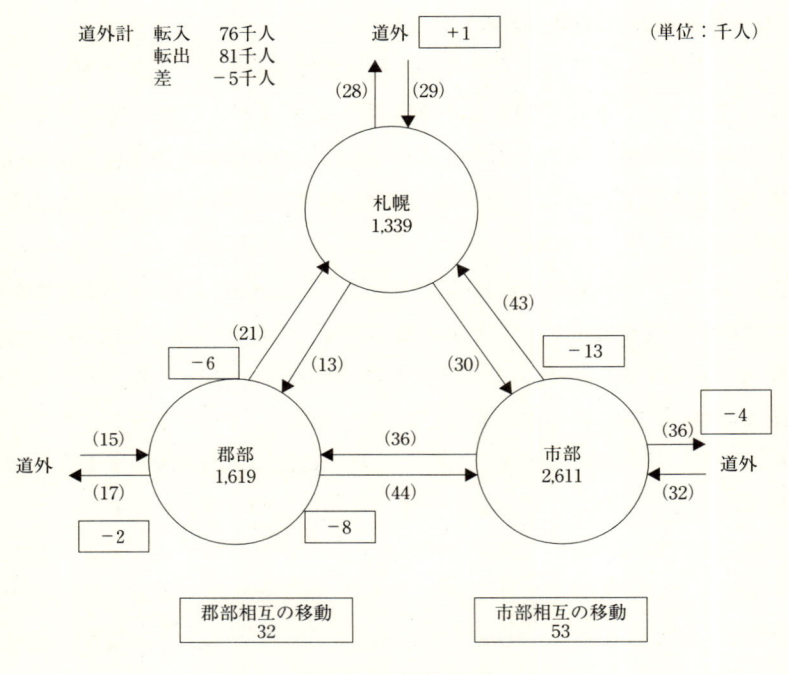

```
道外計  転入 76千人        道外 ┌ +1 ┐         (単位：千人)
        転出 81千人              └────┘
        差   −5千人
              (28)  (29)

                    ┌──────────┐
                    │  札幌     │
                    │  1,339   │
                    └──────────┘
                  (21)        (43)
              (13)              (30)     ┌ −13 ┐
        ┌ −6 ┐                           └─────┘
  (15)  ┌──────────┐   (36)    ┌──────────┐  (36)     ┌ −4 ┐
道外 ←  │  郡部     │ ←──────  │  市部     │ ──→ 道外  └────┘
  (17)  │  1,619   │   (44)    │  2,611   │  (32)
        └──────────┘ ──────→   └──────────┘
  ┌ −2 ┐     ┌ −8 ┐
  └────┘     └────┘

      ┌──────────────┐    ┌──────────────┐
      │ 郡部相互の移動 │    │ 市部相互の移動 │
      │     32       │    │     53       │
      └──────────────┘    └──────────────┘
```

図 8-2 地域間人口移動状況（1980 年）

だけに帰することができるかは問題である．例えば若年還流にしてもそれを地域定住化志向とだけとらえるべきではなく，明らかに余剰労働力の反発としての側面があると考えられる．現在はかつてのように農業部門における過剰人口の吸収という形はとらず，多くは地方中小都市または農村地帯の市街部に滞留し，北海道の多くの地域にあっては地域産業の状況を反映してそのかなりの部分が建設業に就業したと考えられる[4]．

(5) 第 5 局面（1985 年以降）

すでに述べたようにこの第 5 局面は 1982, 3 年から始まっていると考えられ，先の表 8-1 でも 1980～85 年には社会減少が拡大に転じていた．これが 85 年から 90 年には社会減が −2.8％ にまで高まる一方，自然増加率の急速

な低下の結果ともあいまって，この5年間で約3万6千人，−0.6％の人口の絶対減を経験する．そのコーホート別の状況は，表8-6に示されるように，まず若年還流は姿を消し（ただしこの表は流出入の差を示すだけであるから，実際には一定の反発された労働力の還流は常に存在すると考えられるが），20^+歳層の新卒流出が再び顕著に現れる．しかし，15^+歳層の流出は第4局面以来ほとんど増加せず，若年層の流出構造の変化を示唆している．

　地域別には表8-5に示すように，確かに郡部の人口減少が進むが，第4局面と比べて特に顕著な対比を見せるのは札幌市以外の市である．これらの市では1975年から80年に約9万人の人口増を記録したのに対して，85年から90年には約8万人以上の減少を示し，この期間に人口の増加した市は苫小牧，江別，千歳，恵庭の道央圏域を除いては帯広と網走のみであり，旭川，

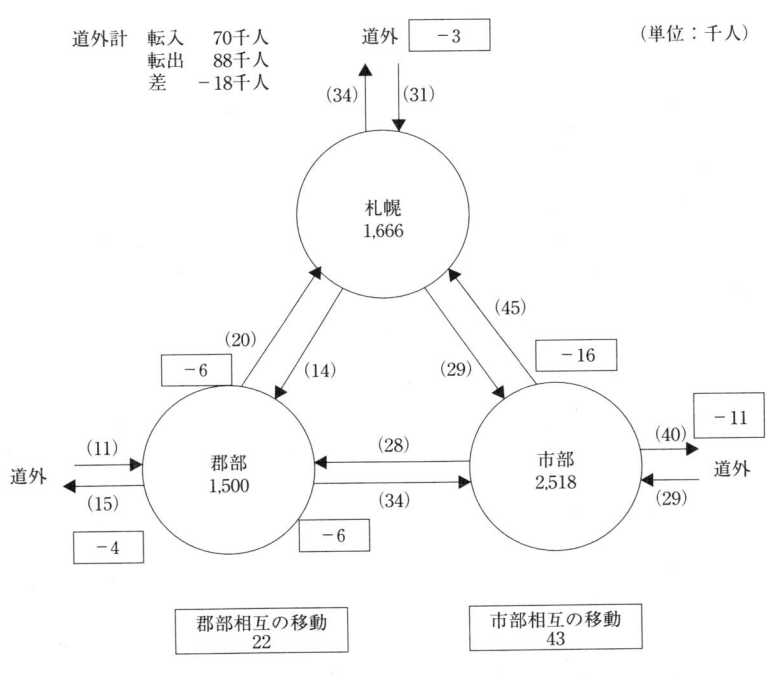

図8-3　地域間人口移動状況（1990年）

函館などの地方中核都市も含めて軒並み人口を減少させている．その地域間移動を1990年について図8-3でみると，郡部からの流出は継続して進んではいるが，札幌以外の市部からの流出が顕著である．

　以上のように，この第5局面の特徴は人口流出の再燃であるが，その主体が道内都市部からのものであるところに，郡部からの流出を主体とし地方都市もこれを吸引した第3局面との大きな違いがある．そうした中にあって札幌市のみがこの5年間に約13万人近い人口増加を示していることから道央一極集中との指摘がなされるようになっている．しかし札幌自体の人口増加数も傾向的に減少してきており，これは周辺市町村を含めた札幌圏として見てもそうである．

4. 人口移動の局面変化

　これまで全国と北海道の人口動態の5つの局面を整理してきたが，これを地域とのかかわりでどう捉えることができるであろうか．この点で人口移動転換の理論が1つの参考になるであろう．それは出生と死亡にかかわる人口動態の変化を説明する人口転換論に対して，人口移動の変化をもそれに包含せしめる考え方であり，そこでは人口動態と人口移動の転換はともに近代化の進展に伴う人口現象として統一的に捉えられるものとみなされる（黒田，1976, p. 194)[5]．ここではその詳細を論ずることはできないが，およそ次のように要約できる．

　出生と死亡については近代化の過程で死亡率の低下が先行し，人口増加過程を経て出生率の低下が続くことによって人口が安定状態に移行する．同様に近代化の初期には農村から都市への人口移動が進展するが，次の段階には都市間移動と並んで都市から農村への還流など複雑化した「人口移動のmulti-channel化」（同上，p. 61）が進行する．その原因は第1に若年層における生活意識や職業観の変化であり，第2に大都市における生活環境・社会環境の悪化であり，第3に地方における雇用機会の増大であるとする（同

上, p. 57).

　こうした立場から日本における人口の局面展開をみると，第2局面と第4局面が最も重要な変化を示しているものとなり，第1局面は戦後の混乱期に現れた現象として，第3局面は移動転換の前段階における「古典的移動形態の爆発的展開」（同上，p. 205）として理解される．そして第5局面における東京一極集中の現象は，人口移動転換後の都市間移動パターンのひとつとして捉えられるであろう．事実，北海道内の地域別移動の分析でみたように，この第5局面の移動は地方中核都市から札幌や道外への移動が最も大きかった．この観点かうすると第5局面は第4局面の延長上の1つの現象と理解されることになるであろう．

　しかし，実際には近代化の過程でこのような人口の2つの転換が必然化することの内的な論理が必ずしも明確に提示されているわけではない．先の第4局面でも述べたように，現実にはUターン，Jターンと呼ばれるような現象も，大都市地域における資本による労働力の反発として理解される面も多く見られるのである．そこでは次のような説明が考えられる．すなわち，戦前来農村部における潜在的過剰人口が都市部における労働力予備軍として機能していたが，第3局面における「古典的移動形態の爆発的展開」の結果，農村における人口排出余力が枯渇し，新たな形の地方における労働力の需給調節システムが地方都市または農村地方の市街部に形成された．その背景となったものが，高度経済成長下で形成されたヒエラルヒー的地域間構造，その下での地方都市の管理ネットワークへの組込みとサービス部門の拡大からくる地方都市における雇用機会の増大であった．このようにして拡大された地方における地域労働市場は大都市労働市場との間に格差構造をもち，そのことによって労働力の需給調節システムの一部として機能してきたと考えられる．これをここでは仮に労働力需給調節システム的理解と呼んでおこう．

　この観点からするならば，第4局面は大都市からの労働力の反発と地方都市をはじめとした地域の非農業部門への労働力の退避と捉えられ，第5局面は第3局面とは違った形態ではあるが，労働力吸引局面の再開と捉えられるで

あろう[6]．実際に，第4,5局面の展開は経済動向に対応した労働力需給調節システムの現れと理解するほうがより現実の動きを説明しやすい．

　もし，人口移動転換理論が意味するものが単に農村人口の量的な枯渇とその結果としての都市間移動の相対的増大ということのみであるならば，それは無内容な理論であるといわざるをえない．そうではなく，人口・労働力の流れの質的な変化を捉える可能性をもつ点にこの理論の積極性があると考えられる．近代化に伴う主体的行動様式の変化として人口転換も，また人口移動の転換も起きたと理解するならば，人口移動という現象の中に，単に資本による吸引と反発に受動的に身をまかせる存在としてだけではなく，主体的に生産と生活のスタイルを選びとる行為の反映としての側面を見ることが可能になるであろう．人々は，労働力需給調節システムの中で突き動かされつつも，生活の質に対する主体的要求をますます強く主張するようになってきていることは確かである．

　最後に北海道における最近の人口動向をどう見るかという点についてふれておきたい．北海道は全国で最も激しい勢いで過疎化が進展しつづけている．北海道の過疎指定市町村は全212市町村中145市町村，64.8％と約3分の2の町村が過疎指定を受ける状態にあり，その割合は全国でも鹿児島，大分に次いで3位である．またさらに重大なのは過疎地域における人口減少率が，長期的に見て1960年から1990年の30年間に51.0％と全国最高であるだけでなく，1985年以降の最近の減少率をみても9.8％と全国でもっとも高くなっている（国土庁，1991）．

　このような過疎化の進展と並んで注目を要するのは，すでに指摘した札幌以外の市部，特に地方中核都市と位置づけられる諸都市の人口減少であろう．これまでに見てきたようにこれらの地方都市は第3局面では周辺郡部の人口を吸引して，札幌と並んで人口を増加させており，その点では札幌と並ぶいわば地方の小貯水池として機能していた．それをもたらしたのは東京を頂点として，札幌，地方都市とつながるヒエラルヒー構造の形成であり，地方都市が周辺郡部の中心都市として，流通，サービス，行政の拠点となったこと

であった．つまり，郡部からの人口流出をもたらしたものと，札幌や地方都市の人口増加をもたらしたものは同じ1つの過程の他の側面であるといえるであろう．それはただ一方的に流出するものを，札幌や地方都市が押し留めたという関係ではない．そして第5局面において地方都市の人口減少が進んでいる原因は次の3つがあげられるであろう．第1は，先に指摘したように今や主要な地域における労働力プールとなった地方都市からの好況局面における労働力の吸引，第2に交通，情報技術の発展によるヒエラルヒー構造の簡素化，中央への集中化，第3に特に北海道においては周辺郡部の過疎化の進展からくる地方中心都市としての機能の衰退である．

このうち，特に第3の点は札幌市にとっても重要である．札幌市の日本の地域間ヒエラルヒー構造の中における地方中枢都市としての位置づけは，その後背地，つまり北海道全体の重みによって決まる．もし札幌が現在のように相対的に生産機能が希薄なままに，北海道の郡部の過疎化と地方都市の人口減少がこのまま進展すれば，現在の札幌の「貯水池」機能も決壊の危険に直面することになるであろう．

注
1) 表8-1によると1925年から30年の社会増減率はプラスの1.9%となっているが，これを各年別に計算してみると，1925-26年 −4.6%，26-27年 −0.6%，27-28年 −0.7%，28-29年 −0.0%（−837人）と微減が続いており，29-30年のみが +7.8%（+200,444人）と不自然に社会増が現れてくる．5年毎の国勢調査とその中間の推計人口とのあいだにかなりの落差がみられるのはこの前後の時代の特徴であるが，1930年の国勢調査ではこの落差が特に大きかった．いずれにせよ上に見たとおり，この時期の北海道人口の社会増減が停滞もしくは微減という状況にあったことはまちがいないといってよいであろう．

なお戦前のコーホート増減を調べてみると，1920年から1945年までの5年ごとの増減は，学童疎開によると推定されうる1940年から45年の10^+歳層を除いてはすべて減少であり，上の結論を裏付けている．またここで注目されるのは戦後の第3局面との対比で，15^+歳層，20^+歳層の新卒年齢の流出は戦前時点では多くはなく（後期には軍事動員の影響で20^+層の流出が急増するが），むしろ道外への流出の主体が25^+，30^+層などの現役労働者層にあるということである．
2) 田中は自由な植民地としての性格喪失の指標を，(1)自由な移民と土地の終了，

(2)賃労働の析出，(3)資本主義的生産の移植，の3点を挙げて検討し，1920年頃をその時期として捉えた（田中，1986，初出論文は田中，1967）．
3) 湯沢（1958a）は「かくして日本独占資本はこの段階では，北海道の重要資源……石炭・木材……を一応その手に確保し原料基地としての機能を発揮させるようになったので，この面での関心は新しい植民地に向け，労働者の吸収放出を容易かつ有利にするための過剰人口プールを本道農村に構築することに新たな関心を向けるに至ったと見られないだろうか」と指摘している．
4) 筆者はかつて留萌市を中心とした地域における実態調査のなかでこのような事実を検証している（奥田，1984；1985）．
5) これらの点についての黒田の見解はZelinskyから大きな示唆を受けていると考えられる（Zelinsky, 1971）．なおここでの論旨には直接関連しないが，Zelinskyの論述の中に北海道の人口移動と関連して興味ある指摘がある．それは，内国辺境に対する人口移動は，農村から都市への人口移動よりも早い時点で進行するというものである．そしてこれは，アメリカの1810年から20年のセンサスデータを引き合いにだし，発展初期における都市労働力需要が未だに十分大きくないために，農村部の過剰労働力が辺境の農業や鉱業に吸引されるためであると説明している（*ibid*., pp. 232-3）．
6) 現にいわゆるバブル崩壊以後の不況下で，再び北海道へのUターン希望者が増加している．北海道新聞1993年11月9日付によると，首都圏在住者に対する北海道の求人説明会に前年の2倍近い人が訪れたという．その背景としては北海道の自然の豊かさ，住宅や通勤条件の良さと並んで首都圏の雇用悪化が指摘されている．

第9章
北海道経済の到達点と課題

　近年の地域研究者の研究動向をみると，理論的には次のような顕著な傾向を指摘することができる．すなわち，一方で現在の世界的潮流となっている新古典派とネオリベラリズムのグループ，つまり市場経済の万能性を信奉してその方法を地域経済の研究と政策にも適用しようとする人々がおり，他方ではこれを批判するグループが結集しつつある．それにはレギュラシオン学派，ネオシュンペーター学派，フレキシブル・スペシャリゼーション理論などが挙げられるが，これらを学派として固定的にとらえるのは必ずしも適切ではなく，ケインズ理論なども含めた幅広い議論が行われている[1]．

　後者のグループに共通することは，現在を時代の転換点と捉え，その進むべき方向をネオリベラリズムのように市場主義の復活に求めるのではなく，新たなオルタナティヴの必要性を主張するという点であろう．このオルタナティヴの内容については現状では十分に明確なものが作られているとは言えないが，本稿ではこうした議論を念頭に置きつつ，現代の北海道がおかれている歴史的位置について検討してみたい．

　北海道は，開拓使以来の本格的開拓の開始から，100年余にして500万人を越える住民の住む地域に発展したという点で，世界でもまれにみる開発の成功事例であるといわれている．第3章でも見たように，北海道の経済規模は，為替レートなどの換算方法によって変化はするものの，デンマークやノルウェーなどとほぼ同規模の世界の中規模国に匹敵する．

　このような北海道の経済発展の到達点は，正当に評価されるべきであろう．

本稿では以下北海道経済が直面するさまざまな諸問題を論ずるが，この北海道史の現時点における到達点の上に立って，これを有効に活用し，次の展望を切り開いていくことが重要であるという観点で検討を進めていきたい．

1. 集積する地域問題

EU（欧州連合）は，その統合に伴って域内の地域格差の解消を重要な政策課題とし，欧州委員会（EC；European Commission）の第16総局（DG XVI）の担当する地域政策関連予算は，農業関連予算に次いでEUの中でももっとも大きな予算規模となっている．このEUの地域政策は，7つの政策目的を掲げているが，このうち次の4つが特定地域を対象とするものである．まず，目的（Objective）1は，経済発展の遅れた地域で，1人当たりGDPがEU平均の75%以下の地域と規定されている．また目的2は，産業構造転換による産業衰退地域であり，目的5bは遅れた農業地域であって，①高い農業人口比率，②低い農業収入，③低い人口密度または高い人口流出，の3つの条件のうち2つに該当するものとしている．また，フィンランドとスウェーデンの加盟に伴って新たに設けられた目的6は$1km^2$あたり8人以下の低人口密度地帯を対象とするものであり，両国の中北部の広い地域がこれに指定されている（EC, 1996b）．EUは，統合に伴うヨーロッパ市民社会の結束（Cohesion）を実現するためには，これらの地域の抱える問題と格差を解消する努力が不可欠であるとしているが，これら4種類の地域政策の目的地域のかかえる問題は，実はほとんどすべて北海道の地域にもあてはまることに気づかされるであろう．

まず，最初の目的1に掲げられている低い1人当たり所得という点に関していえば，北海道における1993年のGDPを95年国勢調査人口で割った値は324.7万円で，全国平均の376.7万円に比べて86.2%と計算される．これはEUの目的1の基準である75%に比べれば相当高いが，かなり大きな所得格差の存在は否めず，札幌集中と道内における地域格差を考慮に入れるな

らば，目的1で問題にしているような発展格差の問題は北海道においても大きな問題であるといえるであろう．また，EUの目的2が問題にする，産業構造転換による地域産業の衰退という点では，北海道の産炭地域がその典型であると同時に，室蘭，函館の製鉄，造船などが目的2と全く同じ問題に直面している．さらに目的5bに関しては，3つの基準は必ずしも数値指標として明示されたものとなってはいないが，このうち少なくとも③については激しい過疎化の進展という点で，共通した問題を抱える地域が道内に広範に存在していることは明らかである．また，目的6については，もともとフィンランドとスウェーデンの中でも北方の人口密度の極めて低い地域を対象としたものであるが，北海道でも市町村単位に見るならば以下の28町村が人口密度8人以下となっている．

　島牧村（5.37），赤井川村（5.15），幌加内町（3.03），上川町（5.33），南富良野町（4.84），占冠村（3.13），朝日町（4.06），下川町（7.17），音威子府町（4.65），中川町（4.25），小平町（7.66），初山別村（6.73），遠別町（6.61），幌延町（5.25），猿払村（5.27），中頓別町（6.68），歌登町（4.42），丸瀬布町（4.50），白滝町（3.97），滝上町（5.35），西興部村（4.11），大滝村（5.85），穂別町（7.54），日高町（4.23），新得町（7.08），足寄町（6.85），陸別町（5.65），鶴居村（4.37）．

　なお，EUの第16総局では，上に述べた目的（Objectives）と並んで，特に国境（border）または辺境（periphery）地域に大きな注意を払っている．これは，こうした地域がもともと全般的に発展が立ち後れているということと並んで，特に東方の旧社会主義圏へのEU圏域の拡大または経済交流の拡大を意識したものであると考えられる．さらに，こうした境界の解消は従来の辺境が，拡大された空間の中で両地域の接点として新たな中心（core）として発展しうる条件を持つことが強調されている．こうした点も，明治以来北門の鎖鑰（さやく）と呼ばれ，冷戦体制では東西の接点であった北海道が直面してきた問題であり，また極東・サハリン交流がもつ今後の可能性という点でもEUの直面する地域課題と共通するものがあるといえるであろう．

このようにみてくると北海道という地域は，EU内部のさまざまな地域の抱える諸問題のほとんどすべてを内在させていることがわかる．これに札幌市における都市問題をあわせて考えるならば，北海道は世界的にも他に類例の少ない，いわば現代の地域問題のショーウィンドウとも呼びうる地域であるということができるのである．

これを整理すると，①開発が相対的に（国内他地域と比較して）遅れた地域としての問題性，②農林水産業地域であることからくる問題性，③北方（寒冷）地域としての問題性，④辺境地域（中心から遠隔であるという意味での）と国境地域としての問題性，⑤石炭・鉄鋼など産業構造転換に伴う地域問題，⑥札幌市における大都市問題，などを挙げることができるであろう．そして後に述べるように，現段階の先進資本主義国では日本が特に特徴的であると思われる問題として，⑦東京一極集中とその対極である労働力プールとしての地方の過疎化という問題が北海道に特に深刻に現れている．

注意を要するのは，これらの諸問題を構成している要因は，さまざまな条件と相互に関連しあって現実の地域問題を生み出しているのであって，それ自体では必ずしも問題性として発現することが必然的であるとは言えない，ということである．これらの中には，政策や国際的な環境条件の変化に応じて，問題性を克服し，または北海道の優位性に転化しうるものも少なくないと考えることができる．

2. 人口移動から見た時代推移

ところで，このような北海道の地域問題は，一定の歴史的経過をたどって生み出されてきたといえる．ここでは，北海道史の詳細な論議を行う余裕はないが，本章で取り扱う問題の発生の背景を理解する前提として，北海道経済の歴史的展開の大まかな推移を，人口移動の推移という切り口から提示してみたい．

第8章でみたように，北海道は1886年の道庁設置以来，急速な人口増加

を経験して現代に至っている．そしてこの間の人口動向は，労働力の流出入という点からも当然のことではあるが，北海道の経済動向と深く関連して推移してきた．

北海道の開拓が本格的に軌道に乗るのは，1886年の北海道庁の設置以降であるといえる．これ以降1920年頃までの約30年間にわたって，北海道は大幅な人口の転入超過，移民の受け入れが続いていった．この間5年間でほぼ20万人前後の転入超過が続いていたから，年間では4～5万人の移民を受け入れていたことになる．田中修によれば，この期間は北海道が「辺境」としての規定性を有していた時代であるといえる（田中，1986）．そして，その前半は道内の産業資本の自生的発展もある程度進んだが，後半は日露戦争以降，中央の財閥資本が北海道に急速に進出し，いわゆる二極構造が形成された（湯沢，1958a）．

この後，1920年代から終戦にかけては，北海道の人口は本州への一定の還流やサハリンへの移住なども含めて，むしろ転出超過気味に推移する．これは，北海道の初期の開拓期が一段落し，長期にわたる不況の下で中央財閥資本の支配がより深く浸透し，同時にそのもとで一定の調整期を迎えたことを意味すると考えられる．この時期，日本資本主義の市場拡大の方向は，内国植民地としての北海道よりもむしろ，朝鮮，中国などの大陸植民地の経営に向けられた．ただし，この時期にも人口の増加は続いており，グラフに示されるように，むしろこの時期に移民の定着が進み人口の自然的再生産が本格化してきたと考えられる．その意味でも，この時期は「内国化」の過渡期をなしていたと言えよう．

第2次世界大戦後の1945年から50年にかけて，北海道は開拓期を上回る5年間で約30万人もの転入超過を経験する．日本は，海外の植民地をすべて失い，大量の復員と戦災罹災者，失業者の対策の必要に迫られたことから戦後開拓による北海道への入植が進められた．また食糧増産と傾斜生産方式の下で国内産のエネルギーである石炭の増産が図られたことも北海道の資源開発が改めて脚光を浴びることとなった．

しかし，戦後開拓にせよ石炭増産にせよ，戦後の日本の経済的混乱を救う上で大きな役割を果たしたが，ともに北海道開発の成果として定着することはなかった．

1955年以後，日本の高度成長期に照応して，北海道は歴史上かつてない大幅な人口の転出超過を経験する．この時期に北海道は，それまでの労働力の受入地としての性格を転換し，他の日本の地方地域と同様の労働力の供給地としての性格を明確にしたと言ってよいであろう．それまでの北海道は，農繁期などにかなりの東北労働力を受け入れてきていたが，高度成長期にはいわゆる「労働力の南下現象」が進み，ややタイムラグをおきながらも北海道も新規学卒労働者を中心に大量の流出超過となる．

こうした高度成長期の大量の労働力移動は「民族の大移動」とも呼ばれた全国的な現象であったが，1970年頃から状況に変化が現れ，いわゆるUターン現象が顕著になってくる．そしてこの後は，80年代の後半に「東京一極集中」現象のもとで再び人口流出が進み，バブル崩壊後の90年代はまたしても人口移動が停滞するというように，景気動向と強い関連性をもちながら，波動的な人口移動が見られるようになっている．

以上のように，北海道の時代推移を人口労働力流動という観点から整理すると，1886年の北海道庁の設置以降現在までを，大まかに次の5つに区分することが可能である．第1期は1886年以降1920年頃までの開拓期であり，大幅な開拓移民を特徴とする．第2期は以後第2次大戦終戦までの停滞期であるが，ある意味ではこれを定着開始期と位置づけることも可能であろう．そして第3期は，戦後復興期で，日本の「再版原蓄」に寄与しつつ大幅な転入を受け入れた．第4期は，高度成長期で，大幅な人口転出．そして第5期は，現在に至る波動傾向を伴った漸減流出期である．

3. 農山村の過疎化と住民形成

北海道は基本法農政の優等生であるといわれている．農業基本法は，他産

業との所得および生産性の格差の解消をうたって1961年に公布されたが，その基本的な意図は日本の高度成長への移行に伴って，零細農家が支配的な日本の農業にたいして，中上層農への土地の集中による規模拡大と，機械化，主産地化をおしすすめ生産性の向上を図ろうとするものであったといえる（南，1984，p. 74）．そしてその陰には，農業の生産性向上によって食料価格を安定化させ，賃金水準の上昇を抑える意図があったといわれている．しかしそれ以上に，高度成長期に急速に拡大した労働力需要に対応するために，規模拡大と生産性向上の結果として農村から排出される労働力によってまかなおうという意図が強く存在したと考えられる．事実，表9-1に見られるように，1950年には5割近くにのぼっていた1次産業の就業人口は，高度成長期を経過した1970年には19.3％に急減し，代わって2次，3次産業の就業者の割合が急速に増大している．

　このことは第8章で見た都道府県別の人口移動にも現れている．例えば1955年から60年にかけて，人口の社会増（転入超過）が見られるのは7都府県（東京，神奈川，埼玉，千葉，愛知，大阪，兵庫）に限られ，これら3大都市圏以外の40道府県は社会減であり，うち26県までが社会減少率が自然増加率を上回って人口総数の絶対減を経験している．「民族の大移動」とも呼ばれたこのような地域間人口移動の背景として，排出側の農村において農業基本法は生産性向上を目指した規模拡大と労働力の排出を意図したが，それは本州においては必ずしも全面的に成功したとは言えない．

表9-1　産業別就業人口

		就業者総数	第1次産業	第2次産業	第3次産業
人　数（千人）	1950年	35,626	17,208	7,812	10,605
	1960年	43,719	14,240	12,762	16,717
	1970年	52,042	10,066	17,651	24,325
構成比（％）	1950年	100.0	48.3	21.9	29.8
	1960年	100.0	32.6	29.2	38.2
	1970年	100.0	19.3	33.9	46.7

資料：経済要覧．

ところで，1960年の農家1戸あたり耕地面積の全国平均は0.9haであり，これが1990年には1.1haに変化しているが，これは農業基本法が意図したような大幅な規模拡大が達成されたとは言えないであろう．この間，北海道では1戸あたり耕地面積は4.1haから12.7haへと3倍以上に増加をしている．他方，農家戸数についてはこの間一貫して北海道の減少率が全国を大幅に上回っている．そして本州の場合2種兼業農家の大幅な増大が見られるのに対して，北海道にあっては専業農家と1種兼業農家が農家の大半を占めている点が本州と比較して際だった特徴となっている．このように，北海道の農業は高度成長期に規模拡大を通じて主業農家を担い手とした生産性向上を実現してきた．このことが「基本法農政の優等生」といわれてきたゆえんであるが，しかし大きな課題も存在している．それは，自由化の進展と，円レートの継続的上昇から対外競争が激化し続け，「ゴール無き拡大」と呼ばれるような規模拡大を続けてもなおかつ農業の未来の展望が開けないという現実がある．同時に，規模拡大に必然的に伴って農家戸数の減少が農村人口の減少をもたらし，それが歯止めなく進行することによって地域社会が危機に瀕するに至っている．仮に農家戸数の減少による規模拡大が正当化されるとしても，少なくともある一定の期間の経過後に適正規模に到達した段階で安定化するということでなければならないであろう．現実には，北海道では農家戸数の減少が歯止めなく進行し続けている．北海道農務部によれば，農家の1世代の期間を30年と仮定して，その担い手が補塡されうる就農者数に対する「補充率」は現在16%にすぎない．これを単純にとらえれば，30年後には現在の農家戸数の16%，1万戸内外にまで減少するという計算になる．これは規模拡大による生産性の向上ではなく，農業そのものが崩壊の危険性に直面しているというべきであろう．実際，離農跡地に対する農地需要は停滞し，農地価格が継続的に下落するとともに，不耕作地が拡大する様相を見せている．

　農業部面のこのような変化に伴って，北海道の農村人口も大きな変化を経験してきた．1970年は高度成長期の農村からの人口流出が典型的に現れて

いた年次であるが，この年1年間で北海道から道外への転出超過は8万人にのぼった．その半分にあたる4万人が札幌以外の道内市部からの転出超過であり，3.3万人が郡部から道外への転出超過であった．そして郡部からは，道外に向けてだけではなく札幌市に向けて1.6万人，札幌以外の市部に向けて2.3万人の人口が流出している．このように，この時期の北海道の農村からの人口の流出は，一方で首都圏を中心とした本州から吸引されると同時に，他方では地域の中核都市や中心小都市に集積したのである．ところが，「東京一極集中」が問題とされていた1990年の人口移動状況を見ると，全体として70年代と比較して人口移動の量は大幅に減少しているが，やはり郡部からは「乾いた雑巾を絞るように」じりじりと人口が流出を続け，さらに70年代には地方都市からの人口流出が目立つようになっている．

　国土庁が発行している「過疎対策の現況」によれば，北海道の過疎指定市町村数は155で，212の市町村数に対する割合は都道府県別に見て第3位，面積割合でも第8位の高さであり，ブロック別にはともに全国トップとなっている．また，この過疎地域の人口減少率が北海道の場合極めて大きい．たとえば1970年から95年の25年間の過疎地域の人口減少率は，全国平均が24.0％であるのに対して北海道は36.1％であり，全国の他のブロックと比較しても群を抜いて高い率を示しており，全国的な減少率の低下傾向の中でこの減少率の差は近年むしろ拡大の傾向すら見られるところに大きな問題がある．もとより，北海道の人口密度は全国でもっとも小さいが，過疎の指定は人口密度によるものではなく人口の減少率によるものである．したがって，北海道の過疎地は小さな人口密度であるにもかかわらず，そこからより急速に人口を減少させ続けているということになるのである．

　以上述べてきたことは次のようにまとめることができる．北海道の農村部は高度成長期以降，本州のように第2種兼業という形で人口を滞留させることはなく，離農・離村という形で急激に流出させていった．そのことが一面では残留した農家の規模拡大をもたらしたが，地域全体の過疎化——地域機能の衰退——の危険をももたらしている．特に農地価格の下落にも示される

ように，現在の厳しい農業情勢の中での歯止めのない離農・離村は農業そのものの地盤沈下を意味していると言わざるをえない．そして，こうした農山村部の衰退は，地方中心機能の必要性を低下させ，地方都市の衰退にまで結びついてきているのが現段階である．北海道の中枢管理機能都市である札幌は，現状では北海道の中で一極的繁栄を示しているようにも見えるが，地方都市を含めた地方地域全体の衰退は確実にその命運に影を落としつつあるといえるであろう．

ここで問題となってくるのは，なぜ北海道の農村では本州と違って2種兼業という形での人口包容ができなかったのか，またなぜ本州で減少率が低下してきているのに北海道の過疎地域では人口減少が引き続き高い率で継続しているのかということである．直接的には，地域労働市場の構造，地場産業，農村工業の発展の度合い，または農業をめぐる経済環境などのさまざまな点が指摘しうるであろう．しかし，ここではあえてそれらすべてを包含する問題として，北海道における住民の定着と地域の確立という課題を提起しておきたい．

本稿の冒頭において，北海道は100年余の間に世界でもまれにみる開発の成果をもたらしたと指摘した．個別の農家に関して言うならば，北海道に移住をしてからも農家の地域移動がかなりみられるから，現在の農家のうち現在地に入植して100年を経過しているものはむしろ少数であろう．このことからするならば，北海道の農家が地域住民として定着し，農村が地域として確立しているということを無条件で前提とすることは必ずしもできない．定着した住民と自律的構造を持った地域というものは，近代以前の共同体を中心とした農村では自明の前提であり，むしろ近代化による市場経済化がこれを掘り崩してきたと言える．その点で北海道の農村はその出発点が異なっている．では北海道のように，近代社会への移行とともに開発が進められた地域では住民の定着と地域の確立があり得ないのかというと決してそうではない．近代社会においても市場経済は空間と地域を否定しえないからである．それは，距離という数量的な意味でも，地域という質的な意味でもそうであ

る．あえて言うならばその外にでることが精神的にも経済的にも大きな負担(cost)をもたらすような空間的範囲を地域と呼び，その結果地域移動を制約された住民を定着住民と呼ぶこともできるであろう．もちろんこれはネガティブな定義にすぎず，より積極的な地域規定は別になされなければならない．

　こうした点は後に再び論じることとするが，ここでは次の2つのことを指摘しておきたい．ひとつは，定着住民の形成と地域の確立の基本は農業を中心とした第1次産業にあるという点である．それは，市場によって作り出されるのではなく，地域における自然と人間の関係が市場経済に適応して変容・発展していく性格を持った産業だからである．2番目に，その意味で北海道の農村の定着化は新規入植が一巡した1920年前後から進んでいったと考えられることは前述のとおりであるが，戦後の過程はこうした北海道の農村の定着化を阻害しながら現在に至っていると考えられることである．

4. 産業展開の推移と特徴

(1) 産業の段階推移

　産業とくに工業の発展については，さまざまな段階区分が可能であろうが，ここでは北海道の産業発展の特徴と対比するために，日本の産業発展について次のような段階区分を行うこととする．

　まず第1には繊維工業を中心とする，軽工業中心の段階である．1890年代に日本の綿工業は輸出産業としての地位を確立し，以後生糸とともに繊維工業が戦前の工業の中軸をなしてきたことは周知のところである．戦後の復興期においても，当初にあってはこれら軽工業部門が重要な役割を果たし，戦前一定の発展を遂げつつあった重化学工業が工業の中軸を担うにいたる高度成長期を準備することとなる．

　第2の段階は高度成長期のおおむね前半に相当する段階であり，鉄鋼および石油化学を中心とする，いわゆる素材型重化学工業の発展が主要な位置を

占めていたということができるであろう．この間にアメリカから新鋭技術を導入して太平洋ベルト地帯から瀬戸内にかけて数多くのコンビナートが展開された．こうした重化学工業化は，昭和初期の戦時体制下で一定の発展を示しており，それが戦後の高度成長の下地となったことも見逃すことはできない．そしてこれらの多くは鉄鋼，造船などのいわゆる重厚長大型産業を中心とするものであった．

これに対して，高度成長期の末期から，70，80年代は，自動車，電気など加工組立型工業，広義の機械工業が産業発展と輸出の主役を担うこととなる．この時期の工業立地の特徴はこれまでの臨海部から，新たな農村工業を含む内陸部へと展開していくことになる．こうした時期をとりあえず第3段階としよう．

そして現在は電子情報技術の発達とともに，一方で機械工業と電子情報技術の結合が進むとともに，他方ではソフトウェア業や情報サービス業のウェイトもますます大きくなってきている．そこでの産業立地の特徴は，従来型の加工部門が海外に移転する一方，R&Dなどのソフト・サービス部門が首都圏をはじめとした特定地域に集中する傾向を見せている．後に検討するように，これを脱工業化の時代と呼ぶか，ポストフォーディズムの時代，またはフレキシブル・スペシャリゼーション，第三の波等々と，呼び方や捉え方は多様であり，理論的にも決着しているとは言いがたい．しかし現代が産業発展の新しい時代に入りつつあるという認識ではほぼ一致しているといってよいであろう．とりあえずここではこれを第4段階としておく．

(2) 北海道の特殊性

上にあげた，4つの産業段階は，それを代表する産業業種としてあげられる軽工業，素材型重化学工業，加工組立型工業，電子情報産業という区分は，おおまかなものであって時代的にこれらの業種が截然と区分されるものではない．しかしとりあえず，日本の産業推移を以上のように定式化するとするならば，北海道の産業はその中でどのような位置を占めてきたかを検討して

みよう．

　まず注目されることは，第1段階の主役を担った繊維工業が北海道においてほとんど欠落していたということである．その理由は，主に北海道と本州の労働力供給条件の相違にもとめられると言ってよいであろう．つまり，日本の繊維産業の基礎となった農村からの豊富な低賃金労働力が，北海道では供給が限定されていたということである．このことは，第1段階の繊維工業の立ち後れをもたらしただけではなく，次に述べるように第3段階の加工型工業の発展においても大きな制約条件となった．

　これに対して北海道では，第2段階の主役となった素材型重化学工業が，むしろ本州に先駆けて戦前の早い段階で一定の発展を遂げた．その代表は，鉄鋼と製紙であるが，これらは石炭と森林という北海道の原料資源を基礎として，本州資本の進出によって成立した．戦後の第2, 3段階に最も特徴的になる労働組織のあり方，大規模な資本設備とテーラー主義的な労働編成の日本における出発点は昭和初期あたりにあるといわれるが，北海道では大手資本の手によってこれらが相対的に早い時点で導入されたと考えられる．こうして，北海道におけるいわゆる二極構造と呼ばれる経済構造，すなわち中央資本によるこれら大工場と地場の低次加工小零細工業が分立し，そこにおける産業連関が希薄であるという構造が作り出された．

　しかし日本が本格的に第2段階に入った高度成長期には，北海道はむしろ質的には停滞に転じることとなる．それは北海道の重化学工業の立地条件が域内で生産される原料資源の加工という点にあったために，原料資源を海外に依存するようになる高度成長期の重化学工業化段階にあっては，その立地優位性が急速に色あせ，太平洋ベルト地帯の臨海部にその地位を奪われて，相対的な地位を低下させていくこととなった．さらに，第3段階の加工型工業に関しては，北海道は決定的にその発展に乗り遅れる．繊維産業と同様に，加工型工業も労働集約的な性格を強く持った産業であり，労働力供給条件の面で原料の低次加工分野に限定して発展してきた北海道の工業にとっては優位性を持つことの困難な産業であった．同時に，加工型工業は集積のメリッ

トが強く機能し，時間的にも空間的にも産業と企業の相互連関性が特に重要な要素となるという特質を持っている．このため，繊維産業以来の伝統と集積をもつ本州の工業地域と比較して，北海道ではこうした加工型産業の発展が極めて大きな限定を受けざるをえなかった．

このように北海道の工業は，高度成長期にその波に乗りそこね，停滞と相対的な地位の低下を続けることとなり，そうした中で，食品工業や家具工業がむしろ独自の発展の芽を見せているといえる．

さらにこの後第4段階に入って，北海道の産業は一層厳しい状況に直面しているのが現状であるといわざるをえない．前述のように第4段階の規定はまだ曖昧なものであり，長期的に見るならば新しい段階が北海道にとって決して見通しの暗いものであるとは言えない．しかし当面の問題としては，日本企業の加工部門の多くが海外移転が進むことによって一時進みかけていた北海道への企業進出の流れは急速にせばまり，他方中枢管理部門はもちろん，地方が期待をかけている研究開発部門なども東京への一極集中傾向が強まっているのが現状である．そして急激に進むグローバル化による国際競争の激化は，石炭鉱業に代表されるように，後退を続けてきた北海道の産業の幾つかに対して致命的な打撃を加えつつあるともいえるのである．

5. 高度成長とスペンディングポリシー

これまでみてきたように，北海道経済は高度成長期に戦前来の素材立地型工業が新たな重化学工業化の波に乗ることなく立ち後れてゆき，他方農業部面では農家経営の規模拡大は進みつつも農業就業者の減少と農村人口の流出が進んでいった．この背景には高度成長期に北海道の日本における経済的位置の変化があったと考えられる．

第2次世界大戦の終了から1970年代半ばまでの期間は，世界的に「黄金の30年」と呼ばれている．この時期に先進資本主義国は共通して継続的な経済成長を経験したのであり，その秘密は，「需要創出型経済政策」の成功

にあったと考えられている．つまり，生産力の発展に対応して，戦後復興需要を出発点としつつ，その後も継続的な需要創出に成功したのである．これは，成長，雇用，所得分配，社会的需要の間に強い相互関連が存在したことによる．それは，テーラー主義的労働編成と規模の経済を駆使した生産の拡大が雇用の安定をもたらすと同時に，そうした成長の成果の一部が労働組合との協定を通じて分配され，それが福祉国家システムとともに，可処分所得の拡大を通じて拡大された生産への有効需要を形成するというものであった (Dunford, 1995, pp. 127-9)．

こうした点は，日本の高度成長にも共通したものであったが，日本にあっては有効需要の形成にあたって次の2つの特徴があったといえる．ひとつは，強い輸出指向性である．高度成長の前半期は，「国際収支の天井」という言葉に示されるように，急速な成長からくる輸入の増加をまかないうる輸出を行うことは成長の条件でもあった．しかし，高度成長の後半から，ポスト高成長期の現在に至るまで，有効需要の大きな部分を輸出に頼るという構造が定着し，それが逆に為替などの国際的競争要因の変化を通じて，国内の生産性上昇率の相対的に低い産業や地方地域に対して大きな圧迫要因として作用してきた．

また，もう1つの日本の特徴として，有効需要の形成において公共需要のウエイトが極めて大きかったということが指摘されうる．ヨーロッパにおいては，「黄金の30年間」における需要創出に果たした政府の役割としては，福祉制度が特に注目されるが，日本の高度成長にあっては「投資が投資を生む」といわれる循環の中で，公共投資のウエイトが極めて大きかった．公共投資は，一方で生産力の拡大のためのインフラストラクチャーを強化するとともに，他方では乗数効果を通じて生産力の拡大に対応した有効需要を形成したのである．ことに日本では成長の成果の労働への分配が少ないことを反映して，総需要に占める消費の割合が相対的に小さく，また軍事費割合も相対的には低かったという条件のもとで，他の先進国と比べて公共投資が総需要の中で大きな位置を占めることとなったといえよう．

公共投資は，政府の手による所得の再分配の手段としても重要な役割を果たしたという点で，ある意味で社会政策的な機能も担わされてきた．公共投資とともに戦後急激に拡大した建設業は常に過剰人口の受け皿として機能するとともに，衰退する地方地域を経済的に下支えする役割も果たしてきたのである．政治的な介入を含めて，公共投資は戦後高度成長における社会経済メカニズム——これを日本型フォーディズムの特質と呼ぶこともできるだろうが——に深く組み込まれてきたのである．

　このように，公共投資は高度成長以降，日本の社会経済機構に不可欠なものとしてビルトインされたが，それを実施するためには政府予算として承認されうる事業の正当性と，具体的に事業を実施するための空間を必要とする．これに対して，北海道開発法という大義名分と国土の 20% を越える面積によって，その場の提供に貢献したのが北海道であったといえるのである．高度成長期以降，北海道は日本型スペンディングポリシー（spending policy）実施の場と位置づけられてきたといえよう[2]．

6. スペンディングポリシーの曲がり角

　先進資本主義国の「黄金の 30 年間」は，1970 年代に限界を迎えることとなった．それは基本的に成長率が鈍化してくるという状況の中で賃金と利潤率の対立が明確となり，それが物価の上昇という形で表面化した．また，マーケットが全般的に飽和するとともに質的な変動と多様化が進み，従来のフォーディズム的な量産型大企業に困難をもたらした．さらに，多国籍化，グローバル化の進展のもとで，多くの企業は上のような困難を低賃金国への投資の移動によって解決を図ることとなった．さらに，国際化の進展による輸出入のウエイト拡大は国内的な需要政策の限界をもたらすとともに，乗数効果のリーケージ（漏出：leakage）を通じて，その有効性をも低下させることとなった（Dunford, 1995, pp. 129-30）．

　日本においてもこの状況は基本的に同様であり，1973 年のオイルショッ

クを経て，1975年（昭和50年）以降いわゆる「低成長」と呼ばれる時代にはいる．そして，日本の特色であった，輸出と公共事業依存の需要創出型経済政策にも転換が迫られることとなった．まず，輸出依存体質の持続は必然的に貿易摩擦を生みだし，一方で自動車や半導体輸出についての日米協定による自主規制を余儀なくされるとともに，他方では「内需拡大」を公約し，国内の中小企業，地域産業を犠牲にしたうえに，リーケージの増大によって国内政策の有効性を低下させることとなった．

　また，公共事業に関しても1980年代の初頭には，それまで右肩上がりにのびてきた工事額に転換がもたらされつつあることが意識されるようになった．そして，高度成長期に「スペンディングポリシーの場」と位置づけられた北海道も，当然その例外ではなかった[3]．当時建設業界は極めて強い危機意識を持ち，北海道が公共事業依存体質からの脱却を最初に強く意識し始めたのはこの時期からであろう．

　80年代は北海道が時代の転換を意識するようになった時期であるが，それは上のような意味での，グローバルな「フォーディズム」の転換の必然性が，日本経済の転換を通じて北海道にも押し寄せてきた結果であると見ることができよう．1969年の新全総を出発点とする苫小牧東部の大規模開発の破綻は80年代には，官庁の公式の文書を除いて，誰の目にも明白になり，従来型の開発の限界が認識されてきた．そして，とりわけ85年のプラザ合意，86年の前川リポートの発表以降，国際化と構造調整の流れの中で北海道のほとんどすべての産業の将来について強く困難が意識されるようになる．こうした状況の中で，1983年に選出された横道知事は，新たな政策として「一村一品運動」を提唱するとともに，彼の下で策定された新長期計画は「後追いではなく先取りを」という標語を掲げて，明らかに従来の開発計画からの転換を意識し，情報産業などを含めた，先に示した段階区分では第4段階にあたる産業の発展に北海道の将来を託す姿勢を示すことになった．

　このように世界経済の転換の波は80年代には北海道に押し寄せてきていたが，根本的な転換は先延ばしにしたまま現在に至っている．このことの基

本的な原因は後にも述べるように，世界経済の転換そのものが不徹底なものにとどまり，転換というよりもむしろ「後退」と呼ぶ方が適切な路線，新自由主義が主要な潮流を占めていることによると考えられる．しかし同時に，日本にに関して言うならば，80年代後半から90年代初頭にかけてのいわゆるバブル経済とその後の経過が，この転換に大きなブレーキとなったことを重視する必要がある．

　バブル経済では，金融緩和の下で土地，株などの資産が高騰し，その資産効果によって消費が拡大したといわれる．しかし同時にその背景として，「内需拡大」路線において公共投資の拡大が図られたことも重要である．80年代にはいって横這いを続けてきた北海道の公共投資も87，8年頃から再び大幅な拡大に転ずる．民間の建設需要や設備投資，全般的な消費の拡大などを含めたバブルの余滴，トリクルダウンは北海道をも潤したのである．そうした状況の中で，80年代に強く意識されるようになった北海道産業の先行き不透明感や公共事業依存体質からの脱却の必要は，目先のバブルを前にして意識の後背に追いやられてしまった．あえていえば構造調整政策の実行過程は，当面の痛みを忘れさせる麻薬を同時に処方したという点でも北海道をはじめとした地方産業の安楽死の政策であったのである．事実バブル期には北海道への投資が拡大し，リゾート開発などとともに本州の地価と人件費の高騰を逃れて北海道への企業進出もかなりの増加をみせ，企業誘致によって北海道経済の発展が実現できるかのような期待も広がったのである．

　バブル期にもそのトリクルダウンの恩恵は地域差が見られ，道央圏以外の地域では地盤沈下が継続していたが，バブルの崩壊はリゾート開発の失敗などから極めて多くの地域に深刻な後遺症をもたらすこととなった．こうした中で，1994年のガット決定により農産物自由化の方向が決定的になるとともに，翌95年には北海道の空知地方の最後の炭坑が閉山されている．そして長期化する不況の中で，金融破綻に結果するような基本的問題への対策を講ずることができぬまま，財政再建のための公共事業抑制策と当面の政策手段としての公共事業拡大とがめまぐるしく打ち出され，これに翻弄されてい

るのが北海道の現状であろう．そこでは21世紀の時代への転換が先延ばしにされ続けながら，地域産業の切り捨てと，逆説的な公共事業依存の拡大が進んでいるかに見えるのである．

7. 北海道経済の地平

　レギュラシオン理論によれば，1945年以降のフォーディズムのパラダイムの危機はテーラー主義的な労働組織の危機と福祉国家の危機，そして国民国家の危機として現れている（Lipietz, 1994, p. 343）．そしてすでに述べたように，レギュラシオン学派を含む多くの論者が現代を資本主義の新たな段階へ移行する分岐点であると考えている．そしてまた分岐の内容として，①ネオリベラリズム的な市場万能主義への回帰の道と，②オルタナティヴ（その内容は多様であるが）への道の選択にあるという指摘も多くの論者に共通するといってよいであろう[4]．これらの背景にあるものは，ネオリベラリズムの市場主義は20世紀の後半に作り出された資本主義の枠組──それをケインズ主義と呼ぶにせよフォーディズムと呼ぶにせよ──からの後ろ向きの後退論であって，そうした枠組を必要とした資本主義の諸問題に対する新たな回答であるとは言えないということである．したがって1970年代の半ば以降の行き詰まりを打開する道はこれらに対する新たなオルタナティヴが求められるのであって，現在主流となっているネオリベラリズム政策の下では，今後とも世界的な経済の停滞と失業の増大を避けることはできないと考えられるのである．

　それではオルタナティヴとはどのようなものであろうか．リピエッツはフォーディズムの危機に対するオルタナティヴからの回答として，要約すると次の7点を挙げている．①労働者管理，②賃労働時間の削減，③エコロジカルな生産技術，④ヒエラルヒー構造からフラットな構造へ，⑤自主的活動への支援，⑥草の根民主主義，⑦国際的平等．そしてこれらを，自治，連帯，エコロジーという3つのキーワードでまとめている（*ibid.*, p. 346）．

以上は現代の地域論をめぐる議論のごく部分的な要約であるが，ここから次の2点を指摘できよう．ひとつは，市場主義が時代の主流を占めグローバル競争が激化している現状の下で，地域は好むと好まざるとにかかわらず地域間競争に追いやられ，これに対応せざるをえないという現実があるということである．しかし他方では，長期的に見ると，こうした市場主義が問題を解決しうる展望はなく，新たなオルタナティヴを作り出さなければならないといえる．そしてこのような時代の転換点において，地域が本質的な位置を占めているという点が重要であろう[5]．

　こうした観点から北海道を振り返ってみると，やはり2つの課題が浮かび上がってくる．ひとつは，現代のグローバルな競争関係の中で北海道がどのように発展していくのかという課題であり，もう1つはより長期的に見て21世紀の新しい時代への対応をどう考えるのかということである．

　これについてここでは3つの条件を指摘しておきたい．1つは，いわゆる「右肩上がりの終焉」という議論についてである．確かにフォーディズム的な意味での成長が行き詰まった，つまり大量生産体制のもとでの生産性の拡大が頭打ちになったということは事実である．しかし，それは決して人間の活動水準の全般的停滞を意味するものではない．そこでは生産性の向上が従来的な意味での物量的拡大に結びつくことはなくなるが，生産の質的向上と産業活動としてのサービス部門の発展が進み，さらには非営利部門が社会的活動の不可欠の一部として拡大していくと考えられる．リピエッツの指摘した賃労働時間の削減とは，単なるワークシェアリングのみを意味しているのではない．その意味で，スペンディングポリシーの終焉を「右肩上がりの終わり」として，北海道の宿命的停滞と結びつけて考えるべきではないであろう．2番目には，グローバル化は同時にローカルな商品の国際市場への展開の条件を作り出すということである．北海道の市場は，戦前の方がむしろ国際的な広がりを持っていたが，戦後は本州にその販売先をほとんど限定される状態となってきた．しかし今後中長期的には，再びより広い市場開拓の可能性が生まれてくると考えられる．そして3番目の条件は，生産性と賃金水

準の国際的平準化ということである．現在北海道を含めて，多くの先進国の地域経済の困難の原因となっている事態の背景には，グローバル化の進展に伴って生産性と賃金水準の国際的平準化が急激に進みつつあり，特に前者が後者よりも早く進んでいることがあげられる[6]．より長期間を要するであろうが，この平準化が進んで国際的格差が縮小するか，または生産性と賃金の間に均衡が回復するならば，北海道の産業にとって国際的な市場展開をする新しい条件が生まれてくると考えられるのである．

　こうした条件は，大なり小なりすべての先進国の地域経済に共通したものであるが，とりわけ北海道に関しては，これに加えて先に述べた住民の定着化と地域形成という課題が存在している．既述のように，北海道では1920年頃に移住が一段落した後，一定の移動はありつつも住民の定着化と地域社会の形成がはじまりつつあった．しかし戦後の高度成長は一方で急激な住民流出を進めるとともに，他方ではスペンディングポリシーの場として位置づけられたことが地域の自律性を奪ってきた．21世紀の地域の可能性を北海道においても現実のものとするには，この住民定着と地域形成という課題を避けて通ることはできない．それを簡潔に述べるならば次の5点に要約されると考える．

　第1に，人々の定住―人口の安定ということである．詳細は別に譲るが，地域政策の基本には不当に大きな所得格差が許されないのと同様に，労働力の大規模な移動を前提とする政策は社会的に許されないという認識が必要である．すなわち，「定住権」が基本的人権の一環として定立されるべきであると考える．第2には，定着住民の中心として，地域産業の基幹を担う1次産業部門の就業者，農家人口の定着が特に重要である．そのためにはEUにおける所得保障型の農業政策が必要とされるであろう．そして3番目には，地域における持続的循環構造（sustainability）の構築である．本州の農山村における地域環境問題は歴史的に形成されてきた循環構造を高度成長期以降破壊してきたことにあるが，開拓以来日の浅い北海道にあっては地域の持続的循環構造を新たに模索し，構築することが今後の重要な課題となる．その

意味では新たな総合的地域開発技術の研究が求められているのである.

　第4に,このように1次産業と地域内の自然的循環構造の確立を前提として,それを基礎とした諸産業の有機的連関を発展させることである.そのための条件の検討は別の機会を待つとするが,リピエッツの指摘した条件の中にもその多くが含まれていると考えられる.それに付け加えるならば,多くの地域研究者の議論のほぼ共通した認識として"lerning-based economy"というキーワードが指摘できる.いいかえれば,21世紀の地域産業は住民の知的水準によって支えられるといってよいであろう.その点で北海道の極めて低い大学進学率は憂慮されるべき問題であり,早急な改善が必要である.

　第5には,これらの前提であり結果としての地域の自律性である.よく論じられる域際収支の均衡はそれ自体が目的ではありえず,その意味では「自立」という表現がその均衡を目的としたものである限りでは正しい目標とは言えない.フォーディズムのもとでもネオリベラリズムのもとでも地域間の不均等性は必然的なものとして社会経済システムに組み込まれており,域際収支の不均衡の解消はもともと不可能なのである.しかし上に述べた条件を現実化することができるならば,地域間格差の縮小を通じて,自己目的ではなく結果としての域際収支の不均衡の縮小がもたらされると考えられる.

　　注
1)　「いまだ議論のあるところではあるが,社会科学の中には1970年代の半ば以降の時期が資本主義発展のひとつの段階から新たな段階への移行の時期となっているという点でひとつのコンセンサスが生まれつつある」(Amin, 1994, p. 1).
2)　この点に関連して徳田は次のように述べている.「……北海道の我が国資本主義の再生産過程における相対的地位は著しく低下し,結局,重化学工業の発展を主軸とした生産拡大に対応する市場としての地位に甘んじることとなった.このような動きのもとで北海道開発の推進によって多大な公共投資が行われ,これが北海道での大量の建設工事需要を生み出し,建設業の発展が進んだ.この建設業の拡大は雇用の拡大を伴って行われたが,これらの動きが果たして今後の北海道経済の発展に寄与する条件を内包しているのであろうか.この吟味が必要であろう」(徳田, 1972, p. 331).
3)　筆者はかつて,建設業の就業者元請完成工事額の時系列的推移を総括して次の

ように述べた.「以上の諸指標を総合するならば,昭和30年代,40年代の高度成長期と,50年代以降は,建設業をめぐる環境が明らかに変化したといわねばならず,今後一時的な工事増はあるにせよ,かつてのような長期的継続的成長はほとんど考えられないであろう」(奥田,1989, p. 81).この論文は,資料の制約から1986年までのデータに基づいて分析し,89年の初頭に公表したものであるが,この段階で建設業界は停滞と危機意識からバブルの狂乱に移りつつあるところであった.

4) たとえば,ハリソンは,単純な中小企業礼賛論に警鐘をならしつつも次のように述べ,無制限の市場信仰とグローバル経済の下における競争のもたらす問題性を指摘している.「……世界的な金融その他の市場を規制するための新たな制度を生み出す必要がある.……より急速な経済成長がない以上,現代の民主的政策における3つの目標——競争力の強化,利潤拡大,そしてより平等な分配にもとづく生活水準の向上——は調和困難である」(Harrison, 1994, p. 277).また,グローバルな自由競争の下での競争力の強化は,他の地域の犠牲の上になり立った成功であるという側面も指摘されている(Lipietz, *op. cit.*, pp. 344-5).

5) 「1980年代のはじめごろ『大量生産以後』の社会・経済生活において地域が根本的な基盤となるかもしれないと主張された.……それは,20世紀末の資本主義を地域主義や地域化と結びつける根本的なものの存在の議論に引き継がれている」(Storper, 1997, p. 3).

6) 「(OECD内における賃金と生産性はいずれも(特に1950以降)格差縮小傾向にあるが),生産性の格差縮小は賃金格差の縮小をはるかに上回っている.これはOECD以外のアジアや一部のラテンアメリカ諸国との間でも同様であり……これがグローバリゼーションを問題にする私(Harrison)の長年の議論の客観的,物質的基礎となっている」(Harrison, 1994, p. 268).

文　献

Alden, J. (1996) "Regional Development Strategies in the European Union" in Alden, J. et al. (eds) *Regional Development Strategies*, London, Jessica Kingsley Publishers.
Amin, A. (1994) "Post Fordism: Models, Fantasies and Phantoms of Transition" in Amin, A. (ed.) *Post Fordism*, Blackwell.
Amin, A. (1995) "The challenge of cohesion" in Amin, A. and Tomaney, J. (eds) *Behind the Myth of European Union*, Routledge.
Artobolevskiy, S.S. (1997) *Regional Policy in Europe*, London, Jessica Kingsley Publishers.
Asheim, B.T. (1999) "Innovation, Social Capital and Regional Clusters: on the Importance of Co-operation, Interactive Learning and Localised Knowledge in Learning Economies", Paper presented to the international conference of Regional Science Association at Bilbao.
Camagni, R.P. (1995) "The Concept of Innovative Milieu and its Relevance for Public Policies in European Lagging Regions" in Papers in *Regional Science* Vol. 74, No. 4.
Camagni, M. (1996) "The Role of the European Union in local economic development" in Demaziere, C. and Wilson, P.A. (eds) *Local Economic Development*, London, Mansell.
Clark, C. (1940) *The conditions of Economic Progress*, 2nd ed., 1951.（大川一司他訳『経済進歩の諸条件』）
Corvers, F., Dankbaar, B. and Hassink, R. (1996) "Euregions: springboad to regional economic development?", in Demaziere, C. and Wilson, P.A. (eds) *Local Economic Development*, London, Mansell.
Doren, P.V. (1995) "Adapting the Innovative Environment Approach: A programme of regional development for Charlero" in Demaziere C. (ed.) *Local Economic Development in Europe and the Americas*, Mansell.
Dunford, M. (1995) "Cohesion, Grouth and Inequality" in Amin, A. (eds) *Behind the Myth of European Union*, Routledge.
European Commission (1994) *Cooperation for European territorial development*, Luxembourg, Office for Official Publication of the European Communities.

European Commission (1996a) *First Report on Economic and Social Cohesion 1996*, Luxembourg.
European Commission (1996b) *Europe at the service of regional development*, Luxembourg, Office for Official Publication of the European Communities.
European Commission (1997) *Agenda 2000* from http://www/europa.eu.int/comm/agenda 2000/index.htm (15 July 1997).
EUROSTAT (1995) "Regions: Statistical Yearbook 1994".
Freeman, C. (1997) *The Economics of Industrial Innovation*, 3rd ed., The MIT Press.
Gudgin, G. (1995) "Regional problems and policy in the UK", Gudgin, G. and Morris, D. (eds) *Oxford Reviw of Economic Policy*, Oxford, Oxford University Press.
Hall, R. and Wee, M. (1995) "The Regions in an Enlarged Europe" in Hardy, S., Hart, M., Albrechts, L. and Katos, A. (eds) *An Enlarged Europe*, London, Jessica Kingsley Publishers.
Harrison, B. (1994) *Lean and Mean*, Guilford.
Hoffmann, W.G. (1958) *The Grouth of Industrial Economies*; 1st ed., *Stadien und Typen der Industrialisierung*, 1931. (長洲一二他訳『近代産業発展段階論』1967年)
Kratke, S. (1997) "Regional Integration or Fragmentation?: The German-Polish Border Region in a New Europe" Paper presennted at the Regional Studies Association Conference, September, Frankfurt (Oder).
Lever, W. (1996) "Market Enlargement: The Single European Market" in Daniels, P.W. and Lever, M. (eds) *The Global Economy in Transition*, Longman.
Lipietz, A. (1992a) "Alternative Design for the 1990s", in Dunford, M. et al. (eds) *Cities and Regions in the new Europe: the Global-Local Interplay and Spatial Development Strategies*, Belhaven Press.
Lipietz, A. (1992b) *Towards a New Economic Order* (trans. Slater, M.) Polity Press.
Lipietz, A. (1992c) "The regulation approach and capitalist crisis: an alternative compromise for the 1990s" in Dunford, M. and Kafkalas, G. (eds) *Cities and Regions in The New Europe*, London Belhaven Press.
Lipietz, A. (1994) "Post-Fordism and Democracy", in Amin, A. (ed.) *Post Fordism*, trans. Elliot, G., original in *Les Temps Modernes* (1990) Vol. 524.
Lipietz, A. (1994) "Post-Fordism and Democracy" in Amin, A. (ed.) *Post Fordism*, Blackwell.
Meiksins, E. (1997) "Labor, The State, and Class Struggle" *Monthly Review*, Vol. 49, No. 3.

Moulaert, F. (1999) "Innovative Region, Social Region?", Paper presented to the international conference of Regional Science Association at Bilbao.

Moulaert, F. and Demaziere, C. (1995) "Local Economic Development in post-Fordist Europe : survey and strategy reflections" in Demaziere, C. and Wilson, P.A. (eds) *Local Economic Development*, London, Mansell.

Murray, R. (1992) "Europe and the new regionalism" in Dunford, M. and Kafkalas, G. (eds) *Cities and Regions in The New Europe*, London Belhaven Press.

Nielsen, K. (1991) "Towards a Flexible Future - Theories and Politics" in Jessop, B. and Nielsen, K. (eds) *The Politics of Flexibility*, Edward Elgar.

Piore, M. and Sabel, F. (1984) *The Second Industrial Devide*, Basic Books. (山之内靖他訳『第二の産業分水嶺』筑摩書房, 1993年)

Porter, M. (1990) *The Competitive Advantage of Nations*, New York Macmillan. (土岐坤他訳『国の競争優位』ダイヤモンド社, 1992年)

Porter, M. (1998) "Clusters and New Economics of Competition", *Harvard Business Review*, Nov.-Dec. 1998.

Storper, M. (1997) *The Regional World*, Guilford.

Suarez-Villa, L. and Cuadrads Roura, J.R. (1993) "Regional Economic Integration and the Evolution of disparities", Papers in *Regional Science*, Vol. 72, No. 4.

Temple, M. (1994) *Regional Economics*, New York, St. Martins Press.

Tsoukalis, L. (1997) *The New European Economy Revisited*, New York, Oxford University Press.

Wannop, U.A. (1995) *The Regional Imperative*, London, Jessica Kingsley.

Zelinsky, W. (1971) "The Hypothesis of the Mobility Transition", *The Geograghical Review*, Vol. 61, No. 2.

旭川大学地域研究所 (1978)『内陸中核都市における中小企業振興と共同化に関する研究』.

旭川木工振興協会 (1970)『旭川木工史』.

和泉雄三 (1951)「本道工業労働人口の発生と推移」北海道立労働科学研究所『研究調査報告』第47号.

和泉雄三 (1956)「監獄部屋問題と社会政策」北海道立労働科学研究所『臨時工(後編)』.

伊藤森右衛門 (1958)「北海道産業構造の特質とその問題点」鹿島守之助編『北海道総合開発の諸問題』ダイヤモンド社.

稲葉秀三・小林好宏・黒柳俊雄・谷内達・原勲 (1985)『自立経済への挑戦』日本経済新聞社.

岩崎徹編 (1997)『農業雇用と地域労働市場』北海道大学図書刊行会.

内山尚三 (1983)『建設業の課題と展望』都市文化社.

内山尚三・木内誉治（1983）『建設産業論』都市文化社.
内山諫（1962）『建設業』有斐閣.
江口英一（1979）『現代の「低所得層」（上）』未来社.
江口英一（1980）『現代の「低所得層」（下）』未来社.
蝦名賢造（1951）『北海道の経済』川崎書店.
大沼盛男（1969）「北海道経済の史的展開」北海道立総合経済研究所『北海道経済の季節性―実態―』.
大沼他編（1990）『北海道経済図説』北海道大学図書刊行会.
大淵寛（1977）「人口転換理論」大淵他編『人口経済論』.
奥田仁（1978）「北海道の賃金構造」北海道立総合経済研究所『北海道労働研究』第123号.
奥田仁（1984）「留萌市の人口・労働力変動」北海道経済調査室『北海道経済調査』第3号.
奥田仁（1985）「地域における建設業」北海道経済調査室『北海道経済調査』第4号.
奥田仁（1989）「北海道建設業の動向」北海道経済調査室『北海道経済調査』第9号.
奥田仁（1991）「地域労働市場と中小企業」日本中小企業学会編『地域経済と中小企業』同友館.
奥田仁（1992）「北海道における工業資本展開の背景」北海道経済調査室『北海道経済調査』12号.
奥田仁（1993）「戦後北海道人口動向の推移」北海学園大学『経済論集』第41巻3号.
奥山亮（1958）『北海道史概説』みやま書房.
家具工業政治連盟（1983）『異業種資本の木製家具産業への進出実態調査報告書』.
北島滋（1979）「地場産業の形成と労働者福祉」『旭川大学紀要』Vol. 9.
沓沢・小池・杉・奥田（1983）「北海道機械工業の存立構造（II）」北海道経済調査室『北海道経済調査』第3号.
黒田俊夫（1976）『日本人口の転換構造』古今書院.
黒柳俊雄編（1997）『開発と自立の地域戦略』中央経済社.
小池勝也（1982）「北海道辺境論に関する一試論」『北海道経済調査』第2号第3分冊.
国際家具産業振興会（1987）『我が国家庭用家具売場の概要』.
国土庁（1991）『過疎対策の現況』平成3年度版.
国土庁（1993）『四全総総合点検中間報告』.
国民金融公庫調査部（1984）『地域に根づく小さな地場産業「旭川木製家具」』.
国民金融公庫調査部（1989）『日本のインテリア産業』.
小田清（1980）「公共投資の役割と地域開発に関する研究―1960年以降における北海道の産業構造変化との関連―」北海学園『北見大学論集』第4号.
小華和洋（1968）「北海道における賃金の長期的趨勢―明治・大正・昭和の賃金水準について―」北海道立総合経済研究所『北海道労働研究』第104号.
小林好宏・原勲（1983）「北海道地場産業の地域内製化に関する研究」『OUTPUT』

4月.

佐々木洋 (1975)「地域工業構造の特質と企業立地動向」札幌商科大学『論集』第14号.

島恭彦 (1970)『労働力創出要因としての高蓄積』経済論叢 (島恭彦著作集第4巻『地域論』所収「高蓄積と労働力の地域間流動」).

下山房雄 (1966)『日本賃金学説史』日本評論社.

下山房雄 (1968)「日本的低賃金の学説小史」髙橋・高木・金子編『講座現代賃金論』第2巻.

杉田寿夫 (1987)『印刷業界』.

杉本修 (1982)「北海道小売商業構造の特質について」北海道経済調査室『北海道経済調査』第2号.

杉本修 (1990)「地域商業構造の変化」札幌学院大学商経学会『商経論集』第7巻第1号.

隅谷三喜男 (1960)「日本資本主義と労働市場」東畑精一編『農村過剰人口論』日本評論社.

高木督夫 (1974)『日本資本主義と賃金問題』法政大学出版局.

高原一隆 (1999)『地域システムと産業ネットワーク』法律文化社.

田中修 (1955)「資本主義確立期北海道における労働形態—囚人労働を中心にして—」北海学園大学『経済論集』第3号.

田中修 (1967)「いわゆる辺境概念をめぐる諸問題」北海学園大学開発研究所『開発論集』第5号.

田中修 (1972)「大正期における北海道工業の展開」北海学園大学『経済論集』第20巻第2号.

田中修 (1986)『日本資本主義と北海道』北海道大学図書刊行会.

地域問題研究会編 (1983)『地域の社会・経済構造』大明堂.

徳田欣次 (1959)「北海道の労働市場構造に関する一考察」北海道立労働科学研究所『創立10周年記念論文集』.

徳田欣次 (1969)「北海道経済の構造的特質」北海道立総合経済研究所『北海道経済の季節性—実態—』.

徳田欣次 (1972)「北海道における建設業の構造と特質」北海道立総合経済研究所『北海道経済の現況と課題』.

徳田欣次 (1974)「北海道における賃労働の形成と特質」『新しい道史』第62号.

永井信 (1966)「北海道工業史の時期区分」『新しい道史』Vol. 4, No. 2, 第15号.

中村剛治郎 (1990)「地域経済」宮本憲一他編『地域経済学』有斐閣.

日本印刷産業連合会 (1989a)『印刷産業のデータ整備のあり方に関する調査研究』.

日本印刷産業連合会 (1989b)『印刷産業の現状と将来展望に関するデータ整備調査研究』.

日本長期信用銀行調査部 (1973)「家具インテリア産業」『調査月報』No. 136.

日本木材備蓄機構（1983）『木材総合需給調査，第2部家具・建具』.
濱英彦（1983）「人口問題の地域的認識」南・濱編『人口問題の基本考察』千倉書房.
筆宝康之（1967）「北海道の労働問題―賃労働の辺境性とその希薄化―」『新しい道史』Vol. 5, No. 5, 通巻24号.
廣江彰（1987）「北海道経済『発展』の構造と問題」札幌学院大学『商経論集』Vol. 4, No. 1.
廣江彰（1988）「北海道における金属・機械系工業の構造と生産ME化」札幌学院大学『商経論集』Vol. 4, No. 3.
北海道『新北海道史』Vol. 1-9.
北海道開発調整部（1987）『北海道新長期総合計画（基本計画編）』.
北海道建設新聞社『風雪の百年―北海道建設業界史』.
北海道産業調査協会編（1960）『北海度産業構造の分析』日本評論新社.
北海道拓殖銀行調査部（1981）「北海道の木製家具工業界」『調査月報』11月.
北海道拓殖銀行調査部（1987）「技術革新とソフト化の進む印刷業界」『拓銀調査』3月.
北海道立総合経済研究所（1963）『北海道農業発達史』.
北海道立総合経済研究所（1969）『北海道経済の季節性―実態―』.
北海道立総合経済研究所（1972）『北海道経済の現況と課題』.
保母武彦（1996）『内発的発展論と日本の農山村』岩波書店.
水野一宇（1973）「階級階層研究の課題と方法」北海道立総合経済研究所『北海道労働研究』113号.
水野一宇（1977）「道内圏域別階級階層構成の変化に関する研究その1」北海道立総合経済研究所『北海道労働研究』第121号.
水野一宇（1978）「道内圏域別階級階層構成の変化に関する研究その2」北海道立総合経済研究所『北海道労働研究』第122号.
南清彦（1984）『都市と農村』ミネルヴァ書房.
宮本憲一（1967）『社会資本論』有斐閣.
宮本憲一（1980）『都市経済論』筑摩書房.
宮本憲一（1981）『現代資本主義と国家』岩波書店.
宮本憲一（1989）『環境経済学』岩波書店.
三好宏一（1951）「本道繊維工業に於ける女子労働の周流」北海道立労働科学研究所『研究調査報告』第45号.
百瀬恵夫・北島吉光（1969）『企業集団の理論』.
森岡武雄・小野寺正巳（1984）『北海道近代のあゆみ』.
森友裕一（1991）『内発的発展の道』農山漁村文化協会.
矢田俊文編（1990）『地域構造の理論』ミネルヴァ書房.
矢田俊文（1996a）『国土政策と地域政策』大明堂.
矢田俊文編（1996b）『地域軸の理論と政策』大明堂.

矢田俊文編（2000）『現代経済地理学』ミネルヴァ書房.
山田盛太郎（1934）『日本資本主義分析』岩波文庫版.
湯沢誠（1957）「北海道における地場資本の展開について」農業総合研究所北海道支所『研究季報』17号.
湯沢誠（1958a）「北海道における資本関係の特質と構造」伊藤俊夫編『北海道における資本と農業』農林省農業総合研究所.
湯沢誠（1958b）「北海道農業の発展構造と特質」伊藤俊夫編『北海道における資本と農業』農林省農業総合研究所.
渡辺貞雄（1973）「北海道の人口流動とその要因」南博士祝賀論文集刊行委員会編『人口と経済と社会』千倉書房.

索　引

[欧文]

Amin　*9, 28, 53, 234*
Artobolevskiy　*48*
Asheim　*27, 28*
Blue Banana　*39, 41*
Camagni　*24, 25*
Cohesion Fund　*32, 38, 43, 52*
Cohesion Report　*33-6, 41, 54*
Community Initiative　*40, 46, 47*
Corvers　*47*
Doren　*24, 25*
Dunford　*227*
EU　*5, 10, 31-54, 59, 214, 215*
Freeman（フリーマン）　*10-2, 17*
GREMI　*24, 26*
Hall　*32*
Harrison　*235*
Interreg　*40, 46*
Kratke　*40*
Lever　*54*
Lipietz（リピエッツ）　*14-7, 231, 232, 234*
Local　*4, 5, 8, 35, 47*
Meiksins　*33*
Moulaert　*19, 23, 27, 28*
Murray　*50*
Nielsen　*12*
NUTS 2　*34*
Piore（ピオリとセーブル）　*12, 13, 14*
Porter（ポーター）　*19, 21, 52, 77*
Region　*4, 5, 34, 35, 51*
Suarez-Villa　*54*
Wallerstein　*5*
Wannop　*39*

Zelinsky　*212*

[あ行]

旭川家具　*93, 94, 103, 104, 106*
域際収支　*72, 75-81*
和泉雄三　*170*
伊藤森右衛門　*149, 153*
イノベーション　*18, 19, 22-8, 30, 92*
移輸出入　*73*
内山尚三　*128*
蝦名賢造　*149*
大沼盛男　*159, 160*
黄金の30年　*3, 141, 226*

[か行]

階級階層　*173, 179*
学習経済（Learning Economy）　*26-30, 52*
革新的環境（Innovative Milieu）　*24-6, 29, 30*
家計補充的賃労働　*161-4*
加工組立型工業　*87, 88, 186*
過疎　*17, 128, 141, 177, 189, 191, 197*
機械金属工業　*78*
季節労働　*173, 178, 179, 188, 189*
基礎資源型工業　*84, 85, 88*
基盤産業（Basic Sector）　*77, 78*
共働　*19, 26, 27*
協同　*26*
金属加工型工業　*84, 89*
クラークの法則　*63, 66*
クラスター　*19, 21-3, 29, 30, 52, 77, 92*
黒田俊夫　*171, 195*
グローバル化　*6, 8, 10, 226, 228, 232, 233*

傾斜生産　199
ケインズ　9, 13, 14, 27
小池勝也　170
公共工事　135, 142, 183
公共投資　71, 72, 91, 127, 131, 141
構造基金　31, 32, 34, 43, 44, 46, 49, 51
国民経済　5, 6, 9, 80
国民国家　3, 6, 10, 33, 51, 53
小田清　151, 153
小華和洋　160, 164

[さ行]

佐々木洋　150, 151, 153
雑貨型工業　84, 90
札幌貯水池論　192
産業地域　13, 18, 23, 29, 30, 47
産業連関表　72, 77, 78
自営業主　179-81, 189
柔軟な専門化　9, 12
情報関連産業　116, 117, 119, 125, 126
人口転換　193, 195
人口動態　191, 195
新自由主義　9, 16, 48
スペンディングポリシー　72, 80, 141, 228, 233
隅谷三喜男　167
戦後復興　80, 141, 199
相対的過剰人口　159

[た行]

高木督夫　161, 170
田中修　149, 155, 156, 164, 169, 170, 193
地域認識運動　154
地場産業　18, 94, 95, 106-8, 172, 188-90
地場資本　148, 150, 154, 157, 170, 193
地方資源型工業　84, 87-9
定住権　17, 233
定着住民　190
道内総生産　59

道民所得　59
徳田欣次　150, 151, 153, 158, 160, 164, 166, 169, 234

[な行]

内発的発展　27, 29, 92
中村剛次郎　77
二極構造　84, 85, 148-57, 170
ネオシュンペーター　9, 10, 12

[は行]

パートナーシップ　26, 49, 51
バブル経済　93, 102
筆宝康之　159, 160
廣江彰　151-4, 156
フォーディズム　3, 8, 9, 11, 14-6, 18, 27, 229
辺境　150, 154, 155, 157-61, 163, 164, 166, 169, 184, 185, 193
補完性の原則　49, 50, 54, 55
ポストフォーディズム　19, 27

[ま行]

水野一宇　190
宮本憲一　6, 10, 29
三好宏一　163, 170

[や行]

矢田俊文　5, 6
有効需要　13, 127, 141
Uターン　122, 124, 171, 188, 195
湯沢誠　148-51, 153-8, 160, 164, 165, 169, 170, 212
ヨーマンデモクラシー　14, 17

[ら・わ行]

レギュラシオン　8, 9, 13, 14, 29
労働力プール　188
渡辺貞雄　167

著者紹介
奥田　仁（おくだ　ひろし）

1948年北海道浜中町生まれ．東京都立大学経済学部卒，北海道立総合経済研究所，北海道経済調査室を経て1992年より北海学園大学経済学部助教授．現在同教授，北海道経済論担当．
主著：地域の社会・経済構造（共著，大明堂，1983）
　　　農業雇用と地域労働市場（共著，北海道大学図書刊行会，1997）

地域経済発展と労働市場
―転換期の地域と北海道―

2001年7月25日	第1刷発行
2005年6月15日	第2刷発行

定価（本体3000円＋税）

著　者　　奥　田　　　仁
発行者　　栗　原　哲　也
発行所　　株式会社 日本経済評論社
〒101-0051　東京都千代田区神田神保町3-2
　　　電話 03-3230-1661　FAX 03-3265-2993
　　　　　　　振替 00130-3-157198

装丁＊渡辺美知子　　　　シナノ印刷・根本製本

落丁本・乱丁本はお取替えいたします　　Printed in Japan
© OKUDA Hiroshi 2001
ISBN4-8188-1359-1

Ⓡ　本書の全部または一部を無断で複写複製（コピー）することは，著作権法上での例外を除き，禁じられています．本書からの複写を希望される場合は，小社にご連絡ください．

現代経済政策シリーズ
【全 11 冊】

白抜き数字は既刊

❶ 小坂直人 第三セクターと公益事業 公益と私益のはざま

ダム建設などにあたって,「公益」と「私益」が対立する場合,「公益」が「私益」を屈服させる形で調整されてきたのがわが国の歴史であった. 電気事業など「公益事業」の特徴と公共団体および民間資本の共同出資会社である第三セクターの分析を通じて, この「公益」の意味を問い直す.　　　　　　　　●本体 3000 円

❷ 小林真之 金融システムと信用恐慌 信用秩序の維持とセーフティ・ネット

金融自由化の世界的潮流のなかで生じた金融システムの動揺を, 現代の市場経済およびセーフティ・ネットとの関わりのなかで検討し, 信用恐慌の発現形態を理論的・具体的に解明する.　　　　　　　　●本体 3000 円

❸ 美馬孝人 イギリス社会政策の展開

労働貧民の発生から産業革命をへて資本主義社会が成立し, 様々な社会政策が形成展開され, それを前提に福祉国家体制が築かれる. 一時, 世界の模範となったイギリス福祉国家は, やがて国内外の諸事情により, 変質を余儀なくされていくが, それらの発展変容を貫く法則性を解説する.　　　　　　　　●本体 3000 円

❹ 伊藤淑子 現代日本の社会サービス

少子・高齢化社会を迎えた現代日本の社会保障・社会福祉諸政策を, 社会サービスというより大きな枠組みを使って概観する. 各制度の説明にとどまらず, 社会サービスという観点からみた日本社会の素顔を, わかりやすく描き出す概説書.　　　　　　　　●本体 3000 円

⑤ 山田誠治 経済構造転換と中小企業

進展しつつある"経済構造転換"のもとで, 先進資本主義国を中心に中小企業の役割が再認識されているが, 他方で, 新自由主義的な政策のもとで, その現状と評価は混沌としつつある. 本書は, これまでの中小企業論の評価およびその問題点について多角的に考察を加え, 21 世紀の中小企業の可能性について探求する.

❻ 山田定市 農と食の経済と協同 地域づくりと主体形成

21 世紀に向けて人類がめざす"持続可能な社会"のなかで, 焦眉の課題をなす環境・食料問題を軸に, 農と食, 農村と都市の協同の地域づくりについて, 協同組合, 非営利組織を視野に入れて, その可能性を解明する.
　　　　　　　　●本体 3000 円

❼ 小田　清 地域開発政策と持続的発展 20 世紀型地域開発からの転換を求めて

近年, 地域開発政策や地域発展計画は"環境破壊"をもたらすものとして国民の風当たりが強い. なぜそうなのか. 欧米先進諸国と日本の地域開発計画を例示しながら, 21 世紀に向けてのあるべき「地域開発政策」のあり方を提示する.　　　　　　　　●本体 3000 円

❽ 奥田　仁 地域経済発展と労働市場 転換期の地域と北海道

21 世紀は, グローバルな普遍性と特殊性が歴史の中で交錯し, それぞれの地域における具体性が新しい時代に向けて注目されるようになっている. 本書は, 日本資本主義を映す鏡ともいえる北海道を中心に取り上げ, 地域経済の歴史と未来を住民と労働市場を縦軸にして考える.　　　　　　　　●本体 3000 円

❾ 池田　均 地域開発と地域経済

高度経済成長とその後の不況過程における諸政策が地域の社会・経済に与えた影響は何であったのか, 農山漁村地域で検証する. 市場経済の途をひた走る中国の地域経済社会は如何なる変貌を遂げつつあるのか. そして, 21 世紀, 地域の社会・経済を担うのは誰か.

❿ 森下宏美 マルサス人口論争と「改革の時代」

工場法制定, 選挙法改正, 新救貧法制定など, 一連のブルジョア的改革に彩られた 19 世紀前半のイギリスで戦われたマルサス人口論争. その中にあって, リカードウ派社会主義に抗しつつ, 貧民の被救済権の確立を唱え,「市場の言葉」と「権利の言葉」をもって論争に挑んだ"忘れられた経済学者"たちの資本主義像に迫る.
　　　　　　　　●本体 3000 円

⓫ 木村和範 数量的経済分析の基礎理論

経済のゆくえを描くシナリオの含意を解明したり政策効果を測定したりするときには, しばしば数量的な経済分析の手法が用いられている. 本書では, 数量的経済分析のために用いられる手法のうちもっとも基本的と考えられるツールの数理的意味が解説されているが, それとともに, その根底にある考え方が分かりやすく叙述されている.
　　　　　　　　●本体 3000 円

日本経済評論社